家族と生命継承

文化人類学的研究の現在

河合利光 編著

まえがき

家族・親族論は、一九世紀後半に文化人類学が形成される過程で最も注目されていたテーマの一つであり、少なくとも二〇世紀の半ばまで、単なる研究領域の一つという以上に、社会・文化人類学の基礎的分野としての位置を占めていた。しかし、一九七〇年前後になると、大きな曲がり角にさしかかった。とりわけ一九八四年のシュナイダーの『親族研究批判』が出版されて以後、それは相対的に人気を失っていった。

わが国でも、家族・親族論は時代遅れの古いテーマと見なされ、その研究の終焉を宣告する論者もあり、研究そのものを忌避する傾向さえ生じた。しかし、家族と婚姻を含め、親族論と呼ばれたテーマは、本当に取るに足らない過去のテーマに後退したのだろうか。そうでないとすれば、その研究に今後、どのような意義と課題があるだろうか。

近年、少なくとも欧米諸国、特にアメリカとイギリスにおいて、多数の親族論（本書では家族と親族を関係の範囲の強調点の差ととらえ、相互互換的に使用する）関連の入門書や論文集が出版され、学術雑誌への投稿も多くなった。明らかに、家族・親族論は復活しつつある。それに対し、日本では、たしかにジェンダー論、新生殖医療、家社会論、身体論のように断片的に紹介されてきた関連のテーマもあるが、それらが家族・親族論とどのような関連があるのかについての全体的な見通しもなく、一般には理解されないまま、時代遅れの研究領域として無視されているのが実情である。

本書には、相互に関連のある二つの大きな目的がある。一つは、一九八四年のシュナイダーによる『親族研究批判』から「失われた一〇年」を経て復活しつつある現代の欧米諸国と、まだ復活したとは言い難い日本の研究動向を紹介し、その研究領域の意義と課題を再検討することである。もう一つの目的は、そのような研究動向を踏まえながら、生殖と生存、ないしライフ（人生・生活・生命）の維持・継承（生命の維持と種の保存を含めて）の視点からそのテーマを捉え直し、今後の家族・親族研究の可能性を探ることである。

「家族・親族」に関連するテーマはグローバル化の波に飲み込まれたかのように見えにくくなったが、現実にはどの国でもそのつながりを通して生命も生活も維持されており、研究者の多くが、外国でのフィールドワークを通して、その社会的重要性は実感している。またそれが教育・医療・福祉・経済など、人間の諸活動と密接に関与し、複雑に交差しながら機能していることに気づいている。人間の科学を標榜してきた文化人類学の家族・親族研究が、現状のまま軽視されていてよいのかという問いかけが、本書成立の契機になっている。

そのため、まず第1章で、親族論が曲がり角を迎えた一九七〇年前後以降の「新たな展開」をそれぞれの立場からまとめ、第2章で、生殖と生命継承に関わる出産と出自・家社会・親子関係の問題が論じられる。そして、第3章では、いわゆる実践理論とポストモダニズム的な動向に対して大きな問題提起をすることになった、ジェンダー人類学、生殖・優生政策のポリティクス、新生殖医療の諸問題が、家族・親族との関連で論じられる。

家族・親族研究に明確な研究範囲はありえない。閉じた研究領域というよりはむしろ、ライフ（生命・生活・人生）の認識とその維持・継承の関係性において意味をもつ動態的かつ複合的なテーマと考えるのが、本書の基本的立場である。言い換えれば、家族・親族は、ポストモダニズムや実践理論の流行の過程で軽視されてきた心身を含む自然領域と人間の生存や生命の維持・継承の過程が、変化する社会文化全体と複合的に絡み合う研究領域である。それは、文化人類学の全体論的アプローチが有効となる研究領域と考えてよい。本書は、そのような立場から近年のこの領域の関連の諸研究をまとめた、文化人類学研究の現在を伝える概説書であると同時に、新たな家族・親族論を探る野心的な試みの書でもある。

編　者

家族と生命継承——文化人類学的研究の現在

目次

第3章 生殖と生命継承のポリティクス―女性・家族・生殖医療

資料編

第1章
復活する家族・親族論

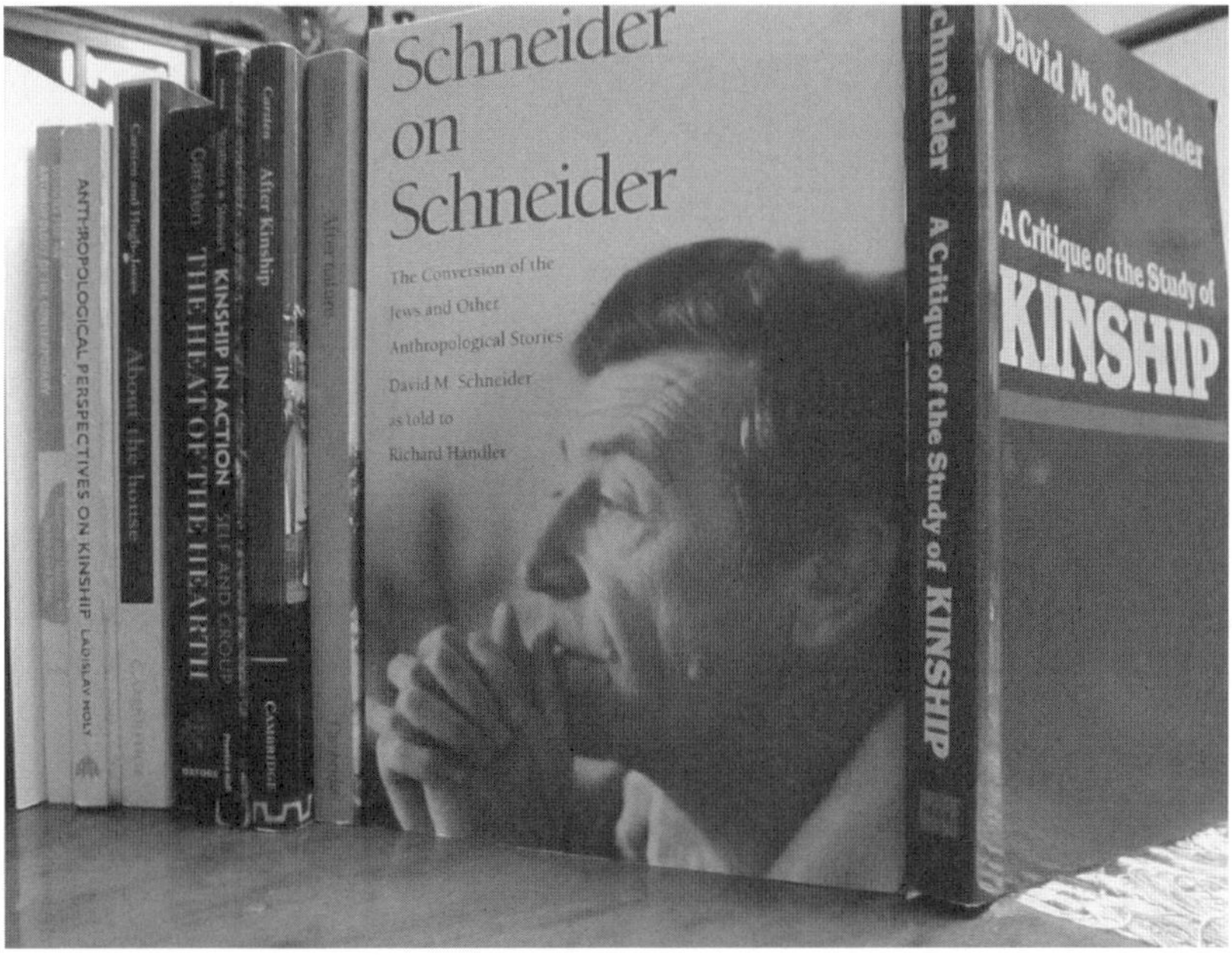

写真説明

写真右端の本がD.M.シュナイダーの著書『親族研究批判』(1984年)。同書の出版は、その後の文化人類学の家族・親族研究を衰退に導く一因になったが、「失われた10年」を経て、1990年代半ば以降、再びその研究が増加した。写真の左側に並ぶ本はその一部である。中央は、シュナイダーの自叙伝風の対談集（1995年）。

撮影：編者

1．家族・親族研究の復活の背景

河合 利光

はじめに

一九七〇年代の前後、機能主義人類学の実証主義的な親族類型論と比較研究は、イギリスの新構造主義者の批判にさらされていた。リーチ(1)やニーダム(2)等の新構造主義者は、イギリス人の思考様式が人間社会全体の必然的モデルにはならないとして、親族組織を母系と父系、単系出自と非単系出自のように類型化して比較する機能主義的研究を批判した。他方、アメリカ（合衆国）のシュナイダー(3)も、その西欧中心的見方を当然とする親族研究を批判した。その後、家族・親族研究は相対的に下火になったが、近年、多くの概説書が出版されるようになった(4)。これは何を意味しているのだろうか。

以下では、一九七〇年前後を一つの区切りと見て、とくに、それ以後の研究の親族論の軌跡を中心に辿りながら、本章以下で各執筆者の論じる諸問題の学説史的背景と課題を、筆者の視点からまとめてみたい。

1　機能主義以後

一九七〇年前後は、機能主義への反動として、三つのパラダイムに支配されていたとオートナーは指摘している。[5] その三つとは、①文化を主観的な象徴と意味の体系と見るギアーツに始まる解釈人類学ないし象徴人類学的研究、②マルクス主義的ポリティカル・エコノミー（政治経済）論（この立場の研究者は、社会の変化・不安定性と持続性の弁証法的運動、および資本主義の搾取的性格を強調する）、③レヴィ＝ストロースに始まるフランス構造主義（構造言語学をモデルとして、親族体系や神話体系の基底にある無意識の構造を明らかにしようとした）である。

それらの理論は、一見したところ大きく立場を異にしているように見えるが、オートナーは同書の同じ個所で、いずれも「拘束」(constraint) の理論であったと概括している。すなわち、いずれの理論も、人間の行動が外在的な社会的強制力（それぞれ①文化システム、②資本主義体制ないし経済、③無意識的構造）により「拘束」されており、そこから造形化、秩序化されると見る点で共通点があるというのである。さらに、それらの理論は人間の意思と主体 (human agency) を無視しており、その拘束と制約性の生じるプロセスに注意を払わないという問題点があったと指摘している。その主張の背景には、その後に優勢になった実践理論との対比がある。彼らは、構造主義やマルクス主義の影響を受けながら、従来の理論を本質主義的と考え、構造からプロセスへ、安定から変動へと大きく視点を転換させ、構造・システムと社会行為者の実践との接合を試みた。[6]

ただし、ギデンズ等の実践理論では、行動の組織化は論じられたが、逆に文化の概念を軽視する傾向があった。実践理論は、当時の社会科学の傾向、つまり、パワーシフト（文化は政治化されていると主張するフーコー等の影響を受けながら、人間を解釈したり変革したり理性的な状況判断をしたりする存在と見て、ジェンダー、エスニシティなどを批判的に論じる）や「歴史的転換」（社会科学における歴史研究を重視し、スタティックな枠組みを乗り越えようとする、とりわけ変化と動態を強調する方向性）を重視する傾向と歩調を合わせていた。個人の主体性、政治性、歴史的構築性を重視することで、儀礼、規範、慣習、行動、論理体系を掘り下げる実証主義的研究を本質主義的研究であるとして、静的・完結的なシステムとしての文化概念そのものに疑問を提示したわけである。(7)

親族研究の「衰退」は、以上のような古典的人類学への批判、および静的枠組みから歴史的・政治的動態へのパラダイム・シフトに関連があると一般に考えられてきた。(8)そのパラダイム・シフトが、目に見えて変化する世界の政治経済情勢に連動していることは確かであろう。政治、経済、情報、交通の急激なグローバル化と都市化、および伝統文化の変貌は、フィールドワーカーの現地文化に対する意識に影響を与えた。親族研究もその例外ではない。

そうした状況は、従来の民族誌的記述の批判と再デザイン化を唱えた研究者の一人、マーカスの「転換」の経緯によく示されている。(9)マーカスは、一九八〇年代の初頭に、南太平洋のトンガ王国のエリート層の家族・親族研究に着手した。当時の文化人類学では、辺境地域の庶民の家族と親族の研究が当然の民族誌的テーマと考えられていたが、マーカスが調査対象に選んだのは王家を中心とする裕福なエリート層であり、その「家族」は実質的に富の管理・分配・監督・テクノロジーで組織化された企業的事業体でもあった。そこでのフィールドワークの経験が、のちに消費行動・機械・道具・経済活動等の集積するマルチ・サイトな場における民族誌的研究の必要性を提唱するようになった契機だったと、マーカスは対談のなかで述懐している。

確かに、現代の資本主義中心の見方からすれば、マーカスが述べたように、親族関係はグローバルに影響しあう貨幣経済に組み込まれており、すでに、どこでも大きくその姿を変えている。こうした時代に、古典的人類学の典型的テーマであった「消えつつある」家族や親族の研究に固執することが、個人主義化・貨幣経済化の進みつつある世界の現状を無視した、本質主義的で時代遅れな試みに見えたとしても不思議ではない。逆に、調査対象とする地域が貨幣経済化することは、少なくとも表面的には、研究者の住む国と共通の基盤(文明)の社会を研究することになる。

このような近代化論的図式からすれば、「未開」の象徴であった血縁原理の減少と、「文明」の証拠である非血縁的組織原理の増大は因果関係にあることになる。つまり、親族的つながりは、社会が複雑になるにつれ、それを機能的に代替する何かに置き換えられて消滅する運命にあるという古典進化論的発想が基本に存在した。しかし、近代化と文明化に伴う家族・親族関係の解体図式は、普遍化しうるものだろうか。

2 都市研究と欧米地域研究の動向

機能主義の衰退した一九七〇年代前後は、見方によっては、すぐれた概説書[10]が刊行された成熟期であり、親族研究の軸足が、都市研究と欧米諸国の研究(欧米の研究者にとっては自国の研究)へと大きくシフトした時代でもあった。すでに、一九五二年にルイス[11]は、メキシコ市内で郡部と同じくらい親族関係が活きている実態を報告した。また、一九五三年には、マイナー[12]が、西アフリカの都市で、共同活動、相互扶助、友人関係という形での実質的な親族関係の重要性を確認した。こうして非西欧社会を研究する都市人類学者は、都市化されるにつれて親族関係が郡部よりも希薄になるという通説に、疑問を投げかけた。

また、一九五〇年代には、イギリスの都市における親族研究が活発になった。ソロモン諸島のティコピア島の研究で知られるファース[13]は、ロンドンの中流階級の家族と親族に関する調査報告をまとめた。ほぼ同時期に、社会学者のヤングとウィルモット[14]は、社会（文化）人類学の親族論の影響を受け、一九五五年から一九五七年にかけて、東ロンドンの一画で住み込み調査を実施した。この地区は労働者階級が多く、三世代同居型家族を基盤とする相互扶助的なコミュニティ生活を基本としていた。「安心と安らぎを与える相互扶助的親族関係が、消滅しているどころかロンドンの中心部に活きている」というその報告は、都市の親族研究の重要性を示した。

これらの研究は、二〇世紀半ばの非西欧社会に関する社会人類学的研究の応用研究ないし拡大と見ることもできるかもしれない。しかし、その動向が一過性のものでないことは、欧米諸社会ではむしろ、機能主義の全盛期が過ぎた一九七〇年前後から、本格的な家族・親族の文化人類学的研究が出版され始めていることからもわかる。たとえば、上述のファースが仲間とともにロンドンの中流階級の家族と親族に関する研究をまとめたのは一九六九年であり[15]、その後も、ストーン[16]、グディ[17]等の文化人類学者による歴史的研究が刊行されている。これらは民族誌的というよりは歴史学的ないし比較文化論的研究であるが、文化人類学の影響を受けて書かれた西欧の歴史学者による歴史人類学的研究も、この頃から活発になった[18]。

アメリカ合衆国でも、たとえば、スタックは一九七四年に、著書『皆、我が親族—黒人コミュニティのサバイバル戦略』[19]で、従来、父親不在、母親中心的、不安定、家族崩壊といった否定的な見方でもって論じられてきた都市の黒人貧民街の家族・親族関係が、不安定な雇用と苦しい経済状況に適応するための、サバイバル戦略のネットワークであることを示した。失業率の高いこの社会では、未婚者の妊娠や不倫と複雑な恋人関係が福祉手当の獲得につながり、親族関係のネットワークは、その費用を広く分散させることで大勢の人びとの生活を安定させることになる、とスタックは報告した。

シュナイダーが一九六八年に発表した『アメリカの親族―文化的説明[20]』も、そのような流れのなかに位置づけられる業績の一つと、とらえることができるだろう。シュナイダーは、戦後まもなく、第二次世界大戦終了時まで日本の信託統治領であったミクロネシアのヤップ諸島でフィールドワークを実施した。その後、自国のアングロ・サクソン系の親族体系の研究に目を向けた。結果として、文化としての自文化の家族・親族体系の文化的構築性に目覚めたと見ることもできる。こうしてみると、確かに、全体として親族研究は研究者の関心と研究量を後退させたが、その反面、欧米諸国や世界の都市研究にシフトすることで続行されていたと考えることもできる。

その理由は、当時のアジア・アフリカ・オセアニア・アメリカの植民地の独立とか調査資金の問題など、多くの事情が重なっていると考えられるから容易に答えられる問題ではないが、次に、西欧系諸国の社会的背景（その状況は一律ではなかったが）と、それに伴う非欧米諸国に対する異文化観の変化から、親族研究への関心の退潮の理由をいくつか探ってみたい。

3　親族研究の「失われた一〇年」

(1) 異文化観の変化

先に述べたように、政治経済のグローバル化により、世界のどこでも産業化・都市化が進行し、現実に大きくその姿を変貌させた。そのため、家族・親族集団の構成そのものが、少なくとも表面的には、資本主義的世界経済の波に洗われて大きく変化し、調査者がそれに直面して実感するようになった。そのような状況では、血縁的要素は、より複雑な政治・経済・国家のシステムに吸収されて希薄化・混交化し、その輪郭が見えにくくなることになる。世界を未開（野蛮）と文明に分け、血縁的に組織された人と社会を「自然民族」とか「未開社会」と見なす傾向のあった西欧的世界観からすれば、血縁的つながりが目に見えにくくなることはその消失を意味するから、既成の価値観を大きく揺るがすことになる。

しかし、変化したのは非欧米諸社会だけではない。研究者の多く住む欧米諸国もまた、急激に変化した。自国のその社会状況の変化は、異文化観にも大きな影響を与えたと考えられる。世界を野蛮（未開）と文明に分類してきた西欧的世界観と親族論との関係について、イギリスの人類学者のクーパー[21]は、とくにイトコ婚を取り上げながら、次のような興味深い考察を行っている。

一九二〇年代以降の機能主義人類学でも、一九四九年のレヴィ＝ストロースの著書『親族の基本構造』[22]に始まる構造主義人類学でも、親族と婚姻、とくにイトコ婚は、中心的テーマの一つであった。後者は、女性の交換で組織された交叉イトコ婚が人間社会の「基本構造」（無意識の構造）として存在すると論じた。ヨーロッパでも、かつてイトコ婚は一般的に行われていたが、クーパーは、欧米でそれが消滅した時期と親族論の興隆した時期とが一致すると分析する。

『種の起源』（一八七一年）で生物進化論を唱えたイギリスのダーウィンの家系は、陶器で有名なウェジウッド家と代々、イトコ婚で結ばれていた。また、アメリカの親族論の始祖とされるモーガン（モルガン）も母の兄弟の娘と結婚していた。このような近親者の婚姻縁組は、当時のイギリスやアメリカの、とくに上流階級ではごくふつうに見られるものであった。ところが、ダーウィンのイトコでありその理論に心酔したゴルトンは、優生学協会（遺伝的に優秀な男女を交配させ、社会的・遺伝的・素質的に劣る人の生殖能力を断つことで、優れた子孫を残すことができるという信念のもとに活動した団体）を組織し、その思想を普及させた。

その影響が強くなった一八六〇年代から、次第に近親婚であるイトコ婚に対する批判が高まった。アメリカでは、二〇世紀に入るまでには四州で禁止されるまでになった。イギリスでも、一九三〇年代までに、第一イトコとの結婚は、六〇〇〇組に一組にまで減少した。それ以後、西欧系の子孫は、自身の祖父母や曽祖父母がイトコ婚で結婚していたことなど、次第に忘れていった。イギリスでイトコ婚が消滅する一九三〇年代という時期は、イギリスで機能主義人類学による親族研究が活発化した時期と符合する。つまり、西欧諸国でイトコ婚がほぼ消滅したことにより、逆にイトコ婚は、非西欧的諸社会特有の野蛮・未開の慣習になったというわけである。

クーパーのその論理を敷延していえば、「野蛮・未開」社会を研究する人類学にとって、すでに西欧系諸国の放棄したイトコ婚という「血縁」的近親婚は、非西欧系諸社会を未開で遅れた社会と位置づけるのに好都合なテーマだったということになる。言い換えれば、現実に政治経済のグローバル化と多様化が進み、親族関係が見えにくくなると、非西欧諸社会といえども、もはや「文明」に対置される「未開」（自然民族）社会ではない。このような見方からすると、イトコ婚に象徴されるような親族論的テーマに固執することは、現実の世界の情勢の変化と社会的葛藤や歴史性を無視して現地文化の未開性にこだわる、本質主義的研究ということになる。

クーパーの議論は、非西欧地域に関する二〇世紀前半の親族研究の興隆を、イトコ婚という西欧人自身の慣習の衰退との関連性から論じている点で興味深い。異なる文化の研究においては、研究者の住む国の社会状況の変化を反映するという側面があることを、それは示しているからである。

（2）欧米諸国のグローバル化と多文化化

確かに世界は都市化と近代化が進み、政治経済も劇的にグローバル化した。にもかかわらず、非欧米諸国の諸民族では、家族・親族関係が重要性を保ち続けていることが多い。先述のように、親族研究の衰退の理由として、調査対象地域が変化した結果、研究者の関心が多様になり、親族関係そのものの社会的重要性が希薄化したことがある。しかし、クーパーが自国のイトコ婚の喪失と異文化観の変化との関連性を指摘したように、研究者自身の属する国の社会状況と価値観が急激に変化したために、非欧米諸社会の家族・親族研究への欧米人の関心を転換させたと見ることもできる。

一九六〇年代以降の欧米系諸国は、既成の自然観や価値観が、とりわけ大きく転換する時代でもあった。アメリカだけでなくイギリスでも移民が増加し、自国の「文明」民族と、かつての「自然・未開」民族との混交化と文化的多様化が進み、環境破壊が叫ばれ始め、一九七八年には、いわゆる試験管ベビーが誕生して、従来の自然観を揺るがすような医学上の革新が生じた。そのため、シュナイダーが上述の『アメリカの親族』（一九六八年）で論じたような、「血」（blood）でつながる血縁親族（自然）と、結婚（law 法的関係）でつながる義理の親族（文化）との象徴的区別は、生物学的親子関係が生殖技術によって「人工的」（文化的）に組み換え可能になった結果、もはや曖昧なものになった。

この時代におけるイギリスの価値観の変化と多様化の状況は、先に紹介した社会学者のヤングとウィルモットの調査したロンドン東地区の四〇年後の調査結果に、端的に示されている。ヤングとその共同研究者[23]は同地区を再調査して、一九七三年当時までは保たれていた同地域の三世代同居家族、母子の強い絆、近隣や親族間の複雑なネットワークが、簡単に解消された様子を報告した。

第二次世界大戦後、先述のイギリスでは、旧植民地諸国からの移民が急速に増加した。一九五〇年代にヤング等の調査したロンドン東地区ではユダヤ人が八%を占めていたが、その後、バングラディッシュからの移民が増加した。福祉国家政策を推進した政府は移民を支援したため、そこに住む労働者階級との間に軋轢が生じたが、中流階級の人びとは政府の政策に対して寛容な態度をとった。こうして、福祉という共通の資源をめぐり、新たな階級対立や人種・民族対立の起こる危険性が生じた。さらに、生活の全般的な向上に伴い、そこに住んでいたかつての労働者階級の多くは、他へ移住していった。

ロンドンのその地区は、結束の固い相互扶助的・集団主義的社会から、いわば、より流動性の高いポストモダン的社会状況へと移行したというわけである。急速に進む多民族化、高度医療化、生活の向上、移民の流入、ボーダーレス化、境界の希薄化、情報化の波のなかで、家族も急速に変貌する事態が生じた。

M・ストラザーンは『アフター・ネイチャー』において、そうした家族・親族の「自然」観の変容を、イギリス人の知識の変化と個人主義化の視点から論じた。彼女はそこで「親族研究を中心とする機能主義人類学が二〇世紀半ばにイギリスで発達したのは、当時の集団主義的なイギリスの社会状況が背景にあったからだ[24]」と主張した。機能主義は自国の集団・規範・血縁の枠組みの比較的明確であった二〇世紀の半ばに栄え、技術革新に伴う社会文化の変化と多様化、境界の希薄化、個人主義化が優勢になるにつれて衰えたと主張した。彼女の言う変化は、上述のロンドン東地区のような状況を指していると考えられる。それは、機能主義が衰退して、パワーシフトと実践理論が支持されるようになった時期とも一致する。

一九六八年から一九八〇年代に書かれたアメリカのシュナイダーの象徴人類学的親族論も、イギリスと同様、一九八〇年代のアメリカのポストモダニズム的な時代背景からとらえられなければならないだろう。シュナイダーの親族研究批判は、アメリカ国内にカウンター・カルチャー運動が起こり、女性の職場進出が進み、既成の価値観と枠組みが大きく揺さぶられる時代に書かれているからである。

アメリカでも、二〇世紀半ばに理想とされていた核家族は大きく変化し、一九七〇年代に四〇%であった核家族が、二〇〇三年には二三%にすぎなくなった[25]。ゲイやレズビアンの同性家族や離婚が急増し、独居世帯も同時期に一七%から二六%に増えた。父か母の一人親家族も、合わせて五%から一七%に増加した（表1参照）。また、シュナイダーが『アメリカの親族』で説いた一九六〇年代の中産階級の、性交とラブによる「自然」な核家族的つながり

表１　合衆国における1970年と2003年の家族と世帯構成の変化

	1970年	2003年
数：		
世帯総数	6,300万	1億1千百万
１世帯当たりの人数	3.1	2.6
パーセント：		
子どものいる既婚夫婦	40%	23%
家族世帯	81	68
５人以上の世帯	21	10
一人暮らし	17	26
母親独身家族の割合	5	12
父親独身家族の割合	0	2
18歳未満の自身の子どものいる世帯	45	32

出典：C. P. Kottak, 2007, *Mirror for Humanity. A Concise Introduction to Cultural Anthropology.* 5th. ed. McGraw Hill. p.162より転載

撮影者（男性）の父親（奥中央）の71歳の誕生日に、お祝いに集まったアメリカの家族（写真提供：Bill Ezzard、米国メイン州、2012年２月撮影）

も、新生殖医療技術の発達で人工的（文化的）に操作可能となった。

こうしてみると、シュナイダーの文化構築主義的理論は、西欧系諸国（その理論的影響下にある日本を含めて）の時代背景に適っており、人びとに受け入れられる素地がそこにあったと考えることができる。いずれにせよ、シュナイダーが『親族研究批判[26]』を公刊した一九八四年以降、直接的に家族と親族に関わるテーマは影を潜め、ジェンダー、人格、身体の問題に関心が移り、親族論の「失われた一〇年」といわれる時代に入った。

4 家族・親族研究の復活とその課題——一九九〇年代以降

(1) 遺伝か文化か

親族研究の流れを考えるとき、忘れてならないのは、そのテーマが人間の生物性と文化性という、自然と文化の二つの領域にまたがる研究領域だということである。

先にふれたように、シュナイダーは『親族研究批判』で、学術用語として使われてきた従来の親族（kin）概念の自明性を問い、西欧の土着の民俗概念である血縁的親族概念を学術用語として普遍化をすることに疑問を提示した。シュナイダーの親族理論は、各文化の個性と多様性を重視する相対主義的な理論であったが、そうした主張に至った根は、もっと深いと筆者は考えている。なぜなら、シュナイダーの文化構築主義には、人種主義的・優生学的な自然科学至上主義に対置される文化学的方向性が、強く認められるからである。

一九世紀の進化主義人類学も二〇世紀半ばに興隆した機能主義人類学も、西欧の生物学的血縁概念を暗黙の前提としていたという点で、自覚的でなかったとはいえ、遺伝・素質を重視する優生学的な血縁概念と遺伝子決定論に似ていた。極端な優生学思想そのものは一九三〇年代に下火になる。しかし人種主義、優生学思想と闘ってきた文化人類学者にとって、生殖・性交・出産・遺伝・素質に関わる問題は、生物学的側面と社会文化的側面の双方にまたがる家族・親族論の中心的な課題であり続けた。人間の能力は文化的に決定されるという文化決定論的主張は、そうした遺伝子決定論的な自然科学至上主義と、しばしば対立した。そのため、親族・血縁関係が生得的な遺伝的・普遍的な概念であることを当然としていた機能主義理論は、「血」のつながりを文化的に構築されたものと見る文化主義の立場からは批判されることになった。

実際、ユダヤ系民族の出身であるシュナイダーは、早くから、「血」のつながりの生物学的側面と文化的側面の双方の関係性に関心をもっていた。したがって、その両者の関係性が、シュナイダーにとって大きな関心事であったとしても不思議ではない。事実、シュナイダー等との共著のなかで、レヴィは、「ナイーブな生物学的決定論から免れるための長い闘争の末、……私たちは生物学と社会科学の分野の境界を越えて、ますます実り豊かな協力の時期を迎えつつある」[27]と書いた。同書のなかでシュナイダーは、生物学的関係性と性交という事実そのものは、社会体系の機能的前提条件の一部というよりは世界全体の特定の具体的諸側面の一部にすぎないとして、家族の文化的構築性に言及している。[28]ここからも、シュナイダーの親族の文化分析が、生物学的・遺伝学的決定論の対極にあることは明らかであろう。

（2）シュナイダー理論の貢献

一九七〇年前後から一九八〇年前後にかけて終焉を宣告されたかに見えた親族論ではあったが、一九九五年に、シュナイダーは、「親族研究（kinship）は灰の中から蘇った[29]」と宣言した。シュナイダーは、その根拠として、ジェンダー研究とゲイ、レズビアン研究の流行、およびシュナイダーの著書『アメリカの親族』の影響を受けて書かれた、先述のイギリスのM・ストラザーンによる『アフター・ネイチャー』[30]の出版をあげている。シュナイダーのこの見解は、親族論が、先に述べたような欧米の産業社会と生殖医療・性現象にまで拡散した傾向を、別様に表現したものと言い換えることもできる。少なくとも、アメリカとイギリスの親族論の復活の背景には、先に検討したような自国の社会状況の変化があったと考えられる。

イギリスの機能主義人類学の古典的親族論では、血縁・地縁・姻戚の関係性と制度・組織論に関心が集中していた。それに対して、先のシュナイダーに戻れば、氏はボディ・サブスタンス（血・肉・骨などの身体構成要素）の生物学的つながりを文化（象徴的構築性）に還元し、血肉と生殖のつながり（自然）を西洋文化固有の文化的構築物であるとしてその相対性を主張したが、その理論的影響を受けた多くの研究者が、その後、世界の各地で調査して民族誌的研究の成果を次々と発表した。（本書第2章3参照）

他方、イギリス機能主義のパラダイムであった出自論に対抗するかのように、フランスのレヴィ＝ストロースは、『親族の基本構造』（一九四九年）を発表し、その立場は縁組論（集団間の婚姻連帯関係を重視する理論）と呼ばれるようになった。しかし、その後、レヴィ＝ストロースはさらに、その縁組論とも関連のある婚姻縁組の単位としての「家」に注目する「家社会」論を提示した。家社会論は、とくに、シュナイダー派の理論的影響を受けたカーステン等の東南アジア研究者によって注目された（本書第2章2参照）。出自論が親子関係を、縁組論が夫婦関係を重視したとすれば、彼らは、親子・夫婦・非血縁者を含む人びとの寝食の共同（「同じ釜の飯を食う」など）と、扶養を通して同じ「血肉」の仲（キョウダイ関係 siblingship）になるという文化的関係性（relatedness）を重視した。[31]

また、シュナイダーが提起した血肉のつながりとか性交の西欧的固有性の問題（具体的には、公と私、法的・制度的と家内的、文化と自然、男性と女性といった二項対立的な理論枠組み）は、コリアーとヤナギサコ[32]のジェンダー論にも影響を与えた。彼らは、性交と生殖は単なる生理的プロセスというよりは文化的に構築された社会的行為であり、社会的意味を付与された西欧固有の構成概念であるから、それを異文化の研究にまで普遍化して適用できないとして、従来の研究を批判した。

さて、シュナイダー派の文化相対主義的な親族論批判は、親族研究を個別の地域・民族の細かな事例研究の袋小路へと追い込んだともいえるが、反面、セクシュアリティと性差（ジェンダー）、身体、食と出自、新生殖医療など、その後の多様な親族論に展開する契機を準備したともいえる。

アメリカ（合衆国）では「ライティング・カルチャー」批評の動きに触発され、アパデュライ等を中心として文化概念を再規定する試みもあった。一九九〇年代初頭の『パブリック・カルチャー』誌の創刊で、それはグローバリゼーションの文化人類学を形成するのに重要な貢献をした。それは、グローバル化された文化的に多様な世界において、医療、科学、市場などの文化領域の理解に文化人類学が貢献できることを示す、文化構築主義的・ポストモダニズム的研究の成果であったといえる。

同様の展開の流れのなかで興ってきたのが、いわゆる「科学・技術研究」（ＳＴＳ＝ Science and Technology Studies サイエンスとテクノロジーの文化学的研究）であるが、生殖テクノロジー（新生殖医療）研究もその一つであった。先述のように、親族論の比較の枠組みが問われたことで英米の親族論そのものは行き詰まったが、シュナイダー派の文化分析は、女性の医療問題を論じたフェミニズム医療人類学にも影響を与えた。そのＳＴＳと医療人類学を後押ししたのが、後述するＭ・ストラザーンの一九九二年の研究であった。

5　親族・人種・エスニシティ——生命のルーツと生存の視点

（1）自然（血縁）と文化の二元論の克服

ところで、新生殖補助医療は「血」でつながる系譜・出自・生命の関係性の創造と継承の試みであるといえるが、断種はその否定である。時として国家・政治による個々人や家族の人口調整のための介入や抑圧も、その一つである。優生学が生物学的・遺伝学的素質と特徴に基づく分類と差別化の問題であることはすでに指摘したが、人種やエスニシティも、いわば人類の生物学的差異を社会的差異に還元し、その優劣を判断する思考でもあった。この問題は、優生学とそれを支持した二〇世紀初頭のドイツ・ナチス的純血主義、および民族と人体の形質的特徴と血のルーツの認識に関連があったという意味で、優秀な「血筋」とそれ以外の系統との差異化、切断、選別による排除の思考と容易に結びつく家族・親族論の問題ともいえる（その思想の日本への影響については、第3章2参照）。それゆえ、生殖医療に限らず、それは、「祖先」から自身が生命をたどる系譜的関係（生命の起源とルーツ）と相互のアイデンティティ、あるいは認識に裏づけされた関係や組織の問題である。

要するに、家族・親族研究の諸問題、つまり出自、性と生殖、家社会、ジェンダー、新生殖医療、人種とエスニシティ、コミュニティと国家、国際養子などは、いずれも性・生殖と生存（心身と生命の保護・維持・支援・再生産と次世代への継承、つまりライフの維持継承）に関わる、自然と文化のオーバーラップする領域の問題であるといえる。

繰り返して言えば、性・生殖・血縁といった「自然」と、知的創造物である「文化」を区別して対立的に考える西欧的二元論の克服をめぐる認識の問題が、シュナイダー派の文化構築主義の伏線として存在していた。しかし、シュナイダーは「血縁」を文化に還元したが、文化表象レベルでの「自然」と「文化」の二元論的区別は残されたし、自然科学的意味での「自然」まで否定したわけではなかった。M・ストラザーンが一九九〇年代の研究で注目したのも、まさに、その過度の文化表象主義的二元論の克服と、シュナイダーが自覚的でなかった「自然科学の〝自然〟」の文化性の意味を問い直すことにあったといえるだろう。

（2）M・ストラザーンの提起したもの

性、生殖、養育、結婚などの生物学的次元と社会文化的次元の区別は、どんな教科書にも書かれているほどの「常識」であるが、考えてみれば、その二元論は、未開と文明、他文化と自文化、公（社会）と私、社会制度と心身、権力と抵抗、世界システムと周辺システムのような西洋的二元論の思考枠組みにも通じる問題であった。同様の差異化と対照性の図式は、未開民族（自然人）と文明人の区別を前提とした一九世紀の社会学・文化人類学の社会文化進化論にも、その後の機能主義や、イトコ婚の存在の有無から「冷たい社会」と「熱い社会」を区別した構造主義にも存在した。さらには、同様の思考は、政治・経済的視点から中心と周辺、差異化と抵抗の図式を描いた現代の世界システム論、ポストコロニアリズム、ポストモダニズムと呼ばれる思想的流れにも見え隠れする。その動向は、伝統・人種・血縁関係の自然性よりは文化の構築性と表象性（および権力関係）の方向に傾いた動きであったといえるだろう。だとすれば、人種・生物学的側面と深く関わる家族・親族論的なテーマが回避されるようになったのは、むしろ当然の成り行きであったかもしれない。

新生殖医療やフェミニズム人類学は、そうした西欧的自然観と文化の認識枠組みを大きく揺るがしたが、シュナイダー理論の延長線上で独自の理論へと展開させたM・ストラザーンの理論が、それに影響を与えた。ストラザーンの理論は、メログラフィック結合（merographic connection）の概念に、よく示されている。彼女はその言葉を、部分と全体の統合性ないし統合されたものの部分性の意味で使用している。[33] たとえば、ちょうど枝が生命の循環するその木全体の一部として存在するように、親族関係も、全体から切断された部分というよりは社会全体の一部である。ストラザーンの論理を敷衍していえば、文化としての生殖医療技術や臓器移植（知識・技術）の力と融合することで、身体は「自然」となる。その際、自然か文化かは同一のものでも見方により異なる。

ここで筆者の立場から注目しておきたいのは、自然と文化の二元論の克服の問題は、自然環境と社会文化、あるいは生物学的生殖と生殖医療だけでなく、心と身体の二元論（心身二元論）の克服の問題でもあるということである。[34] 家族・親族は、性・生殖・成長・心理・生理・感覚・老衰などのライフサイエンス、心理学、遺伝子科学などと重なるテーマであるが、日常の脈絡では、ストラザーンの言葉を借りれば社会文化とメログラフィックに結合している。つまり、物質としての身体は感覚・イメージ・生理作用・心理的感覚や思考と別個のものというよりは、総合的に認識される存在でもある。心身の認識そのものもまた、社会文化的に共有されつつ個々人に身体化され、逆に身体化された認識は個々人の思考・個性・行動・活動として体現（embodiment）され表象される。要するに、心身も社会文化も物質的環境も、個々人の心身を超えた次元に存在する超有機体というよりは、（時には対立や矛盾を含みながらも）互いに全体の部分として、相互浸透的に分かちがたく融合している。

（3）文化のなかの生殖医療

生命のルーツの認識とその維持・継承、あるいは生命の再生産とそのセキュリティの確保（生存）という見方からすれば、家族・親族関係は、狩猟・採集民から都市化・産業化され複雑化した社会までの共通の課題である。もちろん近代化されるにつれて家族、親族、隣人関係、友人関係の枠を越え、医療、保健、福祉、教育、政治、経済など広範な制度と人間関係に埋め込まれる傾向が強くなるだろう。しかしグローバル化が進んで地球人口の半数が都市に住む現代では、その差は程度の差になりつつある。

新生殖医療技術と医療補助の問題が親族論に問いかけたものの一つは、それが現地の文化に及ぼした影響と反応であった。これに関連して筆者が興味をもった事例は、カーンの報告するイスラエルの生殖医療の事例である。[35]

イスラエルはユダヤ系の民族により建設された国であり、家族法はユダヤ教（宗教法）で規定されている。一九九〇年代、イスラエルでは、不妊治療のための人工授精が導入され、国の健康保険で実施されるようになったが、その際、精子または卵子を誰が提供できるかについての論争が起こった。そこで下された結論は意外なものであった。女性への精子提供者は非ユダヤ人男性のものでなければならず、逆に、母胎に移植される卵子は同じユダヤ人女性のものでなければならないとするものであった。

その理由は次のようなものである。まず、宗教法では男性の自慰行為が禁じられているので、女性が同じユダヤ人の男性の精子を提供されることは、その男性が禁を冒したことになる。しかし、イスラエルでは、親子の生物学的・身体的つながりは母子のみに認められているので、非ユダヤ人の精子であれば、それを提供した男性と人工授精を受けた女性の出産した子どもとの間に、生物学的なつながりが成立しないことになる。ただし、卵子は、母から子どもに受け継がれる生物学的つながりの源であるから、非ユダヤ人の女性の卵子は移植できないとされる。なぜなら、非ユダヤ人の女性の卵子からできた子どもは別の民族・宗教に属することになり、「生物学的血のつながり」のある同じユダヤ人としてのアイデンティティを持てなくなるからである。

その事例を通して筆者がもう一つ注目しておきたいのは、近代医療の不妊治療が、イスラエルのユダヤ人固有の人種・エスニシティ・国家・宗教の自然観（親子の生物学的・遺伝的つながりの認識）の脈絡で認識され、固有の解釈が施されていることである。つまり、近代医療も、単なる科学的医療技術という枠を越えて、人種・民族・国家の「血」のつながりとポリティクスに深い関わりがあり、親子の生物学的認識と「血と生命のルーツ」のようなユダヤ人の文化的自然認識の脈絡のなかで意味をもつ。日常生活レベルの人種・民族・親族の血のつながりに関するローカルで固有の自然認識（家系・血筋など）に加え、そこに政治性がしばしば介在する。また、それは国際関係や人種・民族とも関わる個人・集団の生命の源（ルーツ）と出生のアイデンティティに関わる問題でもある。

ウェイド[36]は、現代でも、ヒトゲノムの発見、遺伝学や新生殖医療技術の発達による遺伝子的本質主義や新人種主義が出現しているとして、それに関する生物社会学会（Biosocial Society）の論集を編んだ。ウェイドは同書で、それが生殖と親族に深く関わるテーマであると主張した。

なかでも、同書所収のホーウェルとメルフース[37]によるノルウェーの事例は興味深い。ノルウェーでは、現在、同国内での人工授精の精子提供と代理母は法的に禁じられている。そのため、一九九五年以降、精子は、主にデンマーク、フィンランド、スペインから輸入された。しかし、その出所を隠すよう、あらゆる努力が払われる。しかも、国境にはこだわらないが、人工授精をする女性の夫と身体的特徴（眼の色、毛髪の色、背丈など）の似ている男性の精子を選ぶ傾向がある。他方、ノルウェーでは、国際養子を迎える場合、イギリスやアメリカ（合衆国）ほど人種の違いにこだわらない。養子はあくまで身体的外見よりも扶養の問題である。一九八六年以降、養子は自身の出自を知る権利を与えられるようになった。非西欧出身の移民との結婚で生まれた子どもは、親の出身国と親族関係を保ち続けることが多く、慣習や文化の違いがしばしば緊張をもたらすので移民との結婚は避けるべきだと考える傾向があるが、国際養子の場合にはそのような心配がない。人工授精で生まれる子どもの遺伝的出自が重視されるのは、その結果生まれた子どもが、移民との結婚で生まれた子どもと同様の問題を引き起こす可能性があるからである。ホーウェルとメルフースは、以上のように報告した。

彼らはまた、同論文で、生殖医療や遺伝学の発達で生殖と人種が国家のアイデンティティから切り離されるようになったノルウェーでは、旧い優生学的人種主義、および親族、性差、人種を「自然」と見る見方を改めるべきだと主張している。彼らの見解を敷衍していえば、卵子・精子・人種・性差・生殖・出自といった医学的・生物学的自然は、生命のルーツを共有することを想定したエスニシティやナショナリティのような社会文化的次元の現象と混同されやすいからである。人間の概念体系の大部分が隠喩から成るとしたら[38]、臓器、生命の源である精子・卵子、およびその結果として生じる生物学的「自然」のつながりも、日常的脈絡では、特定集団に共有される文化的認識の一部ということになる。

また、新生殖医療で生まれる「親子」関係が、生命のつながりのアイデンティティの問題でもあるように、出稼ぎや移住、あるいは移民と母国との親族的つながり、国際養子、国際結婚、それに伴う民族（エスニシティ）・人種のルーツとそれから派生する人間関係、相互協力関係なども、それと密接に関連のあるテーマであり、ライフの維持・継承に関わる親族研究の課題でもあることを再確認しておく必要がある。

（4）生存と生命の維持・継承——ポスト社会主義民族誌の事例

親族関係が生存や生命の維持・継承に深く関わることは、国家体制に大きな変動があったポスト社会主義国の動向にもよく示されている。筆者が目にした資料のなかから、いくつか紹介したい。しかし、その前にガフのナーヤル人の研究で有名になった社会主義国インド南部のケララ州の事例を取り上げておきたい。[39] ナーヤルは戦士カーストに属していたため、男性は定期的に不在になることが多かった。女性は複数の性パートナーを持つことが認められていて、子どもも生物学的父が誰かを知らなかった。子どもの世話は、母親の血縁親族の仕事であった。ナーヤルは特殊な例としてあげられることが多いが、ケララ州で母系制と拡大家族制が一般的であったという意味で共通点も多い。

ケララ州についての記録映像『ケララからの教訓—女性と社会活動』[40]には、インド独立後、イギリス人のつくった産業プランテーションを解体させて土地も私有化されたが、農業改善や協同組合組織の設立を地域共同的に進め、健康・衛生と教育に関する女性役割の伝統のうえに高福祉型社会を築いてきた様子が描かれている。

ケララ州は、人口約三〇〇〇万人で、インドでも人口密度と失業率の高い貧しい州ではある。しかし、平均寿命はアメリカの平均とほぼ変わらず、小児死亡率は低く、識字率は一〇〇%で、博士号取得者率は米国よりも高い。とくに女性の進学率が高く、健康・衛生政策にも深く関与してきた。自然環境に優しい地域経済の発展と持続可能な社会の実現（ディープ・エコノミー）を提唱するジャーナリストのマッキンベンは、そのモデルの一つとしてケララをあげている。[41] その事例は、「ポスト」社会主義とはいえないが、社会体制の変化と貧困という状況のなかで、家族・親族における女性の伝統的役割意識を土台にして適応してきたという意味で、次に記すポスト社会主義国と共通点がある。

まず、旧ソヴィエト連邦に属していたシベリア地方のブリアート共和国（ブリアート人と白人系の混在地帯で、共通の祖先をもつ場合も多い）を調査したメッツォ[42]は、ソヴィエト連邦崩壊後のロシアでは、むしろ親族の重要性が高まったと報告している。彼女は、ポスト社会主義の経済と親族関係の重要性はソヴィエト時代の伝統を引き継いだものだと論じている。共産主義下では、「欠乏の経済」を補い、進学や住居の申し込みのような行政との交渉にも人間関係が重要であったが、資本主義に転換することで、ビジネスとしての商取引と、信用と親愛にもとづく贈与経済の二重構造（メッツォのいう「平行経済」）に、隠喩としての親族関係が大きな役割を果たすようになった。かつては集団農場方式であったが、その親族間の相互扶助的交換関係は、不安定なポスト社会主義経済をサバイバルするのに重要な、ローカル・エコノミー組織に移行している。

また、一九七〇年代から続いたマルクス―レーニン主義を一九九〇年代の初頭に放棄し、新自由経済に転換したエチオピアについて報告したエリソン[43]も、グローバル経済の進展というエチオピアの状況のなかで、農民が親族関係を通して適応する様子を報告した。とりわけ調査地である南部エチオピアのコンソ地方では、経済格差が進んで教育や保健を受ける機会が減少し、旱魃にも対処しなければならなかった。農民はそのため、困難となった農業を放棄し、それまで賎民と見みなして相互の交渉が禁じられていた商人や職人の交易ネットワークに加わる者も出てきた。その際、農民たちは、自身の血縁・姻戚関係ではなく、商人・職人の始祖を中心として組織化された親族関係秩序のなかに組み入れられた。そこで、共通の始祖をもつキョウダイないし子孫という世代階層的な出自関係が形成された。エリソンはそれを、親族の知識・イディオムと政府の政策を利用して再編させる、住民の自主的なサバイバル戦略だと、とらえている。

ここで、誤解のないように言っておかなければならないのは、生存ないしサバイバルという言葉が、必ずしも経済還元主義ないし生物学的還元主義を意味しないということである。たとえば、音楽鑑賞や余暇そのものは命をつなぐのに必須の条件とはいえないし、遺伝的に決められた本能的活動に還元できるものでもない。しかし、その文化が集団のなかで維持される人間の「生」の営みである限り、社会的・文化的にそれを支える人間関係や支援組織の存在があって可能になる。つまり、病気・災害・飢えのような、生存に直接かかわる場合に限らず、子どもの養育と教育、貧困者への行政的生活支援、家族・親族・地域社会の相互扶助などの日常の活動そのものが生存活動といえる。

それを人間の生命の維持と保護という側面から見れば、ちょうど軍隊、警察、裁判所、福祉行政が国民を守るセキュリティ・システムであるように（逆にそれが人びとを抑圧する政治的力として働くこともありうるが）、人間の身体と生命の維持・継承の営みそのものがサバイバル的といえる。地域、階層、民族、宗教、その他の価値観の差異や個人の嗜好の違いとか葛藤があるにせよ、何らかの共通の価値観（文化）と法的・道徳的・規範的なコンセンサスがない限り社会生活は不可能であろう。その際、祖先や親にたどる共通の生命のルーツの認識の重要性は、先述のインドとポスト社会主義国の事例によく示されている。

6　家族・親族論とライフの「人間学」の復権

いかなる民族・地域・国家でもグローバル化が進行し、行政組織とそれへの住民の依存度が高まった現在では、家族・親族を出自、系譜、相続、成員権のような組織論的・記号論的に閉じた静的システムと見ることは、もはや現実的ではないし、シュナイダー派の文化表象論的分析だけでも不十分である。同時に、移民、難民、国際養子、国際結婚、あるいは国際移動に伴う自己の出生、個人・人種・民族の関係性とアイデンティティなど、多くの問題が、新たな親族研究の課題になりつつある。たとえば、ギンスバーグとラップ[44]は実践理論的立場から、シュナイダー派の「テキストとしての文化」(culture-as-text) のアプローチを批判し、生殖を、人口政策・国際開発・グローバル計画の受容・抵抗・政治的交渉のプロセスととらえた。

しかし、他方で、生殖は生物学的な生命の連鎖であることも事実である。文化を持つ生物としての人間の理解を目ざした文化人類学にとって、その当初から、生物と文化の接点に関わる研究領域として、家族・親族研究は重要な位置を占めていた。狩猟採集の時代から現代の産業社会に至るまで、それは基本的に重要な課題である。現代の人びとの生命・生活（ライフ）は、それを共有することでアイデンティティをもつ家族や親族的つながりと交錯しながら、福祉・教育・医療・保健のような国家・地域の行政組織に組み込まれている。したがって、それはまた、人間が自身と他者との命のつながりのなかで生を営むという、人間のライフ全体に関わる問題でもある。自然環境が文化の力で改変され、生殖補助医療でもって生物学的・遺伝的つながりが人工的に組み換えられ、国家がそれを管理するようになったとしても、そのことは基本的に変わらない。断片化して全体が見えにくくなった現代だからこそ、生身の心身とそれを取り巻く社会文化の双方の動態的過程を全体論的・複合的に理解するための基礎領域として、家族・親族研究は有効であろう。

要するに、生身の人間と集団の歴史的・動態的な過程としての人生と、それを支えて維持・生存させる「ライフ」の視点が人間理解のためにも重要である。そのためには、グローバル化し多様化する現代世界をマクロな視点からとらえる実践理論とポストモダニズム的視点を見失うことなく、他方で、それが軽視しがちであったフィールドワークによる個別の社会文化の綿密な民族誌的調査研究と文化理論を探る必要がある。文化・社会人類学が今後も「人間の科学」であることを放棄するのでない限り、「家族・親族」に関わる研究は、なお重要な課題として残されている。

――〈参照・引用文献〉

（1）Leach, Edmund, , 1961, *Rethinking Anthropology*. London.（E・R・リーチ、1977『人類学再考』川中健二訳、思索社）

（2）Needham, R. ed, 1971, *Rethinking Kinship and Marriage*. London : Tavistock, ; 2004, *Remarks and Inventions: Skeptical Essays about Kinship*. London : Tavistock.

（3）Schneider, D. M, , 1968, *American Kinship: A Cultural Account*. Englewood Cliffs, N. J. : Prentice Hall. , 1987, *A Critique of the Study of Kinship*. Ann Arbor : University of Michigan Press.

（4）Holly, Ladislav, 1996, *Anthropological Perspectives on Kinship*. London and Chicago : Pluto Press. ; L. Stone, 1997, *Kinship and Gender : An Introduction*. Colorado : Westview Press. ; Janet Carsten, 2004, *After Kinship*. Cambridge : Cambridge University Press. ; Robert Parkin, and Linda Stone eds. , 2004, *Kinship and Family : Anthropological Reader*. Malden, Mass : Blackwell Publishing Ltd, A. Strathern and P.J. Stewart, 2011, *Kinship in Action : Group and Action*. Prentice Hall.

（5）Ortner, Scherry, 2006, *Anthropology and Social Theory : Culture, Power and the Acting Subject*. Durham and London : Duke University Press. pp. 1-18.

（6）Giddens Anthony, 1979, *Central Problems in Social Theory : Action, Structure, and Central Contradiction in Social Analysis*.（『社会理論の最前線』友枝敏外訳、ハーベスト社、1989）; Marshall Sahlins, 1981, *Historical Metaphors and Mythical Realities : Structure in the Early History of the Sandwich Islands Kingdom*. Ann Arbor : University of Michigan Press（M・サーリンズ1981『人類学と文化記号論―文化と実践理性』山内昶訳、法政大学出版会）; 同 1985, *Islands of History*. Chicago : University of Chicago Press.（1993『歴史の島々』山本真鳥訳、法政大学出版会）

（7）オートナーも、実践理論の後継者の一人である（Sherry Ortner, 1984, Theory in Anthropology since the Sixties. *Comparative Studies in Society and History* 26(1), pp. 126-66 ; 1989, *High Religion : A Cultural and Political History of Sherpa Buddhism*. Princeton, N. J. : Princeton University Press. 他）。ただしオートナーは文化概念の欠如した実践理論には批判的であった。

（8）日本の状況については本書第1章2、および小川正恭2008「親族研究の消滅はあったのか―日本の教科書の記述から」『ソシオロジスト』（武蔵社会学論集）第10号、51―72頁参照

(9) Rabinow, Paul and George M. Marcus with James D. Faubin and Tobias Rees, 2008, *Designs for an Anthropology of the Contemporary*. Durham & London : Duke University Press. pp. 98-99.

(10) Fox, Robin, 1967, *Kinship and Marriage : An Anthropological Perspective*. Harmondsworth: Penguin Books. (E・R・フォックス1977『親族と婚姻』川中健二訳、思索社) ; R. M. Keesing, 1975, *Kin Group and Social Structure*. (R・M・キージング1982『親族集団と社会構造』小川正恭・笠原政治・河合利光訳、未来社) など。

(11) Lewis, Oscar, 1952, Urbanization without Breakdown. *Scientific Monthly* 75, pp. 31-41. ; Gary Ferrard, 1998, *Cultural Anthropology : An Applied Perspective*. 3rd ed, Wadsworth Pub. p. 12.

(12) Miner, Horace, 1953, *The Primitive City of Timbuctoo*. Philadelphia : American Philosophical Society. ; Ferrard Gary, 1998, Cultural Anthropology : An Applied Perspective. 3rd ed. Wadsworth Pub.

(13) Firth, Raymond ed., 1956, *Two Studies of Kinship in London*. London : Athlone Press.

(14) Young, Michael and Peter Willmott, 1957, *Family and Kinship in East London*. London : Routledge & Kegan Paul (Penguin Modern Classic edition, 2007).

(15) Firth, Raymond, Jane Hubert and Anthony Forge, 1969, *Families and Their Relatives: Kinship in a Middle-Class Sector of London*. London : Routledge and Kegan Paul.

(16) Stone, Linda, 1977, *The Family, Sex and Marriage in England 1500-1800*. NewYork : Harper&Row. (ストーン1991『家族・性・結婚の社会史』北本正章訳、勁草書房)

(17) Goody, Jack, 1983, *The Development of the Family and Marriage in Europe*, Cambridge : Cambridge University Press : Ladislav Holly, 1996, *Anthropological Perspectives on Kinship*. London : Pluto Press.

(18) ヨーロッパの歴史人類学的研究としては、A・マクファーレン(1999『再生産の歴史人類学―1300―1840年 英国の恋愛・結婚・家族戦略』〈北本正章訳〉勁草書房)、M・ミッテラウアー(1993〔1971〕『ヨーロパ家族社会史』〈若尾祐司・若尾典子訳〉、同1994〔1990〕『歴史人類学の家族研究―ヨーロッパ比較家族史の課題と方法』〈若尾祐司・他訳〉新曜社)、E・トッド(1992/1993〔1990〕『ヨーロッパ大全(I、II)』〈石崎晴巳訳〉藤原書店、同1998〔1999〕『世界の多様性―家族構造と近代性』〈荻野文隆訳〉藤原書店)等がある。

(19) Stack, Carol, 1974, *All Our Kin : Strategies for Survival in a Black Community*. New York : Harper and Row.

(20) Schneider, D. M., 1968, *American Kinship : A Cultural Account.* Englewood Cliffs, N. J. : Prentice Hall.

(21) Kuper, Adam, 2008, Changing the Subject : About Cousin Marriage, among Other Things. *Journal of the Royal Anthropological Institute* 14(4), pp.717-735.

(22) レヴィ＝ストロース、C. １９７２『親族の基本構造』（馬淵東一・田島節夫監訳）みすず書房（原典１９４９）

(23) Dench, G., K. Gavron and M. Young , 2006, *The New East End: Kinship, Race and Conflict.* London ; Profile Books Ltd.

(24) Strathern, Marilyn, 1992, *After Nature : English Kinship in the Late Twenties Centuries.* Cambridge : Cambridge University Press.

(25) Kottak, C. Philipp, 2007, *Mirror for Humanity,* Fifth edition, Boston et. al, : MacGraw Hill. pp. 161-163.

(26) Schneider, D. M., 1984, *A Critique of the Study of Kinship.* Ann Arbor : Univ. of Michigan Press.

(27) Levy, Marion J., 1965, Aspects of the Analysis of Family Structure. In Ansley J. Coale et. al, *Aspects of the Analysis of Family Structure.* Princeton : Princeton University Press. p. 16.

(28) Schneider, D. M., 1965, Kinship and Biology. In Ansley J. Coale et. al, eds., *Aspects of the Analysis of Family Structure.* Princeton: Princeton University Press.

(29) Schneider D. M., 1995, *Schneider on Schneider : The Conversion of the Jews and Other Anthropological Stories.* R. Handler ed., Durham and London : Duke University Press. p.193

(30) Strathern, Marilyn, 1992, *After Nature: English Kinship in the Late Twentieth Century.* Cambridge : Cambridge University Press.

(31) カーステン等は同居と共食による身体構成要素の身体化と共有によってキョウダイ（siblingship）になる「関係性」（relatedness）を重視した（本書第2章3参照）。その意味で「家社会」論やシュナイダー理論の影響を受けている。キョウダイ関係については、機能主義人類学でも注目されていたが、親子関係から派生する二次的関係とされた。他方、馬淵東一（『馬淵東一著作集』全3巻１９７４年と補遺1巻、社会思想社）は、レヴィ＝ストロースの縁組論的循環婚モデルに対応するような母方親族が霊的優位となる社会を「インドネシア型」とし、兄弟に対して姉妹が霊的に優位になる社会を「オセアニア型」と呼んだ。筆者もかつて、社会構造の視点からキョウダイ関係（当時はsibling solidarityと呼んだ）について、出自論と縁組論に対する独自の重要性をもつ第三の見方として論じたことがある（修士論文：東京都立大学１９７４。関連の論文には１９７４「ミクロネシアにおける財物の循環と婚姻の安定性」『社会人類学年報』vol.1 弘文堂、１９７４「出自・縁組と兄弟姉妹―〈沖縄の親族体系〉をめぐる覚書」『民族学研究』第39巻2号１９７４等がある）。その後もキョウダイ関係の社会文化的重要性は、ニューギニアを調査したケリー（R. Kelly, 1977, *Etro Social Structure*. Ann Arbor：University of Michigan Press.）やシュナイダー派のマーシャル（Mac Marshall, ed. 1981 *Siblingship in Oceania：Studies in the Meaning of Kin Relations*. ASAO Monograph No. 8. Honolulu：University of Michigan Press）等により注目された。その流れから見ると、カーステンの業績は、シュナイダーの系譜に連なる研究と考えることもできる。なお、その他にも、南アジアの心理人類学的論集（C. W. Nuckolls, 1993, *Siblings in South Asia: Brothers and Sisters in Cultural Context*. New York：The Guilford Press）や欧米の新生殖医療と対比させてニューギニアのキョウダイ関係を論じた民族誌（Sandra Bamford, 2007, *Biology Unmoored: Melanesian Reflections on Life and Biotechnology*. California：University of California Press.）などの多数の成果がある。

(31) Schneider, D.M., 1995, *Schneider on Schneider：The Conversion of the Jews and Other Anthropological Stories*. (Richard Handler ed.), Durham and London：Duke.

(32) Collier, J. Fishburne and S. Junko Yanagisako eds., 1987, *Gender and Kinship：Essays Toward a Unified Analysis*. Stanford and California：Stanford University Press.

(33) M. Strathern, Marilyn, 1992, *After Nature: English Kinship in the Late Twentieth Century*. Cambridge：Cambridge University Press. M・スラザーンの言うメログラフィック結合に近い意味で、筆者は１９９０年にフィリピン・ミンダナオ島の妊娠・出産・子どもの成長の過程に関わる自然と文化を包括する秩序概念を「合一性」(congruence)と呼んだことがある(T. Kawai, 1990, The Navel of the Cosmos：A Study of Folk Psychology of Childbirth and Childrearing among the Bukidnon. Katsuhiko Yamaji ed., *Kinship, Gender and the Cosmic World*. Taipei：SMC Pub. Inc., p. 11：邦訳「コスモスの臍―ブキドノン人の子供の出生と発達に関する民俗心理学的研究」『関西学院大学社会学部紀要』第111号（山路勝彦教授退職記念）、２０１１年、31頁。幸いなことに、A・ストラザーンとスチュワート（Andrew Strathern and Pamela J. Stewart, 2011, *Kinship in Action：Self and Group*. Upper Saddle River, NJ：Prentice Hall. 2011, p. 172）の両氏には、その親族論のテキストの中で、同拙論の他、同書所収の台湾の諸論文に言及し、親族研究における妊娠・出産・育児を

めぐる家族・親族関係と儀礼（文化）との「相互規定性（mutual articulation）」、および自己（self）と集団との動態的過程の研究の重要性に注目していただいた。

（34）民族誌研究における生命観の総合的理解と客観主義的な心身二元論の克服の問題については、河合利光２００１『身体と形象―ミクロネシア伝承世界の民族誌的研究』風響社、および２００９『生命観の社会人類学―フィジー人の身体・性差・ライフシステム』風響社、を参照されたい。

（35）Kahn, Susan Martha, 2000, *Reproducing Jews : A Cultural Account of Assisted Conception in Israel.* Durham, NC, and London : Duke University Press. cf. Janet Carsten, 2004, *After Kinship.* Cambridge : Cambridge University Press.

（36）Wade, Peter ed., 2007, *Race, Ethnicity and Nation : Perspectives from Kinship and Genetics.* The Biosocial Society Series, vol. 1. New York and Oxford : Berghahn Books.

（37）Howell, Signe, and Marit Melhuus, In P. Wade ed. 2007（注36参照）

（38）Lakoff, G. and M. Johnson, 1980, *Metaphors We Live By.* Chicago : University of Chicago Press.（G・J．レイコフ／M・ジョンソン１９８６『レトリックと人生』（渡部昇一・楠瀬淳三・下谷和幸訳）大修館書店

（39）ガフ、E・K．１９８１「ナーヤルと婚姻の定義」（杉本良男訳）『家族と親族―社会人類学論集』（村武精一編）未来社、（新装版　１９９２）

（40）『ケララからの教訓―女性と社会活動』第3世界の発展シリーズ、ジェコム

（41）マッキンベン、ビル、２００８（２００７）『ディープエコノミー―生命を育む経済へ』（大槻敦子訳）英治出版、297―300頁

（42）Metzo, Katherine, R., 2006, Exchange in Buriatia: Mutual Supports, Indebtedness, and Kinship. *Ethnology,* vol. XIV (4), pp.287-303.　彼女はその相互扶助的交換関係を、20世紀の半ばにワイナーが報告したメラネシアのトロブリアンド諸島（Annette Weiner, 1983, *Women of Value, Men of Renown: New Perspectives in Trobriand Exchange.* University of Texas Press.）に似ていると論じている。

（43）Ellison, James, 2009, Governmentality and The Family : Neoliberal Choices and Emergent Kin Relations in Southern Ethiopia. *American Anthropologist,* vol. 111 (2), pp. 81-92.

（44）Ginsberg, F.D. and R. Rapp, 1991, The Politics of Reproduction. *Annual Review of Anthropology* 20, pp. 31-43.

2. 親族論の後退と復活——日本の事情

小川　正恭

1　近年の動向

(1) 親族論の後退

二〇〇三年の日本民族学会（現在は日本文化人類学会）研究大会（第37回）の、ある分科会が「文化人類学の教科書・概説書」に関するいくつかの報告を行っていた。[1] そのなかの一つの報告で「次第に親族に関する記述が減少し、あるいは、項目がない場合もある」との指摘があった。

英米における親族論の衰退の傾向は、すでに一九七〇年代前後から顕著になっていた（本書1章1を参照）。研究者たちへの影響の具体例としては、『親族の文化的分析―D・M・シュナイダーの遺産』の編纂者の一人であるファインバーグが次のように記している。「人類に知られているいかなる文化においても親族は存在しなかった」というシュナイダーの声明の後、一九七〇年代中頃のある時期から、親族研究はほとんどといっていいほど消えていった」。あるいは、「(シカゴ大学の)同僚の研究者の多くは組織的な形では親族関係の研究を単に止めることで、これ(シュナイダーの提言――小川)に反応した。その結果、過去二〇年間にわたり親族に関する著作、論文、会議での発表がきわめて僅かになった」と回顧している。[2]

シカゴ大学の同僚であったフォーゲルソンは次のように回顧している。「彼はわたしの神経をいらつかせた。一方で彼は寛大で協力的に振るまい、たいへんに魅了する力をきらりと放つこともできた。他方では、偏執病的な状態にあるときには、執念深く意地悪で、破壊的に、時には自己破壊的になることがあった」といい、教授会も緊張に満ちていたと述べてから、「シュナイダーがシカゴ大学を去ってサンタ・クルスに行ったとき、別れの悲しみよりも安堵感を抱いたと白状する」というのである。この回想をファインバーグやストーンが引用している。ファインバーグはそれに「シュナイダーの個性にある種の気まぐれが混じり込み、彼の同僚のうち少なからぬ者があたたかい励ましと個人的な軽蔑とを代わる代わる味わっていた」と添え、ストーンは、彼の人生に付きまとっていたいくつものよじれや変転が、その複雑な性格に大きな影響を与えたのではないかと示唆している。こうしたシュナイダーの個性は、自伝的対談(一九九五年)で振り返る彼自身の生い立ちも含めて、親族研究に「爆弾」を落とす行動に大いに関係があると考えてもよいであろう。

シュナイダーの主張や見解は、おおまかには、次のような展開になる。一九六八年の『アメリカの親族――文化的説明』で、アメリカ人の親族を象徴体系とする立場から分析してみせ、一九六九年には「先行の研究者らが用いてきた意味での『親族』はアメリカには存在しない」と述べた。親族を象徴体系として扱うのは、親族を文化的に構築された観念とみなすことになるが、その立場を突き詰めると、アメリカ文化のなかには独自に識別される領域としての親族(関係)は存在しないという結論に達したのであった。さらに、一九八四年の『親族研究批判』では「親族」一般を否定する主張を展開した。かつてヤップで自らが実施した調査を批判的に検討し否定したうえで、世界中どこにでも「生殖という自然科学的事実に基づく分析カテゴリーとしての親族」を適用しようとするリヴァーズ以降の研究は、西欧の民俗的思考方法の押しつけ、西欧の自己中心主義にすぎないと断言した[3]。

ニーダムは自らが編集した『親族と婚姻の再考』の第1章のなかで、親族とはいったい何であるかと問うている。「この用語によって、明確に識別できる一種類の現象、あるいは、明確な理論の型を意味することはできない」、言い換えると、「ある制度が『親族』に関するとの報告によって、いかなる情報がもたらされるのだろうか。実は社会的事実に関して何もないのだ」。だから、「親族などといったものは存在しないのであり、当然のことながら、親族理論なるものも存在し得ないのである」と宣言した。しかし、親族の研究を廃棄まではしなくともよいと、ためらいつつであった[4]。

クーパーによると、イギリスの人類学者たちは一九六〇〜一九七〇年代に、親族が血縁でもなく、系譜的にも測定されないとしたらいったい何なのかと、活発な議論を交わしていたという。クーパーも、ニーダムは「親族などというものは存在しない」とラディカルな立場を表明しつつも、親族研究を放棄すべきだというまでには至らなかったと指摘している[5]。

シュナイダーと違って比較研究の可能性までは否定しないニーダムは、その後、比較を可能にするカテゴリー（クラス）を求め、ヴィトゲンシュタインに依拠しながら「多配列」の概念に基づく考察を展開することになった。人類学の概念（たとえば「親族」などの術語にあたる）で社会現象を分類する際には、共通の特性を有する諸個体が同じ一つのクラスにまとめられているはずである。だが、実際に人類学者が「親族」などの概念で何らかの社会現象を分類した結果もたらされるのは、そこに含まれる諸個体が互いに類似しているが、それらすべてに共通する特性は認められないような一つのクラスなのである。人類学者が通文化的比較に用いてきた分類方式は多配列分類に基づくものであったのだ[6]。

一九七〇年代の中頃からほぼ二〇年間近くの間、欧米の人類学で、少なくともアメリカでは、親族研究が確かに衰退していたと考えられる。その親族研究がどのように復活したかを、同じくストーンとファインバーグによって見ておこう。

(2) 復活宣言

ストーンは、パーキンとの共編著で分厚いリーディングス『親族と家族[7]』を刊行し、その中で、二〇年以上にわたって一冊の親族の教科書も出版されずにいたと表現した。そのⅡ部1章の「概説」でも、イギリスとアメリカで従来の研究への強力な批判を契機に親族研究が零落し始めた、と述べている。つまり、一九七一年にイギリスでニーダムが、通文化的比較を行うにはもっと厳密な道具としての概念群を用意すべきだが、現状の親族の比較研究は一般化に適さないと主張していた。アメリカでは、シュナイダーが早くも一九七二年に親族は「人類に知られているいかなる文化においても存在しない」と宣言し、親族研究に致命的な効果をもたらした。そして、「人類学で親族をほとんど主題になりえないもの」にしたとストーンはいうのである。ただし、ストーンは、この零落が当時の知的状況の変化、とくに一九八〇年代の「他者の表象」に関するポストモダニズムからの攻撃という状況のなかでこそ効果的に生じた現象であると指摘していることは忘れてはならない[8]。ストーンは、一九九〇年代の半ばまでにヨーロッパ中心主義を脱してより開かれた親族研究が始まり、その意味での親族研究が復活したと、述べている。最初はジェンダーと密接に結びついたフェミニズム人類学としてであったが、次第に、新生殖医療、ゲイとレズビアンの親族、離婚率の上昇、再婚、養取（養子）などの、西欧で、あるいは、とくにアメリカで生じている社会問題に注目する研究として展開されるようになった。さらに、政治経済学の領域と関連させる研究も始められたというのである。彼女も「親族の零落と、間接的にだがその復活には、シュナイダーの研究成果が大変に有効な手段であった」と付け加えて、シュナイダーが予想もしていなかった形で、彼の批判＝破壊がそうした新しい視点をもたらしたと説明している。[9] この「間接的にだが」という表現について、筆者には、シュナイダーが後に展開される新しい親族研究を予期して従来の親族研究を批判・破壊したとは思われない。シュナイダーは自伝的対談において、「今や不死鳥のごとく、焼け死んだ灰の中から（親族研究は）復活した」と述べたうえで、ゲイやレズビアンの研究、フェミニストの立場の研究などの新たな親族研究が始まったと話している。さらに、ファインバーグは、シュナイダーの性格も考慮して「限界はあるものの、彼はわれわれが親族、家族、ジェンダー、文化自体を考える方式を根本から変える手助けをした」と表現し、多面的に彼の貢献を評価すると結んでいる。

そこには、欧米先進諸国、とりわけアメリカにおいて、家族や親子のあり方が引き起こすさまざまな社会問題の多発する時代となったという背景があり、それへの対応を求められて再登場する親族研究という動きがある。文化人類学の研究でも、たとえば新生殖医療技術が関係する夫婦・親子の関係をめぐる社会＝文化的な問題の分析と理解に貢献することができると考えられたからだとの説明には、一定の説得力がある。

ファインバーグは上述の概説の終わりに、親族研究をめぐってシュナイダーの主張がもたらした三つの貢献をあげている。[10] それらは第一に、自らの研究の批判的再検討を通じて太平洋諸島の民族誌的調査を興隆させたことである。あらためて民俗概念に注意深くなったのである。第二に、生物学の制限から親族研究を解放したので、フェミニスト人類学者らがジェンダーを文化的構築物として研究するのを容易にしたことである。ジェンダー概念に真の対等性、多様性が取り入れられ、家族的役割や関係について、新しい視点で取り組めるようになった。第三に、生物遺伝学的な基盤から解放された親族研究を、養取（adoption）や新生殖医療技術が提起する多くの新しい、あるいは、研究が不十分であった問題に向かわせたことである。

2 日本の概説書に見る「親族」の扱い

こうした状況を踏まえ、筆者は日本で出版されている文化人類学の概説書がどのように扱っているか、具体的には、概説書の執筆者たちはニーダムとシュナイダーの名をあげて「親族」という項目を立てることの困難さを明確に訴えているかどうかについて確認しようと調べたことがある。二人の高名な研究者により親族研究が「破壊」された後、しばらくの間、西欧の人類学界では親族研究（および、その結果としての論文）が減少したといわれてきたことはすでに述べた。調べてみると、一九九一〜二〇〇六年の間に発行されたほとんどの概説書では、とくに説明がないことが判明し、後にその結果を筆者は所属学部の紀要に小論として発表した。[11] 親族研究は日本でも明らかに登場の機会が少なくなっていた。具体的には、概説書において親族を扱う章・節がなくなるか、内容が薄められる、あるいは、いくつかの章に分散させられていたのである。

その間に、おもに勤務先の大学の授業における経験をとおして、あるいは、学会で発表される研究テーマの変化をとおして、筆者は親族研究への関心が次第に減少し続けていると感じていた。だが、欧米で親族研究の分野が「復活」してくるにしたがい、日本でも少しずつではあるが概説書のなかに「親族」の存在が目につくようになってきたようである。しかし、この間の経緯の説明がないままに、気がつくとその姿が消え、またいつのまにか欧米の研究動向に追随して復活したかのように見えるのである。ただし、研究者向けの専門的な文献のなかでは、細々とでも論じられてはいたのである。

なお、「親族」とはいったい何かに関しては、まだ合意ができていない。さらに「比較」の困難さ自体は多くの研究者が了解している。これら二つの課題についてまだ当分は模索が続けられると想定される。本論では、特定の意味で用いられることが文脈から明らかな場合を除いては、あいまいさを多分に含む領域をさして「親族」の語を用いることにしたい。

では、一九九〇年前後から二〇〇六年に至る期間で、実際に上述の指摘に関してどのような状況が生じていたのだろうか。その点を確かめるために前述の小論文（注11参照）に掲げられた二つの表が役立つであろう。この二つの表には、（1）親族研究が概説書（①〜㉓）においてどう位置づけられているか、（2）シュナイダーとニーダムの行った批判が取り上げられているか、および、（3）索引においてこの二人の名前は項目として登場するのか、これらの三点を手がかりにした親族研究の扱われ方が、かなりはっきりと示されている（表1・2）。

親族の章がないものは、⑦（一九九七年）から⑳（二〇〇三年）までの間に七点、少しあるといえるもの三点がある。親族がまとまった一つの章として立てられる構成の概説書は減少してきたことが認められる（表2）。全体として親族研究への言及が減っているが、シュナイダーの親族研究批判への言及については、二三点のうち明示的（A印）なのは④（一九九五年）と㉒（二〇〇五年）の二点のみである。一九九九〜二〇〇三年の間はまったく言及がなされていない。一部言及のうちの実質的（B印）な説明（③、㉑、㉓）を加えても、表の期間の始め

表１　シュナイダーとニーダムへの言及の有無（「親族研究」の扱い方）

文献		シュナイダー				ニーダム			その他
		「親族研究」の扱い方	論点への言及	索引項目	備考	論点への言及	索引項目	備考	
番号	出版年	親族の章があるか							
1	1991	○	C	○	アメリカ文化と家族（愛）については言及	A	○		リーチによる婚姻の定義の批判に言及
2	1993	○	C	×		C	○	通過儀礼に関する言及	
3	1994	○	B	索引なし	実質的に内容の一部を説明	C	索引なし		
4	1995	○	A	○	民俗カテゴリー、象徴論に言及	C	×		
5	1995	○	C	○	交叉イトコ婚に関して言及	A	○	交叉イトコ婚に関して言及	
6	1996	○	C	索引なし		C	索引なし		
7	1997	×	B	○	親族の象徴人類学と言及	C	○		
8	1998	×	C	索引なし		C	索引なし		南米研究
9	1998	△	B	索引なし	自省的批判、認識枠組みの問題として言及	C	索引なし		「日本の人類学」を捉え直す試みの文脈
10	1999	○	C	×	交叉イトコ婚に関して言及	C	×		
11	1999	△	C	索引なし		C	索引なし		日本の民俗社会の分析
12	2000	△	C	索引なし		C	索引なし		
13	2001	×	C	索引なし		C	索引なし		８つの地域・社会の研究
14	2002	○	C	×		C	○	通過儀礼に関する言及	
15	2001	×	C	索引なし		C	索引なし		フィールドワークの仕方他
16	2002	×	C	×		C	○	世界観、儀礼に関して言及	術語集
17	2001	○	C	×	交叉イトコ婚に関して言及	C	×		「親族研究の衰退」という文言はある
18	2003	○	C	×		C	×	モデル論の中で言及	
19	2003	×	C	索引なし		C	索引なし		
20	2003	×	C	索引なし		C	索引なし		
21	2005	○	B	×	実質的に内容の一部を説明	B	○	実質的に内容の一部を説明	
22	2005	△	A	○	「American Kinship を読む」の章がある	C	×		
23	2006	○	B	×	実質的に内容の一部を説明	B	×	実質的に内容の一部を説明	

（１）親族の章があるか：ある○、部分的にある△、ない×
（２）論点への言及：あるA、一部あるB、ないC
（３）索引項目：ある○、ない×

表２　執筆者等および該当の章・節

番号	出版年	編著者	タイトル	出版社	
1	1991	村武精一・佐々木宏幹編	文化人類学	有斐閣	2　親族の関係と互酬　3　婚姻と性関係の諸規定
2	1993	波平恵美子編	文化人類学	医学書院	2章　個人・家族・社会
3	1994	浜本満他編	人類学のコモンセンス・文化人類学入門	学術図書出版社	4　血縁―血は水より濃いか
4	1995	河合利光編	生活文化論―文化人類学の視点から	建帛社	3章　家族と社会生活　2節　家族と婚姻
5	1995	米山俊直編	現代人類学を学ぶ人のために	世界思想社	Ⅰ－1　人類学のパラダイム―理論と親族
6	1996	木山英明	文化人類学がわかる事典	日本実業出版社	2章3（複婚）　4（親族名称）　4章　インセストタブーの起源　5章　家族と結婚と仲間たち
7	1997	山下晋司・船曳建夫編	文化人類学キーワード	有斐閣	12　象徴人類学
8	1998	大貫良夫他編	文化人類学の展開	北樹出版	
9	1998	船曳建夫	文化人類学のすすめ	筑摩書房	Ⅱ文化人類学が、今、明らかにしつつあること　「日本の人類学　清水昭俊」　3多元的な認識枠組み
10	1999	宮本勝・清水芳見編	文化人類学講義―文化と政策を考える	八千代出版	Ⅱ　家族と人間　section 1 親子と家族　section 2 家族と社会
11	1999	波平恵美子	暮らしの中の文化人類学　平成版	出窓社	
12	2000	森部一他編	文化人類学への誘い	みらい	
13	2001	森部一編	文化人類学を再考する	青弓社	「イデオロギーとしての母系出自集団」という章がある。
14	2002	波平恵美子編	文化人類学　カレッジ版第2版	医学書院	2章　人と人のつながり（生殖、婚姻、家族、ネットワーク）
15	2001	住原則也他編	異文化の学び方・描きかた	世界思想社	
16	2002	綾部恒雄編	文化人類学最新術語100	弘文堂	
17	2001	江渕一公	文化人類学―伝統と現代	放送大学教育振興会	7　社会的協力―家族、親族、年齢集団、利益集団
18	2003	中島成久	グローバリゼーションのなかの文化人類学案内	明石書店	2章　異文化への視線
19	2003	斗鬼正一	目からウロコの文化人類学入門	ミネルヴァ書房	
20	2003	綾部恒雄編	文化人類学のフロンティア	ミネルヴァ書房	
21	2005	奥野克巳・花渕馨也編	文化人類学のレッスン―フィールドからの出発	学陽書房	Lesson 3 家族と親族―親と子は血のつながっているものか
22	2005	山下晋司編	文化人類学入門―古典と現代をつなぐ20のモデル	弘文堂	第3部　社会はどのように構築されるか　「結婚2つの古典の解読法」
23	2006	綾部恒雄・桑山敬己編	よくわかる文化人類学	ミネルヴァ書房	Ⅵ　性と婚姻、Ⅶ　家族と親族、Ⅷ　ジェンダーとセクシュアリティ

（1）出版年の訂正があったので、必ずしも年次がそろっていない。

と終わりに登場するだけである。

この状況は、索引の項目にシュナイダーがあるかを見ると、もっと明らかになる。まず索引そのものがないものが一〇点あり、それに「項目無し」を合わせれば、一八点になる。表の備考欄を参考にすると、シュナイダーは象徴論者として言及されるか、交叉イトコ婚の論争への関わりで多少はふれられることがわかる。ニーダムの親族批判への言及はいっそう少ない。①（一九九一年）と⑤（一九九五年）がA印で、それ以外、㉑と㉓で内容の一部が実質的にふれられるだけである。索引項目ではシュナイダーに比べて若干多いが、（通過）儀礼に関する項目などで出ているのが目立つだけである（表1）。

ただし、従来の概説書のスタイルをとらず、各種の新しい編集方針によって独自の構成を積極的に試みた「非」教科書的なものが増え続けていく傾向は見て取れる。なかには、実際には親族に関する内容が一つの章としてではなく、別の形で分散して含まれている場合も少なくない。

一概に親族の取り扱いが人類学の概説書のなかで減少したわけでもないとも受け取れる。だが、その分野の研究が消滅したという理由が明示されないままに、加えて、親族を一つの章にしないという理由も示されないままに、人類学説史にとっての大きな出来事にふれないで、目次構成から「親族」の省略が行われてよいのだろうか、との疑問は依然として残されたままである。

端的にいって、少なくとも親族研究に関する限り、かつてのように日本の概説書には引き続きとりいれられる必要があったと考えられる。人類学の歴史において積み重ねられてきた成果、とりわけ民族誌的な記録は基本的にさまざまな人類学的な考察の原点であり、それらの読解に親族の基礎知識は不可欠だからである。

3　日本の親族論の変容

（1）変化の自覚

欧米の親族研究の復活に対応して、それと前後する時期に、日本の文化人類学分野でも、シュナイダーによる批判＝親族の否定を取り上げた議論があったことに次に注目したい。それらは、①シュナイダーの批判をほぼそのまま受け取る衰退・否定論と、②批判の一部を受け入れつつも親族研究を放棄するわけにはいかないと考え、研究は持続されているとする連続論に分けられる。しかし多くは、②の区分に含まれる。さらに、このなかではシュナイダーの批判のどの部分を受け止めるか、および、その後の研究の展開方向について、大きくは二つの立場がある。

前者の①を明確に主張する論考は目立たないが、比較的早くから親族研究の変化について言及した論考についてふれておこう。田中は、人類学に社会観をめぐり三つのパラダイムがあるが、そのなかで一九二〇年代からの支配的パラダイムであった機能主義人類学では、社会が複数の集団、とりわけ親族集団から成立することが重視されてきた。このパラダイムの衰退とともに親族研究も衰退し、新たな模索が始まったととらえた。(12) 瀬川も親族研究は時流ではなく古い研究領域というイメージをもたらすようになったという。しかし、一九七〇〜一九八〇年代の根本的親族研究批判によるよりも、人類学者の関心領域や調査対象が親族以外のきわめて多様なテーマやトピックに向けられるように変化した結果とみるべきことを強調していた。(13) 瀬川は、過去の親族研究こそ人類学者どうしのコミュニケーションを成り立たせてきた共通の知的基盤であった、と指摘する。現在でも親族が個々のフィールドで研究され続けているが、それは「個別社会における個人—社会間の多様な媒介経路の一部として、各々の社会のコンテキストに即した深化を遂げる時期にきている」と、とらえるのである。

（2）批判の受容と新しい研究

渡邊（欣）はタイトルにも「家族（親族）研究の終焉」とあり、「家族の問題を考察することを、人類学ではもう放棄してしまった」といい、親族研究否定論に見える。渡邊は自らの研究動向について、「人類学がヨーロッパの思想の中から起こってきた流れの中にあるならば、人類学と同じようなレベルで、東アジアの哲学から人類学や親族理論に変わるものがないかといったことからおこしてきたのが風水研究」（傍点は原文）の開始になったのだと説明し、新しい「家族」理論は日本から構築せねばならないと主張する。しかし、今後の取り組みとしては、「家族だけ研究して、あるいは親族だけ研究して社会が分かるといった研究」を打破し、ジェンダー研究や生殖技術の問題など含めるべきだと述べるなど、実質的には親族研究の連続性を認めているのである。[14]

その点を上杉は、狭く閉じた研究領域から脱したとの指摘には賛意を示しつつ、親族研究は渡邊の考えるように順次に研究が交代したのではなく、フェミニズム研究が「引き続き」担い続けてきたと見るべきだとコメントしている。[15] 上杉は同年の別論文では、欧米での親族研究の急速な「復活」は、パラダイムの変化とテーマやトピックの移行との同時進行であって、その意味では「復活」ではなく「転換」である（傍点は筆者）という表現で言及していた。[16]

文化人類学の主要な仕事は、異民族について類似の現象と考えられることを記述し比較することであろう。しかし、シュナイダーの根底的な批判を受け入れ、徹底的に「民俗概念」を尊重して、「親族」という現象の存在自体を否定する過激なやり方もありうると栗田は認める。[17] しかし、それでどうするかをシュナイダーは何も示さないから、「前提としていた『親子関係』は『生物学的血縁関係』に還元されるという点をはっきり認めて」作業仮説として、ただし普遍性を前提とせずに、「分析概念」に用いるやり方をとりあえずとろうと言う。その具体的な見直し作業の手がかりの一つとして、多くの人類学者が注目する「民俗生殖理論」を用いる研究が有効であろうとの見通しを語っている。

二〇〇二年に二本の論考を発表している上杉が明確な「連続論」を唱えていることは、すでに言及した。「日本の人類学界では親族研究の現状が適切に評価されておらず、したがってまた、親族研究の新たな展開の可能性を見過ごしている」との立場によって、親族研究の大きな変化に注目した優れた考察となっている。「ややもすると単一の価値観や世界観を強調するグローバル化現象を通して語られがちな現代社会や文化を相対化する大きな可能性がある」ことを含めて今後の方向が示唆されている。そして「生殖や婚姻あるいはそれに類似した関係を基礎とする人と人の結びつき、すなわち広い意味での家族・親族に関する研究」は今後も続くだろうと上杉は考えている。[18]

速見は、自文化を異化してアメリカ（＝西欧）の民俗概念を明示して見せるシュナイダーの手腕のすばらしさは認めるが、あまりにも彼の親族研究批判は自文化中心主義に拠り過ぎていると述べる。また、シュナイダーは普遍的家族、および、親子関係の定義の不可能性ないしは困難さを暴いたものの、アメリカの家族や自然観などが有する歴史性・政治性を見ようとしていないと反論している。そのうえで速水は、結果的にシュナイダーの主張は従来の親族研究を見直す突破口となったが、具体的な作業はジェンダー論によって行われたと主張している。日本の動向について、一方で、これまで以上に社会的な構築ととらえられ、権力の介在が増す方向に進み、同時に「親子のつながりは本質化され、生物的なつながりの所与性はさらに強化」され、不安定な状態が生じているというのである。[19] 筆者としても、この速水の見解に賛意を表したい。

アメリカのボストンで上・中流層白人の家族・親族を調査した渡辺（靖）は、ニーダムの論理展開を、「人々は、日々の言説や実践の中で『親族』や『家族』について考え、議論し、行動している」事実を見落とした親族批判だという。また、シュナイダーは、あまりにも象徴と意味のシステムとして親族を狭く純粋な形でとらえようとしたと批判している。それを、過激なポストモダニズムに見られる主体主義の過剰により、理論上の袋小路に陥ってしまったともいう。渡辺は「生物学的事実の上に作られた社会的イディオムとしての親族関係、という彼の洞察」という表現でシュナイダーを受け止め、従来の研究の発想を超えず、パーソンズ・モデルの限界内にとどまっていると見ている。シュナイダーの主張に関しては「衰退論」なのだが、渡辺は、親族関係とジェンダーは特定の時代と場所で構築されるものの、自然で普遍的なものとなる状況を「社会構造、プロセス、イデオロギーの交わりやせめぎ合いの中で」とらえる可能性はあると考えている。[20] その点で渡辺はシルビア・ヤナギサコの「多くのアメリカ人は、親族や家族の関係を、文化的・歴史的カテゴリーでとらえている」（渡辺訳による）との文言を引用して、その研究方法を高く評価している。ヤナギサコは「親族関係とジェンダーを統合的に分析しようとする」が、その背後には、T・パーソンズ流の構造機能主義的アプローチへの批判がこめられているというのである。

溝口は、「婚姻」と翻訳できる語彙のない西アフリカのセヌフォ社会を対象に、具体的な行為と語りの蓄積により、控えめの経験主義的な一般化をめざす作業はできる、と主張している。この作業は、ニーダムの「親族」否定論のなかから、ある現象を単に指示する機能だけの語彙としての「婚姻」による記述は否定しないという部分に注目し、それに依拠すれば可能だというのである。この点で、シュナイダーは、溝口によれば、比較研究をすっかり放棄し、親族研究を完全に捨て去ったが、同時に徹底主義の袋小路に入り込んでしまった。主知主義に拘泥し、正確な翻訳は原理的に不可能ということになった、ととらえている。セヌフォでは儀礼的に聖性を帯びて立ち現れる、人、もの、道具がつくる空間が、「『親近性』を生み出し、『婚姻』を可能にしている」ことの分析を通して、溝口は、こうした「応分の抽象化により記述することこそが、セヌフォ社会の親族研究を少しでも発展させることになる」との結論を得ている。[21]

渡辺、溝口の両者とも、親族否定論の袋小路を避けながらいかに親族研究を続けるかを模索する、具体的な試みなのである。

(3) 活用論

この節で取り上げる清水昭俊の考察は先述の区分上の②にあたるが、ここでは連続論の中の「活用論」として別立てにした。その親族の研究がパラダイムを転換しつつ続行されるべきものだと主張するだけではなく、シュナイダーに向けて親族論の基礎を独自に提示して、シュナイダーの主張の不十分さを補い、それを乗り越えていく方法があると提案しているからである。

〈1〉主な論文

清水の主要な成果(以下では便宜上、注で付けた番号で各論文に言及する)として①、②、③の三つの論考がある。それらで展開された重要な論点は英文論文④(そのコメントは一九九二)にまとめられている。その後、学説史を回顧する論考⑤にも部分的に述べられ、最近では⑥「雑記」という形式で一部が言及されてもいる。[22]

最初に清水の考察のなかで注目すべき部分を指摘しておく。①のなかでは図3－1に示される「親族の3つの位相」が重要である。この図と説明は、清水がこれ以降に展開する諸説の基盤になっている。②では「六 親族関係の文化的構成」とくに図1－5～7が重要であり、さらに人の一生（＝通過儀礼）、および、アイデンティティの変化を論じる部分と、「注15」のシュナイダー論に注目すべきである。③では親族的結合を基礎づけるイデオロギーは「特定の二個の人格のあいだに連続性を認識させればよい」ので、親子に共通する人格を構成する要素は何でもよいと述べる。連続性の観念自体については「親子の関係を認識するのに、身体の、あるいは霊魂の連続性が、求められたのは、親子の関係を呪術的な共感の関係として構成するためだったのだ」（傍点は原文）と清水は突き詰めていく。

〈2〉**親族の3つの位相**

①では清水は、シュナイダーらの懐疑論には二つの落とし穴があるという。一つは、親族の概念をあまりにも厳密に定義し、自ら欧米文化のエスノセントリズムを展開してしまったことだという。二つ目は、三層構造であるのに、「家の示す多面的な相貌の内でも、家の内部の末端分節と、家全体の公的外貌という、互いに極端に隔たった二面の内の、いずれか一方をその時々に強調していた」論議にしたため、それらを架橋する「構成的親族」の層を取り去り、結局は「親族の現象する場を家内的分節内部の末端小分節に求める」ことになったことである。[23]清水はこれを、基礎的な第三層にあたる家内的（domestic）[24]分節のみを親族集団と認めることになり、「家内的分節が外部に示す公的外貌が、事実として生物的ないし『生まれの』親族によって構成されていること」を求めてしまう、あまりに場違いな要求になってしまったとシュナイダーを批判している。

〈3〉比較を可能にするモデル

親族をより適合的な分析概念に再編成できるが、その前に親族研究否定論者ら、とくにシュナイダーの議論に見られる自民族中心主義の弊害を取り除く必要があると、④の英文論文で清水は説いた。その基盤には、批判者たちが前提とする西欧と他者という二極ではなく、「日本」を加えた三極的な比較の視点の導入を置いた。それには、日本人研究者による「家」の考察をさらに洗練した①論文で展開された構想が用いられた。

そのうえで④では、三つの位相——「生れの」親族、構成的親族、イデオロギーの親族——が階層的に配置される枠組みがあり、そのなかで個人は特定の行為ないし通過儀礼を経ながら他の成員との絆を逐次に構築し直す過程が存在することを、まずは確認する。すなわち、この過程の動的な展開により、それぞれの文化でさまざまな民俗カテゴリーが生み出され、それらのカテゴリーは連鎖状の連なりとして形成される。この仕組みこそ比較を可能にする基盤として用いることができると清水は提唱するのである。なお、このモデルに関して、生物学的な生殖の過程（the physical process of procreation）は単に外部から一方的に人間社会に与えられるものではなく、人の側が、それを、特定的な関係からなる系列を構成するのにきわめて適したものとして、家内的集団に組み込んできたのだ、と付け加えている。清水が提唱する意味での「親族」に依拠すれば、それは依然として人類学において一つの理論的な論争点となり、親族はもっと研究されるべきである、と力強く主張している[25]。

先述の主要三論文（①〜③）の巧みな再編成を行いながら、それ以前の「家」研究の成果、および、示唆的に言及するにとどまっていた通過儀礼の視角をさらに強化して、挑戦的にシュナイダーに向けて執筆された力作といえる。

〈4〉「雑記」による補足

最近のものである⑥「雑記」によってシュナイダーに関する清水の考えを確かめておこう。19節（§19）で、従来の親族研究を行き詰らせたシュナイダーの批判は、「ポスト・モダン批判」ではなく内的な批判であると述べる。その批判は、第一に、普遍性を標榜する分析概念が西欧的な民俗概念を普遍化したものでしかなかったことを、自らのヤップ民族誌の再解読を通して暴露した。西欧の人類学者（シュナイダー）が父系出自集団と描いた、つまり、血の連続性を前提にする親族概念で描いたのに、ヤップ人の認識する「親族集団」に、「血」の連続という観念は含まれていなかったのである。この点を評価しながらも、そこから一気に親族研究そのものの否定に走ってしまい、シュナイダーの自省的批判は、人類学者に親族現象に対する関心を急速に失わせたのだと指摘している。[26]

しかし、第二に、アメリカ人の家族親族研究で、親子の「親族」関係という、親族の基本的要素の文化的内容にこだわったシュナイダーが、「そこでの親族関係の文化的表象を『行動の規則 code of conduct』と『身体要素 substance』の二つの象徴的要素によって説明」したことを清水は評価している（21節）。アメリカ人にとって、「親子が共有する『身体要素』は『血 blood』で」、「それは体を傷つければ流れ出す血ではなく、象徴としての『血』であり」、「親族を結合させる文化的象徴」であったことをシュナイダーが明確にしたからである。29節で清水は、「行動の規範」は具体的には「愛 love」であり、それをシュナイダーが diffused enduring solidarity とも説明しているといい、清水はこれを「充溢する持続的な連帯」と訳した。

「シュナイダーは、親族に対する斬新な接近方法によって、象徴的文化の理論と、可能性に富む親族理解に到達した」（21節）のに、批判・否定の効果だけが多大であった。この状況に対し、清水は「シュナイダーの批判を乗り越えて、親族研究の可能性を開くためには、シュナイダーが見落としていた（彼自身の貢献も含めた）親族の文化的構成[27]に関する人類学の蓄積を考察し、なおかつ全体的な前提を転換して、総合する必要」（22節）があると受け止めたのである。それは④（一九九一年）の英文論文に結実したと言える。本論ではそうした意味で「活用論」という区分で扱ったのである。

（4）極論への要心

強力なシュナイダーの親族研究批判を受けて、しかも他者の表象に関してエスノセントリズムだと人類学全体がポストモダニズム論者から攻撃される状況の下では、自己批判が強まり、関心を内部化し、比較からは遠のくばかりにさせられるという効果は、日本にも確かに及んだのである。その積極面としては、他（異）文化の調査・分析も、そして、比較もきわめて慎重に行うよう促す効果があり、その一例には民俗概念、たとえば民俗生殖理論が重要なテーマになったことがあげられる。シュナイダーが親族を否定して、アメリカの民俗概念を象徴と意味の体系として分析することに向かう姿勢は、親族を限定的・固定的にとらえる様相も帯び、最終的には通文化的比較の可能性を否定することになった。術語の厳密な定義とその背後にある自然・文化の二分法の摘出から導かれる彼のやり方を過度の徹底主義ないしは行き過ぎと受け止めた研究者は少なくない[28]。

清水はこの点について、22節でも、カッコ付きの「自然」と（生の）自然（「本源的自然」という表現が用いられることもある）とを「明瞭に区別すべき」だが、しばしば混同されたままで議論が深められないことがあると、端的に述べている。シュナイダーが自然と文化の二項対立的な思考を強く批判したことに、清水がいかに対応するかは興味深い。なお、カーステンは、シュナイダーはその二分法を、アメリカで認められた特定の二分法（血

／法）の議論に限定してしまったと批判している。先天的 given と後天的 made の二分法をアメリカに限定せず、各文化にいかなる内容が盛り込まれ、そして両者の関係がどのように形成されるを比較考察すれば、そこから親族研究の新たな展開が期待できるという。破壊的効果が強く親族研究が滞った事態に否定的に言及するか、結果的にあらたな研究の流れをつくった点で評価するかは、本論で取り上げた研究者の間にも微妙な違いが認められる。シュナイダーの「過度の徹底主義ないしは行き過ぎ」は、単に研究の進め方の特徴であるだけではない。たとえばフォーゲルソンの論文の冒頭からも、シュナイダーへのインタビューを読んでもその強烈な個性が認められる。そのことを背景にシュナイダーの親族研究を見る必要があると、本論の筆者としても考えている。シュナイダーの生涯にわたる友人であり、彼の性格をよく知るグッディナフも、シュナイダーの理論的な意見の表わし方には度を越すことが多く、しばしば相手の考えを曲解する、と述べている。

従前の研究体制を根本から見直させるという「予期せぬ」結果が生じたことについては研究者間に共通の理解がある。結果としてフェミニスト人類学やジェンダー研究など新たな領域を掲げて親族の議論が再開されたことや、新生殖医療技術が人びとの生き方に及ぼす影響と関連する多様な問題への注目などが指摘されている。

4　今後の課題

「シュナイダー後」の親族研究では一般的に、多様な文化に生きる人びとは日常的に家族や親族について語り行動していることを認め、諸文化でさまざまな領域やモノと親族が結びつく様をていねいに探究することが提案されている。つまり、控えめな経験主義を採用してあらためて民族誌的な記述を試みるとともに、それに基づいて親族の比較研究を可能にする概念を求めようとする模索が始まったのである。同時に、理論的にもシュナイダーによる親族否定の行き過ぎを改め、あまりにも狭い意味に定義された親族から脱するための再検討があり、おそらく、ホーリーの考察が一つの転機をなすと考えられるだろう。それ以降の研究者からは、過程、多元性、動態的視角、行動する個人、アイデンティティ、実践などが、分析のキーワードとして、あるいは、比較を促す概念として掲げられているのである。

ストラザーンとスチュワートの最近の著作でもそのタイトル"Kinship in Action: self and group"にはこうした傾向が明瞭に示されている。なお、著者らは土地が親族に固く結びついていることも強調したと付け加えている。また、最近のサーリンズの論文には清水の考え方のある部分と重なる考察が含まれるように思われる[29]。ただし、こうなると、新たな親族研究があまりにも多方面にむけた取りとめのない考察が及ぶだけということになりはしないかとの心配も出てくる。

これに対し、必要があればそこに立ち返ることができ、研究者間に議論を成立させえる基盤として、単純なエスノセントリズムから逃れること、成長する過程で個人が動的に絆を結び直すこと、多様な民俗カテゴリーの連鎖の形成（連続性）などをわれわれはもっと検討してもよいと考えられる。

日本における親族（以下でも、この語は緩く用いられる）研究を継続するために、欧米の生殖医療に関わる研究の進展を待たずとも、身近に起きている話題を利用することはできた。養子、相続にまつわる親子のＤＮＡ鑑定、提供精子による人工授精、「本当の」父親を探す子ども等々、取り組むべき課題は早くから生じていた。一九九八年にはすでに非配偶者間体外受精による遺伝的な母子関係のない子どもの出産に関するニュースも報じられていた。日本の人類学者がそれらの問題にあらためて取り組み、私たちが日本で親子関係をどう考えているのか、その前提は何かなどをテーマとして親族に関わる研究や議論を行うことができたはずである。
　概説書から眺めると日本では親族研究は衰退しているかに見える。しかし、消滅を唱える論者でも、何を取り組むべき課題と考えるかを見るとそこに大きな違いは認められない。しかも、本論で述べたように、専門の研究者の間には親族の論議は細い流れであるとしても、欧米の動向とは別に、あるいは少なくとも並行して、親族研究に新しい展開を求め、「復活」を図るための基礎的な論議は維持されていたのである。

——〈参照・引用文献〉

（1）田口理恵「報告2教科書・概説書に関するプロジェクト基礎資料について」、分科会「概説書をとおして見る戦後日本の民族学・文化人類学」（代表者　岡田浩樹）、２００3年日本民族学会第37回研究大会　於：京都文教大学

（2）Richard Feinberg, 2001, Introduction : Schneider's Cultural Analysis of Kinship and Its Implications for Anthropological Relativism. In Richard Feinberg, and Martin Ottenheimer eds., *The Cultural Analysis of Kinship : The Legacy of David Schneider.* Urbana and Chicago : University of Illinois Press., pp. 1-31, 2, 4. ; R. D. Fogelson, 2001, Schneider Confronts Componential Analysis. In R. Feinberg and M. Ottenheimer eds., *The Cultural Analysis of Kinship.*, pp. 33-45.

（3）D. M. Schneider, 1968, *American Kinship : A Cultural Account.* Eaglewood Cliffs, N. : Prentice Hall, (2nd ed. 1980)., 1984 *A Critique of the Study of Kinship.* Ann Arbor : University of Michigan Press.

（4）Needham, Rodney, 1971, Remarks on the Analysis of Kinship and Marriage. In R. Needham ed., *Rethinking Kinship and Marriage.* London : Tavistock Pub., pp. 3-5.

（5）Kuper, Adam, 1999, David Schneider : Biology as Culture. In Adam Kuper, *Culture : The Anthropologists' Account.* Cambridge, Mas. : Harvard University Press. pp. 22-158. ちなみにクーパーは親族の文化的研究に対して批判的な見解を述べている。

（6）吉岡政徳『反・ポストコロニアル人類学』風響社、２００５。吉岡の第4章の95—99頁に、単配列と多配列についての簡潔な

説明がある。さらに詳しくは、吉岡政徳「比較主義者ニーダムの比較研究」『アリーナ』第4号、中部大学国際人間研究所編、２００７参照。実際に利用した論文は、「吉岡政徳研究室」の「研究業績」に掲載されたものである。http://ccs.cla.kobe-u.ac.jp/Ibunka/kyokan/yoshioka/index.htm, ２０１１年11月26日確認

（7）Stone, Linda, 2001, Introduction : Theoretical Implications of New Directions in Anthropological Kinship. In Linda Stone ed., *New Directions in Anthropological Kinship*. Lanham, Maryland : Rowman & Littelfield Publishers, Inc, p. 2.

（8）Stone, Linda, 2004, Introduction. In Robert Parkin and Linda Stone eds., *Kinship and Family : Anthropological Reader*, Malden, Mass. : Blackwell Publishing Ltd., pp. 241-256, 241-242. ; D.M. Schneider, 1972, What Is Kinship All About? In Pricilla Reining ed., *Kinship Studies in the Morgan Centennial Year*, Washington, D.C. : The Anthropological Society of Washington.

（9）Stone. Linda, 2004, Introduction. In Robert Parkin and Linda Stone eds., *Kinship and Family : Anthropological Reader*. Malden, Mass. : Blackwell Publishing Ltd., p. 241.

（10）Feinberg, Richard, 2001, Introduction : Schneider's Cultural Analysis of Kinship and Its Implications for Anthropological Relativism. In Richard Feinberg and Martin Ottenheimer eds., *The Cultural Analysis of Kinship : The Legacy of David Schneider*. Urbana and Chicago : University of Illinois Press., pp. 24-25.

（11）小川正恭２００８「親族研究の消滅はあったのか—日本の教科書の記述から」『ソシオロジスト』第10号、武蔵大学社会学部

（12）田中雅一１９９５「1人類学のパラダイム—理論と現実」『現代人類学を学ぶ人のために』（米山俊直編）、世界思想社

（13）瀬川昌久１９９７「(1)人類学における親族研究の軌跡」『岩波講座　文化人類学　第4巻　個からする社会展望』（青木保他編）、岩波書店、56頁

（14）渡邊欣雄２００２「家族（親族）研究の終焉と新環境下の「家族」」『家族—世紀を超えて』（比較家族史研究会編）、日本経済評論社、227—244頁

（15）上杉富之２００２ｂ「コメント　人類学における親族研究の現状と課題」『家族—世紀を超えて』（比較家族史研究会編）、日本経済評論社、251頁

（16）上杉富之２００２ａ「新生殖技術時代の人類学—親族研究の転換と新たな展開」『民族学研究』第66巻4号、日本民族学会

（17）栗田博之1999「親と子の絆」『1技術としての身体（叢書　身体と文化）』（野村雅一・市川雅編）、大修館書店、354—374頁、362—364頁。同じ論点が比較方法論の検討として、栗田博之2003「統制された比較—入口より先に進むのか？」『民族学研究』第68巻2号、日本民族学会、にも示されている。

（18）上杉富之2002a、390頁、404頁（注16参照）。上杉2002b、255頁（注15参照）

（19）速水洋子「序　親子から生のつながりを問い直す」『文化人類学』第75巻4号、日本文化人類学会、2011、518頁（当号の「《特集》親子のつながり—人類学における親族／家族研究再考」の序文）

（20）渡辺靖2004「第2章　ひざまずかない解釈学—文化人類学からのまなざし」『アフター・アメリカ—ボストニアンの軌跡と〈文化の政治学〉』慶應義塾大学出版会、328頁

（21）溝口大助「マリ共和国南部カディオロ県セヌフォ社会における「婚姻」儀礼」『人文学報』第438号、2011、28頁、30頁。溝口はカーステンが relatedness と呼ぶ領域を「親近性」という言葉で訳している。Janet Carsten, 2000, Introduction : Cultures of Relatedness. In J. Carsten ed., *Cultures of Relatedness: New Approaches to the Study of Kinship*. Cambridge : Cambridge Univ. Press. カーステンの「関係性」に関してはストーン（2004、251—252頁）参照

（22）①清水昭俊1987『家・身体・社会—家族の社会人類学』弘文堂。②1989a「Ⅰ序説—六　親族関係の文化的構成、七　家の多面的相貌—結論」『家族の自然と文化』弘文堂、37—57頁。③1989b「第2章『血』の神秘—親子のきずなを考える」『人類学的認識の冒険』（田邊繁治編）同文館出版、45—68頁。④Akitoshi Shimizu, 1991, On The Notion of Kinship. *Man* (N. S.) 26,, pp. 377-403. A. Shimizu, 1992, Comment (On Ethnocentrism and the Notion of Kinship), *Man* (N. S.) 27 (3), pp. 631-633. ⑤1998「親族現象と人類学—学説史の回顧と現状」『家族のオートノミー』（シリーズ比較家族10）（丸山茂他編）、早稲田大学出版部。⑥清水昭俊（ブログ）2009「人類学雑記（4）もう1例、親族」、「雑記メモ帳　人類学　中国・北京　手文庫」URL shmz_az@hotmail.co.jp http://shmz.seesaa.net, 2009年7月17日付

（23）清水①1987、79頁、91—92頁。②1989a、33—38頁、50—52頁、56—57頁（注15）。③1989b、55—58頁、61頁、63頁

（24）家内的 domestic の語は構造的位置を指す意味で用いられている。清水②1989aの注17（57頁）、および注5（54頁）も参照

（25）Shimizu A. 1991, p384, 394, pp. 399-400. Figure 5. The basis for kinship categorical は、清水の親族観を理解するた

めにぜひ参照してもらいたい。なお、シュナイダーの反論は Comment (Ethnocentrism and the Notion of Kinship), *Man* (N. S.), 1992, pp. 631.

(26) 清水⑤１９９８、31―33頁

(27) 前掲書①１９８７、88頁参照。Janet Carsten, 2004, *After Kinship*. Cambridge : Cambridge University Press., pp. 187-189. 本論には２００５年の再版を用いた。

(28) Fogelson, R. D., 2001, Schneider Confronts Componential Analysis. In R. Feinberg and M. Ottenheimer eds., *The Cultural Analysis of Kinship.*, pp. 33-45.; Schneider, 1995, *Schneider on Schneider : The Conversion of the Jews and other Anthropological Stories.*, (Handler, Richard ed.), Durham and London: Duke University Press.; W. H. Goodenough, 2001, Conclusion : Muddles in Schneider's Model. In Feinberg & Ottenheimer eds., *The Cultural Analysis of Kinship*, p. 216.

(29) Holy, Ladislav. 1996, *Anthropological Perspectives on Kinship*, London and Chicago : Pluto Press.; Andrew Strathern, and P. J. Stewart, 2010, *Kinship in Action : Self and Group*. Prentice Hall.; M. D. Sahlins, 2011, What Kinship Is (part one, part two). *J. R. A. I.* (N. S.), 2011, Vol.17 (1), pp. 2-19, Vol.17 (2), pp. 227-262.

Column 1

変化する家族と教育
—中国吉林省朝鮮族自治区からの報告

金　香花

筆者の故郷である朝鮮族自治区の琿春（フンチュン）市は、中国吉林省の東南部の図門江の下流地区に位置し、中国、朝鮮、ロシアの国境地帯にある東北アジア地区の中心地である。中国からは、韓国の東海岸、日本の西海岸、北アメリカ、北欧を結ぶ最も近い都市である。総人口は約二一万五〇〇〇人で、朝鮮族が四二・八%、漢族が四七・六%、満族が九・三%、その他民族が〇・三%を占める多民族地帯である。筆者が小学生であった頃には小さな田舎町であったが、近年、都市化し驚くほど豊かになり、ライフスタイルも大きく変化した。

戸籍の人口数では朝鮮族が四二・八%を占めているが、実際にこの都市で生活している朝鮮族の人数はその半分以下である。朝鮮族六〇%以上の人が海外、国内の大都会に出稼ぎや留学に行っている。二〇一一年一一月までに海外へ出稼ぎに行った延辺自治州の朝鮮族の人数は、二〇万人以上に達している。出稼ぎの経済効果はとても高い。毎年の出稼ぎでの年間総収入は八億ドルを超えているようである（吉林新聞ネット版による）。

このような社会環境の変化に伴い、人びとの価値観も変わり、その影響で子どもたちの価値観も物質主義的になってきた。幼稚園に通っている六歳になる甥の男の子は、幼稚園から帰ってくると、口癖のように「ママ、うちも大きい車を買

琿春の位置

子どもを迎えに、幼稚園の前で待つ保護者たち（大多数が園児の祖父母である）

ったらいいね」とか「エレベータがあるマンションの家で住みたいね」と言う。おもちゃではなく、「大きい家」とか「高い車」が欲しいというのは、六歳の子どもの言葉とは思えない。

家族環境だけでなく、家族構成そのものにも大きな変化が見られる。伝統的には三世代同居家族が一般的であったが、核家族が増加してきた。しかし、近年、出稼ぎが増えるにつれて、父母のうちの片方の親と子が住む世帯（中国語では単家族、比較的新しい造語）が多くなり、同時に、祖父母などの親戚の家で面倒をみてもらう子どもも増えた。このような子どもたちは、中国語で「単親の子」とか「無親家庭の子」とも呼ばれている。単親・無親の子どもが、学年全体の半分以上を占めている小学校もあるようである。

伝統的には、家庭は子どもの「第一の学校」であり、親は子どもの「第一の教師」とされるほど、家庭教育は重視されてきた。とくに母親の教育的役割が重要であった。しかし、現在では、それがうまくいかない状況が多くなり、子どもをめぐるさまざまな問題が生じ始めている。

筆者が琿春市内のある小学校で「単親・無親」の家庭の子どもから聞いたデータからは、次のような問題が浮かび上がってきた。①宿題完成率が低く、学校での成績も、ふるわない。②親の関心が行き届かず、子どもたちの心理状態も不安定である。③生活環境に不足があるため、子どもの生活習慣も乱れがちである。それに伴い、非行の生徒も増加し始めた。たとえば、調査中、親が外国へ行ったため祖母と生活している子どものなかに、次のような例があった。その子どもは毎朝、学校に行くように見せかけて、カバンを持って家は出るが、学校には行かず、ネットカフェで過ごしていた。祖母は、それにまったく気づかず、毎日、おやつを買う金を渡していた。その後、学校の先生から聞いて知り、祖母が叱ったが言うことを聞かず、むしろ反抗し続けている。

学校の教師は、こうした生徒のために、いろいろ努力はしていると言うが、学校側の努力だけでは、改善の困難な問題であるようだ。これらの問題の改善のために、行政も力を入れ始めた。たとえば、国の援助支援で、単親・無親家族の子どもたちのための家を建て、子どもたちにその施設で生活させ、学習も指導している。この施設では、そこの先生の愛情のもとに、心身とも健康で、明るさを取り戻すようになるそうである。しかし、親と家族からの世話を受けられない愛情不足の子どもたちを、それで完全に救えるようには思えない。問題の解決には、まだまだ遠いようである。

第2章

ライフの維持と生存

――出自・家・身体――

写真説明

上の写真は、孫の世話をする祖母。ゆりかごは、立てた竹に結わえて吊るす。かごは左右ではなく上下にゆするが、それには、天の中心に住む神との交流と守護霊の加護を祈る意味がある。ゆりかごは母胎を象徴するが、その赤ん坊を支える紐の力は、同じゆりかごで育ったキョウダイの結束を表わす。

（撮影：編者、フィリピン・ミンダナオ島マライバライ市）

下の写真は、感謝祭（11月25日）のディナー・パーティ。撮影者（男性）の妹が主催するパーティに招待されたときの食事風景。左から順に父、母、母方祖母、父方オジ、妹（中央）、イトコの妻、イトコ、友人、姪とそのボーイフレンド（奥のカウンターに座る）。贈り物を伴わない集いで、大勢の家族・親族・友人が参加している。撮影者は、それを「拡大家族（extended family）のパーティ」と説明している。アメリカの各家族の世帯規模は小さくなっているが、他方で、クリスマスや誕生日のような儀礼の機会に親族が集まることは、今でもよくある。

（撮影：Bill Ezzard，アメリカ合衆国メイン州のレストランにて）

1. 出自と母系社会

遠藤　央

1　出自の概念

(1)古典的出自概念

文化・社会人類学において、祖先を中心として組織された集団構造、祖先崇拝、所属と成員権、土地所有、祖先崇拝といったテーマは、ラドクリフ=ブラウン(Radcliffe-Brown)、マリノフスキー(Malinowski)、フォーテス(Fotes)等の、機能主義全盛の時代には当然のものであった。しかし、親族(kinship)や出自(descent)という用語がアメリカや日本の文化人類学関係の論文で、題名やキーワードとなることはこの三〇年ほどで急激に減少していることはまちがいない。その傾向は、シュナイダー等の親族論批判以後に顕著になった。[1]その後、日本でも親族論が死んだといわれて久しいが、人間社会から出自的、親族的な思考が消滅したわけではないし、新たな観点からの見直しが進行している。またフランスでは英米ほど親族論は軽視されてこなかったことは、たと

えば二〇一〇年度のロム誌の巻頭論文がイエに関するものであることからも明らかである。(2)

事実、その自伝的著書のなかでシュナイダー(3)自身が述べているように、一九九〇年代頃から親族論は再び注目されはじめ、シュナイダー理論への批判と再評価が行われた（第1章参照）。たとえば、二〇〇一年に出版された『親族の文化的分析―D・M・シュナイダーの遺産』(4)では、彼の元同僚やかつての教え子たちがシュナイダーの親族研究批判を再批判しているが、その通奏低音には狷介《けんかい》でつきあいにくいシュナイダーの性格や発言への複雑な思いがあるようである。この本は、新しい問題展開にそって親族研究はこれからもなされるべきであるとし、シュナイダーの「誤解」を丁重にときほぐしており、新たな親族研究にむけたマニフェストとなっている。

（2）出自概念とシュナイダーの母系論

まずオクスフォード・イングリッシュ・ディクショナリーで「出自」にあたるdescentを引いてみよう。そこには、以下のように人類学的な古典的用例があげられている。(5)

①ある先祖あるいは祖先集団からの系統であるという事実（The fact of 'descending' or being descended from an ancestor or）、リネージ（ancestral stock; lineage.）

②出自関係。リネージ。（A line of descent, lineage, race, stock）

そして①の用例をみると一九五〇年以降はすべて社会人類学のモノグラフから採用されていることが目を引く（表1参照）。

シュナイダーとガフの母系論も当時、同様の出自概念を使用している。人類学の分野で母系研究の集大成と見なされてきた『母系社会』のなかで、編者のシュナイダーとガフは「現代の社会人類学では、母系親族体系は、

表1　出自概念の用例

訳	辞書原文
1)本来の親族体系から非単系集団は分離したほうがいいかもしれない。	We may differentiate unilineal descent groups from a kinship system proper *(American Anthropologist* LII, 1. 2, 1950).
2)このような小さな共同体では、男性の出自名を保持することよりも新しい社会単位を設立することのほうに、重要性がある。	In such a small community less preserving importance is attached to a male descent-name than to the "establishment of a new social unit" (R. Firth 1951 *Element of Social Organization.* i. 8).
3)フィジーの社会組織の枠組みは、男系の出自集団体系であった。	The framework of Fijian social organization was a system of agnatic descent groups" (P. Worsley 1957 *Trumpet shall Sound..* 18).
4)どの部族にも、(父方・母方) 双方のカテゴリーをもつ多くのクランから成る出自集団が含まれている。(括弧内筆者補足)	"Every tribe contains descent groups from many clans of both categories" (Lienhardt 1958 *Tribes without Rulers.* 105).

特別な問題の焦点として研究されてきたというよりも機能的に統合された社会構造の特定の事例として、あるいはより広範な理論的な関心のなかでの特定の事例として研究されてきた」[6]と、まず主張している。

そこでは、社会に関して九つの特徴があげられている。長くなるので、母系社会の事例として後にとりあげるミクロネシアのパラオとマレーシアのヌグリ・スンビラン社会にも関係する以下の二点のみを引用しておきたい。

特徴5．母系出自集団には、婚入した姻族間の相互を組織化する際に、特別な問題が存在する。

特徴6．母系出自のなかで婚資や花嫁代償がある場合、このような財やサービスの交換によって子どもに対する権利が、母の集団以外に割り当てられることはない[7]。

しかし、現在の視点からみると、こうした文章が何を実質的に伝えているのかを再検討する必要があるだろう。イギリスのニーダム等の文化的表象と記号性を重視する研究者は、そのような父系、母系、単系、非単系、あるいは選系、二重出自のような形式的な分類を批判した[8]。他方、アメリカのシュナイダー派の研究者は、その西洋中心的な概念枠組みに疑問を投げかけ、各文化固有の親族・出自のカテゴリーと意味を重視するようになった。シュナイダー派の文化相対主義は、結局、「親族」「出自」といった普遍的な「親族のイディオム（語彙）」そのものの普遍的適用性を否定することで、親族そのものの比較研究を放棄する袋小路へと迷い込んだといえる。

しかし、出自論がその後、消滅したわけではなかった。次に、母系出自に関する議論を二つ取り上げてみよう。

2 母系出自と母系社会論

(1) フェミニスト人類学の母系論

こうした古典的ともいえる母系社会研究の後に、フェミニスト人類学やジェンダー論から母系が注目されるようになる。たとえば、後述するヌグリ・スンビラン社会とも密接な関係を持つスマトラの母系社会を研究した前田は、フェミニスト人類学によって、父系社会、家父長的社会とは区別される「母系社会」がイメージ形成されたと述べている[9]。

キージングは「母系出自が太初の基本形態であることを証明する確実な証拠は微塵もない。それが、ついこの一万年以内にあちこちの地域で発達してきたものにすぎないことは、ほぼ間違いない。そのようなばかげた議論が退けられて以後、母系出自は不当なほど人類学者の関心をひかなくなった[10]」と指摘している。こうした見解があるにもかかわらず、フェミニスト人類学やジェンダー論では、父系とはジェンダー関係を異にする「母系社会」への関心が高まり、その古代性が喧伝されるようになったのである。

ちなみに、エコロジカル・フェミニズムという言葉をご存じだろうか。環境汚染、開発問題、南北間格差が進行するなかで、一九七〇年代以降、とくに一九八〇年代から盛んになった米国やインドなどを中心に起こった反科学主義的な「女たちのエコロジー運動」である。現代の文明社会は男性中心的な価値観でつくられてきたもので、ギリシャの古代母系制的な生命の源を守り、女神崇拝を復権させようとする「女性の霊性」運動である。米国には、そのギリシャの聖地への巡礼ツアーをするグループさえある。考古学や心理学が理論的根拠になっているが、母系制の理解には、一九世紀の古典的進化主義人類学者のバッハオーフェン的母権論が下敷きになっていることは明らかである。これも、現代の世俗的母系社会論の一つといえるだろう。[11]

(2) トッドの文明論的母系社会論

現代における母系制論にも、同様の傾向を見てとることができる。日本でもかなりの影響力をもって読まれていると考えられるトッドの文明論がその一例である。トッドの理論の中心にあるのは「住民の過半数が識字化された社会は近代化に向かって突き進む[12]」という主張であろう。ゲルナーの『ネイションとナショナリズム[13]』も、識字化よりは産業社会化を重視しているが、類似した枠組みで書かれているといえる。ここでは、文明論の枠組み自体よりも、そのなかに組み込まれた「母系社会」への言及を取り上げてみたい。というのは、トッドの論が、たとえば山下の興味深い『現代帝国論―人類史の中のグローバリゼーション』のなかでも取り上げられており、その影響が大きいのではないかと考えられるからである。[14]

トッドは、識字率に関して、中心と周縁という図式を提示し、「それぞれの国の空間的位置、世界規模での発達の中心に対してどのような位置にあるのかも、また確実に一定の役割を果たす。モロッコ、パキスタン、イエーメン、バングラディッシュが見せる例外的な遅れは、女性のステータスの結果だけではない。イスラーム圏内で中心から離れたところにあるというその位置にも起因している。つい最近まで、ブルターニュとポルトガルの識字化は遅れていたが、これは同じ要因で説明できた。この二つの地域は、母権制的とまでは行かずとも、きわめて女性優位の地域であるが、やはり中心から遠く離れていたのである」と述べている。ここに記している「母権的とまではいわないが、女性優位」とは、どのような社会のことをいうのか、人類学的に理解するのはむずかしい。

さらにトッドは、父系性と男性優位、母系制と女性優位を関連づけているようなのである。たとえば、「データは不完全だが、父系制的感情の強度は、どうやらアラブ圏の中心部から遠ざかるほど減少するようである。イラン、トルコ、モロッコ、シリア沿海諸州、レバノンは従って、父系原則が弱まる一種周縁地帯ともいうべきものに該当する。そこではかつて女性のステータスがより高かったことを示す痕跡が残っているわけである。妻方居住の分布は、男性優位の原則が中東の中心部から発して伝播して行った過程を喚起しているのだ。しかしながらこの拡大は宗教的要因によるものだとする説明を、探し求めても無駄である。中東の濃密で大量の父系制的性格は、イスラーム化に先立つものであり、実を言えば、アラブ圏そのものの民族的発生に先立つものなのである」と記述しているほどである。

あるいは次のようにも述べている。「イランで妻方居住拡大世帯のやや高い比率が観察できるのは、それ故非常に有意なのである。それは、近代化のプロセスが始まる直前において、シリアのスンニ派地帯では反女権尊重的で氏族的な態度が優勢であったのに対して、同じ段階においてイランには、その傾向が明らかに少ない態度があったことを表現している」[15]。ここでも「反女権尊重的」というのは、「男性優位」社会という意味なのであろう。

トッドのこうした文明論的母系社会論をどのように批判あるいは評価できるのであろうか。古い時代に周縁では妻方居住、女権的社会があったが、識字率の上昇とともに近代化し、男性優位社会が築かれたという文明論なのであろうか。実は、この論のもととなった論文[16]では、母系制を「女性の親族を特権化し、女性による財産の継承、子どもの出産における母親の役割を重視する家族システム」と規定しており、英米でのそれとはかなり異なっているのである。

先に引用したように、キージングは、母系社会はたかだか一万年くらい前に出現したものにすぎない、と指摘している。つまり、原始的な時代には乱婚で、父親が明確ではなく、母親とのつながりしか明確ではなかったので、母系社会が先行したという説を、あっさりと葬っている。その点から考えると、トッドの文明論的母系社会論は、識字率と近代化という点では興味深いのだが、人類学的、ジェンダー論的には疑わしい議論が混入しているといっていいのではなかろうか。

フェミニズム人類学の母系論もトッドの母系論も、出自概念そのものが疑問視され、親族論が批判された後も、学術的意義は脇におくとしても、通俗的には人気のあるトピックであり続けたことを示している。

それでは、母系出自をどのように捉えるべきだろうか。冒頭でふれたシュナイダーの「遺産」の一つは、文化構築主義的な理論（いわば「神話」としての親族の考察）であったが、以下では、世界の神話にみられる祖先と子孫の生物学的生殖の結合性と関係性を、祖先からの生命の連続性（出自）と婚姻戦略の立場から捉えなおしてみたい。

3　生殖と出自の神話性と戦略モデル—聖書と神話にみる出自的思考

まず、出自や系に見えるものが何を表現しているのかを考えてみよう。次に、形式的には父系に見えるシステムと戦略があるかどうかを検討する。次に示すのは、誰もが知っている神話の事例である。

①旧約聖書の冒頭「創世記」——アダムの系図[17]

以下のように、男性名と思われる名前が羅列される。「アダム（自分に似た、自分をかたどった男の子をもうけた）↓セト↓エノシュ↓ケナン↓マハラルエル↓イエレド↓エノク（エノクは神と共に歩み、神が取られたのでいなくなった）↓メトシェラ↓レメク↓ノア（「主の呪いを受けた大地で働く我々の手の苦労を、この子は慰めてくれるであろう」と言って、その子をノアと名付けた）↓セム、ハム、ヤフェト」。そして、ノアの子孫として、ヤフェトに七人の息子、ハムに四人の息子があると説明され、「セム（彼はエベルのすべての子孫の先祖）↓アルパクシャドなど↓シェラ↓エベル」となる。「ノアの子孫である諸氏族を、民族ごとの系図にまとめると以上のようになる。地上の諸民族は洪水ののち、彼らから分かれ出た」と述べられている。

これを分析すると、以下の点を指摘できる。

a．妻（母）の欠如。ただし、文章のなかで説明されている場合がある。

b．民族の関係を男性名で表現している。起点となる始祖はアダムとノアあるいはエベルであり、始祖が二重になっていることが特徴である。

c.「セムは（子孫である）エベルのすべての子孫の先祖」という表現方法が特異である。先祖→子孫→先祖という循環で、セムが現存する人びとの始祖という点を強調している。

d. 男性名をつないだ系譜は、継承原理が不明のため、必ずしも父系（男系）ということはできない。同様に、女性名をつないだだけの系譜も母系とは限らない。キージングが「父系出自構成」「母系出自構成」と呼んでいるもの[18]に似ているようであるが、「出自範疇」が不明なのである。たとえば、後半で紹介する母系制のパラオでは、歴代のチーフの名前を聞いていくと、男性名が連続することになり、一見したところ父系の系譜のように見えてしまうこともある。

②新約聖書——イエス・キリストの系図

「アブラハムの子ダビデの子、イエス・キリストの系図」では「アブラハムからダビデまで一四代、ダビデからバビロンの移住まで一四代、バビロンに移されてからキリストまでが一四代である」と表現される。ここにも始祖の二重性（アブラハムとダビデ）が見られるが、男性名の羅列であり、出自範疇は不明である。また、バビロンの移住という場所の移動が、人名の代わりに始点となっているのも、特徴であろう。

③コーラン

唯一神アラー自体には、もちろん系図はない。スンニ派は「イスラーム共同体の団結を重視し、コンセンサス形成に重きを置く」と指摘されるが、シーア派（とくに最大派である一二代イマーム派）は、イマームの系譜に関心をよせている。「第一二代イマーム、ムハンマドはその父の死とともに幽隠（ガイバ）に入り、将来、マフディー（救世主）となってこの世に再臨し正義と公正をもたらすと信じる[19]」。ここにも預言者ムハンマドと一二代イマームが二重の始祖（始点）となっている。

④古事記[20]

妻の名前や男女の子どもの有無が明記され、断絶しかけたことも記述されているのが特徴である。本論の語彙でいえば、生命継承に重きがおかれている。たとえば、神武天皇「カムヤマトイハレビコノミコト」は皇后選定に関して「……ヒメを娶（メト）して生める子は」とあり、崇神天皇は「……ヒメを娶して、生みませる御子」とある。逆に清寧天皇は「この天皇、皇后無く、また御子も無かりき」とあり、武烈天皇は「この天皇、太子（ヒツギノミコ）無かりき。……天皇既に崩りまして、日続知らすべき王（ミコ）無かりき」と記述されている。

武烈天皇の次の継体天皇は、系統が断絶しているのかどうかで論争があるが、ここではそこには立ち入らず、直系性に対してどのような配慮がなされているかをみてみたい。継体天皇は大王となったあかつきには「七名のヒメを（つぎつぎに）娶して、生みませる御子……」と記録されており、継承者の確保に配慮をしている様子がうかがえる。

⑤日本書紀[21]

武烈天皇と継体天皇の部分だけをみてみよう。武烈天皇（ヲハツセノワカサギノスメラミコト）は「カスガノイラツメを立てて皇后（キサキ）とす。……孕める婦（ヲミナ）の腹をさきて、其の胎（コノカタチ）を観（ミソナハ）す」。さらに「国を伝ふる機（マツリゴト）は、子を立つるを貴しとす。朕（ワレ）、継嗣（ヒツギ）無し」と、皇子がないことが明記される。

そのあとを襲う継体天皇（ヲホドノスメラミコト）は、「ホムダノスメラミコトの五世（イツツギ）の孫（ミマゴ）、ヒコウシオオホキミの子（ミコ）なり」とあり、さらに「……ヲハツセノスメラミコト崩（カムアガ）りましぬ。元より男女（ヲトコミコ・ヲミナミコ）無くして、継嗣（ミツギ）絶ゆべし」「八（ヤハシラ）の妃（ミメ）を納

（メシイ）れたまふ」と述べられている。

継体天皇の場合は、形式的には直系を五代さかのぼった男性継承者が、先代天皇の姉妹と婚姻したかたちで、直系性を維持させている。すなわち傍系が直系に入る際に、相応の配慮をしているかたちになっている。ここにも、始祖の二重性モデルが適用できるだろう。傍系が直系に入るときに始祖が二重（あるいはそれが何回かくりかえされる）になる。すなわち始祖に入れかわって直系になるのではなく、その始祖の子孫の新たな起点の場を占める位置に自らを滑り込ませるのである。

岩波文庫版の注では、「二代から九代までの八代は、……系譜的なものであり、皇位継承に関すること以外はほとんど物語のない部分である。……この八代は父子相続で一貫しているが、実在の確かな五世紀以後の皇位継承は傍系相続をあわせており、父子相続が明確になってくるのは、持統以後のことである。このことからも、この八代の名、及び系譜関係には構成的な造作性が著しいといわなくてはならない」として、傍系が直系に変換されることがまれではなかったと指摘している。また、女性の記述の仕方については「書紀の皇子・皇女の記載順序は、おのおのの母である后妃ごとに括られ、同腹の子女は性別に関係なく長幼の順に列記され、后妃の順は皇后・夫人・宮人といった格によっている。これに対し、続紀で天武天皇の第○皇子とする場合は、生母である后妃のうち、天皇の妻としての資格を有する内命婦以上の者と、それ以外の者との二つにグループに分け、おのおのの中で長幼の順によるという方法をとっている」とまとめられている。

皇位継承の規則に関する仮説として、中野は「自分の子孫に皇位を継承できる資格を持つ側と、その資格を持たない側」があり、直系と傍系のせめぎあいのなかから、傍系が直系に浮上しようとしていることを指摘している[22]。

この点は、冒頭で述べた二重の始祖モデルで説明できると考えられる。すなわち、傍系（あるいは無関係の他者）が、ある系譜の始祖の直系に自らを位置づけることで、系譜を整序し、自らの子孫を後継者として最適化するのである。

さらに中野は「ポイントは、母や妻といった女性の担った役割」と指摘し、これを「女系」と表現している。序のなかで彼は「女系」について、「厳密には、女子だけを通じた血族関係をいうが、広く、中間に一人でも女子の入った、男系でない血族関係を指して用いられることもある」という有斐閣法律用語事典第二版の定義を紹介し、ほとんどの論者は、後者の広義の意味で「女系」を捉えているので、それに従うとしている。しかし、この後者の定義は、男系を主（無徴）とみなし、女性が一人でも介在すれば「女系」（有徴）になるという、非対称性が見られるため、問題であるし、人類学的な用法とは異なっている。また、「男系」というと父系の女子が排除されている印象を与えかねない。しかしそうした見解は、ほかにもある。

中世史家の本郷は最近の著書のなかで、「少なくとも中世においては、万世一系の強調や称揚は見たことがありません」と述べ、「『高貴な血を絶やしてはいけない』という断固として積極的な思想があったのでしょうか……それが端的に表明されているような明証なり、事例に逢着したこともありません[23]」と指摘している。そして『結果としての男系天皇』にすぎないのではないか。理由は、招請婚と高貴な女性の神聖性の二つ」という見解を述べている。しかし文化人類学的にいえば、婚後居住のやり方と出自は本来無関係であるし、女性の神聖性も同様である。

女性の神聖性が結果としての男系天皇を生み出したことについて、本郷は「女性天皇が産んだ皇子・皇女が『女系の天皇』になるためには、女性天皇の配偶者が一般人＝臣下でなくてはならない。皇族ならば、男系になるのです。でも、一般人が皇女、ましてや女性天皇を犯すのは到底許されることではない。それゆえに女性天皇が一般人の子供を産むことはなく、天皇は結果として男系で継承されていったのです」と述べている。出自原理があったわけではないというわけである。これはブルデューのいう「戦略モデル」の一種と考えることもできる。日本書紀、古事記の記述からは、男性天皇に皇子がないことが明記されており、柔軟な継承が存在したことをうかがわせるのである。

4　ブルデューの戦略モデルと親族のイディオム

フランスの著名な社会学者ブルデューは、その研究活動の初期に親族に関する論文をいくつか書いており、その後の著作のテーマにつながる親族の戦略モデルを提唱した。またレヴィ＝ストロースの提唱した家社会（イエ概念）は（本書第2章2参照）、自分の親族論を意識したものであると主張している。「民族学における理論的討論の中に、婚姻的交換を初めとするあらゆる交換行為が、家を『主体』としているように見える、そうした社会の一つを再び導入するのに貢献したのは私ですし、戦略としての婚姻の理論を定式化するのに貢献したのも、私なのですから[24]」。

また、『実践感覚』のなかでは「もし、マルクスがいうように、家産がその所有者をみずからのものとしているとするなら、そして土地こそが、その土地を相続する人を相続しているのだとするなら、それは、相続人である長男が、人間となり身体をもった土地であり、家産全体の永続という根本的要請に適合する実践を産み出す構造に具現化した土地だからにほかならない」という重要な指摘を行なっている[25]。これはマルクスの『経済批判要綱』における主張を要約したものである。[26] この文章の「土地」を「家」に換えても、ほとんど意味は変わらないだろう。家や土地、家産あるいは場が人を相続すると考えるのである。

さらにいえば、初期のシュナイダーが「二重出自」と呼んで、後に修正を加えたヤップ島の親族体系が、このような家的思考法に親和的であることは、後期シュナイダーの親族批判を考えると、象徴的である。シュナイダーは、マルクス、ブルデュー、レヴィ＝ストロースの「場」的、「家」的な思考法を親族研究とは認めることができなかったように見える。「万世一系」の内実を適切に説明できるような親族論は、先に記した神話の「二重の始祖性モデル」と「戦略モデル」を絡み合わせたものであろう。二重の始祖性モデルとは、継体天皇の部分にあったように、傍系や第三者が直系に入り込むこと、あるいは継承順位の高い位置に移動することである。

もちろん、系譜はすべてが事実ではないが、すべてを虚構であるととらえるべきものでもない。ストラザーンとスチュワートは、「系譜」とは文化的に構成されたものであるというグッディナフの指摘を、適切であるとして引用している。[27] 系譜を事実と虚構に分解するよりも、系譜の構成のされ方を見なければならない。

さらに、ストラザーンとスチュワートはその概論書の序で、キンシップ（親族研究）が復活したという文章のあとで、「人口生殖技術、そして通文化的比較のためにはどのようにキンシップを定義するのが最も生産的なのかという再考察の両者によって、理論的な議論が刺激されている」のであり、「古い親族論から、親族関係が関与しているプロセス、歴史的変化、根源的な文化的意味の広範な分析に移行した」と述べ、全面的にプロセスを重視するアプローチをとったと説明している。変化と歴史性を根底において考察するその見解は、妊娠・出産・子どもの成長過程のなかで個人（自我 self）・集団とコスモロジーを学習しつつ親族のネットワークに組み込まれる、人生の変化のプロセスの動態的な関係の研究でもある。その意味でシュナイダー流の儀礼を含む文化分析を重視しつつ、関係の戦略を視野に入れたブルデューのアプローチとも、方向性が似ている。

また、今日の親族論を再考するうえで、キージングの『親族集団と社会構造』では簡単にしかふれられていない部分が、一九八〇年代以降は重視されてきていることにも留意する必要があるだろう。たとえば「現代の狩猟＝採集民の社会組織において、いよいよはっきりとしてきた可変性と柔軟性」という文章に対する注では、「柔軟性といっても、近代の植民地主義の結果生じた、分断か、崩壊、無理強いされた和平状態、人口激減である場合がほとんどだと考える研究者もいる[28]」という現在の文化人類学に通じる視点に言及している。親族論を「せまく」、「純粋」なシステムに限定する必要はないのであり、広く、政治性、近代性、グローバリゼーションのなかで考えることは当然必要である。

5　近代化のなかの生命継承

（1）パラオの出自的思考と出産儀礼

母系と妻方居住を非近代化と男性優位に結びつける、先に紹介したトッドの見方が単純すぎることは、母系社会でも夫方居住、妻方居住のバリエーションがあることから見てもわかる。また、男女の権力関係が一義的に定まらないことは、女性がかなりの権力を有していると考えられる母系のパラオ社会の事例からも明らかである。この社会に「母権」という用語を適用する人類学者は見られない。

ミクロネシアの西端に位置するパラオ共和国では、親族関係としては母系出自集団が基本であるが、父方の出自集団にも「弱い」成員として帰属可能である点が特徴である。したがって、冒頭で引用したシュナイダーとガフの指摘する項目のうち（6）は適用できない。実際、「準母系的」出自集団と表現する研究者もいる。現在では必ずしもあてはまらないが、結婚後は夫方居住をするため、次に取り上げる妻方居住を行なうヌグリ・スンビラン社会とは好対照である。

日本統治時代（旧南洋群島）には、多くの儀礼が禁止されたり、統制を受けたりしたといわれている。儀礼には財や貨幣の交換を伴うが、そのお金集めを「族長以外の族員が各自にする様になって来て、……悪質化し」村長会議で（もちろん南洋庁の意向で）禁止を決めたという[29]。たとえば、一族の家屋は本来は一戸だったと考えられるが、家族が細分化し、それぞれが一軒を構えるようになると、それぞれの建築のときに儀礼を行ない、建築費を集めるようになった。儀礼のインフレーションである。

戦後、アメリカによりそうした禁止が解除されると、経済的交換を伴う儀礼が劇的に復活したといわれている。そして、儀礼の回数が多すぎて、給料をもらってもすぐになくなってしまうという嘆き声が、現在でも聞かれるのである。

とくに、第一子出産に伴う儀礼は、隔週金曜日の給料日（ペイデイ）のあとの週末に各地で盛大に行なわれ、多くの財や貨幣が行きかう場である。海外（とくにグァム、サイパン）でも、儀礼の知識を持つ年長女性にわざわざ来てもらって行なわれている。

安井は「他のミクロネシア地域では出産儀礼や出産習俗がみられなくなった中で、なぜ、パラオだけで行われているのか」と問い、「妻側と夫側の親族集団間の財貨と労働の交換・通過儀礼・経済的な威信を示す場」であるため、盛んに行われていると分析している。「ただしコロールで一部の女性がおこなわなくなってきている[30]」という。

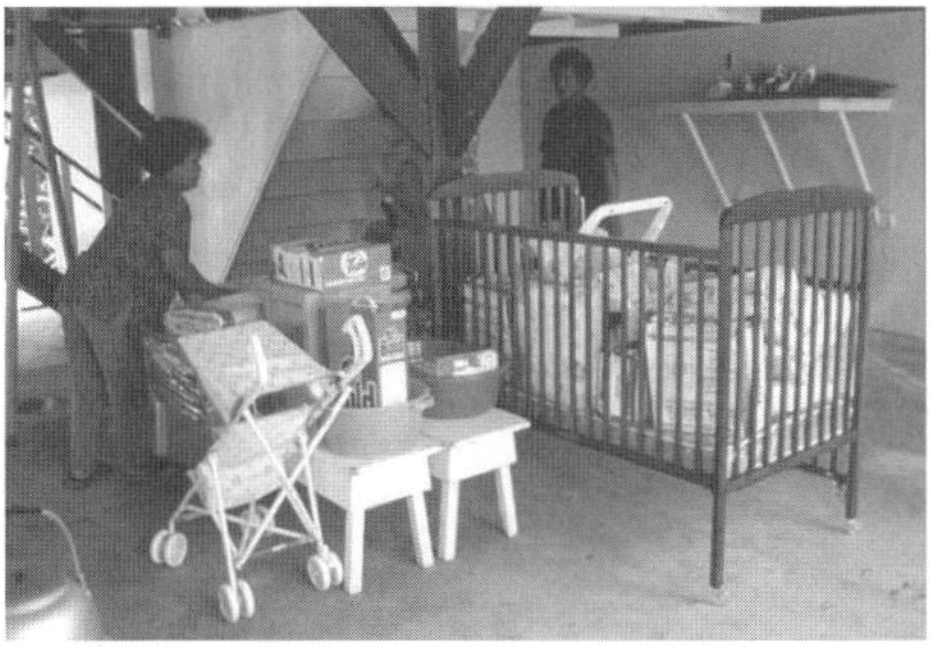

写真１　父の親族から妻の親族に送られる贈り物

写真２　出産後、蒸気を浴びて出てきた産婦。大地に直接触れてはならないので、ヤシの葉のゴザの上を歩いている

（写真１、２　撮影：遠藤 央）

国際化するパラオの出産儀礼

①煙で体を蒸した後、手にバナナの葉を持ち、一族の長が準備した頭飾りと衣装を身につけて出てくる「出産１ヵ月後の儀礼」。写真の女性は日本人で夫はパラオ〈ベラウ〉人。日本在住。
②産婦とその家族と親族。米国シアトルに住む産婦の夫の母（写真右）と姉夫婦（写真左後列）が、この儀礼のために訪問。
③群衆の前で、高台に立つ産婦。

（写真提供：佐藤恵美、文・編者）

この儀礼では、出産という生命継承がきわめて強調されたかたちで、集まった人びとに披露される。小さな小屋が建てられ、そのなかで母親となった女性は、ほとんど全裸で、薬草を蒸して出る蒸気を数日浴びる。そして最後に小屋から出て、赤ん坊と夫とともに人びとの前に現れる。その際に、夫側親族から贈られたパラオの伝統的財貨であるウヴゥヅを首にかけており、その価値を人びとは注目して見ている。すなわち、夫側親族が妻をどのように評価しているかが、そこに表出するのである。

儀礼に関する変化は、すでに一九九〇年代にも観察できた。タロ田の世話は本来女性の領域なのだが、泥まみれになる肉体労働をいやがる若い女性たちが増えはじめ、儀礼用のタロイモを購入する事例が見られた。タロイモと魚は、デンプンとタンパク質の象徴であり、儀礼には欠かせないものである。両者を食べ合わせるのがマナーである。筆者はある儀礼で、空腹でなかったため魚だけを食べていて、年長女性に「そういう食べ方はよくない」と怒られたことがある。そのくらい重要性をもつ儀礼用の食物を購入するということは、社会的には大きな変化なのである。儀礼用の魚を用意するのは男性の役目であるが、漁をしないで購入した魚を儀礼に使用した、という話はまだ聞いたことがない。

パラオにおける男女の権力関係は、モーガンによって報告された北米のイロクォイ連合の場合と類似している。[31]すなわち、男性チーフが死亡すると、クランの中の有力なリネージに属する年長女性たちが合議し、次の男性チーフを指名し、男性チーフ会議に推薦するのである。キージングはイロクォイ連合がアメリカ合衆（州）国の「合州」のモデルとなったことも、『親族集団と社会構造』のなかで、さらりとふれている。

しかしそうした男女関係を、「母権」と表現することは適切ではない。女性が関与する分野と男性が関与する分野は、明瞭に分離されることでバランスがとられていると考えるほうがいいだろう。

（2）ヌグリ・スンビランの母系的慣習法（アダット・プルパティ）と植民地化の影響

ヌグリ・スンビランはマレーシア半島部に位置する母系的な社会であるが、パラオと異なるのは、婚後居住が妻方である点である。といっても、結婚した女性がすべて妻方居住で結婚するわけではなく、筆者が調べた範囲では、末子（末娘）にそうしている場合が多かった。とはいえ、首都圏への人口集中が顕著になった一九九〇年代後半以降、そうした慣習もかなり変化してきた。

稲作や住居に利用されている慣習法的土地（*tanah adat*）は、母系により相続される。その他の土地は男性も相続可能である。タナ・アダットはイギリス植民地時代にオーストラリアで使用されていた登記法を導入したため、相続するたびに細分化され、利用が困難になっている。それだけでなく、過疎化、高齢化の進行とともに、稲作などの農作業は放棄されつつあり、アブラヤシのプランテーションが増加している。

行政レベルでの稲作放棄の理由は、次のようなものである。①労働力の高齢化、②水不足（アブラヤシプランテーションの影響あり）、③土地利用のためのコストが高くつく（貸したほうがいいという考え）、④住民が農業への関心を失う、⑤機械化の遅れ、⑥家畜、とくに水牛の放し飼い。

このように、所有権が細分化され、使用されないまま放棄されている土地がヌグリ・スンビラン州の中心地であるルンバオ地域にはかなりみられる。そして、そうした土地は、元来水田であったため、平地であり、他の目的に転用しやすいのである。しかも、近接する地域には新国際空港が建設され、周辺地域は、工場団地などが誘致されているため、土地の価値が高まってきている。

そのため一九八〇年代から、連邦政府、州政府はタナ・アダットを開発しなければいけないと、所有者を繰り

写真3　ヌグリ・スンビランで、細分化された慣習的な土地の女性所有者を集め、再開発計画を説明している様子

返し説得しようと試みてきた。それにより、開発プロジェクトの関係者は、土地の各筆の所有者（ほとんどが女性、例外的に男性の名前もみられる）に同意をとりつけ、土地をある程度の広さに囲い込み、投資を呼びかけ、換金作物を植えて、外国人労働者を雇って、耕作をさせているのである。

　アダットによれば、土地の権利者すべてからの同意がなければその土地を使用することはできないが、実際には村に居住している女性権利者から同意をとっている場合が多い。つまり、伝統的に相続されてきた土地は残し、少なくとも上の世代（とくに母）と下の世代（とくに末娘）の出生関係の社会的認知の重要性を認めながら、変化する新たな状況下で生きているといえる。これを、タナ・アダットの資本主義化と呼ぶことができよう。

　アダットと開発が、このようなかたちで接合されるのである。

6　出自と家族・親族

　パラオやヌグリ・スンビラン社会の事例[32]が示しているように、母系出自は、近代化と反比例するような「古い制度」というよりは、むしろ変化する状況のなかで、生存のために柔軟に対応する出自的思考（文化）と適応戦略の一つであるといえるだろう。重要なのは、母系というその系譜のカテゴリーや規則・制度そのものではなく、生命のルーツ（祖先と子孫、親と子、兄弟姉妹など）の認識と始祖からたどる子孫の出自的関係性が、個々人や集団の生存戦略や生活環境への適応の仕方とも深い関わりがあることである。先に検討した母系出自はそうした問題の一部といえる。

親族論が存在理由を失うとしたら、それは生殖医療がいきわたり、自由に精子、卵子、母胎(子宮)を選んで子どもをつくり、産む側（オヤ）と生まれる側（コドモ）、あるいは自身と他者との共通の「命」のつながりとアイデンティティが、社会的・文化的意味を失ったときだろう。しかしながら、同性婚をした人びとが子どもをもち、育てようとしている現在のアメリカの状況をみると、そうした社会はまだまだ遠い世界であるように思われる。

―――〈参照・引用文献〉

（1）Schneider, D.M, 1984, *A Critique of the Study of Kinship.* Ann Arbor : Univeristy of Michigan Press. とくに第1章参照
（2）Hamberger, Klaus. 2010, La maison en perspective : Un modele spatial de l'alliance. *L'Homme* 194, pp. 7-41.
（3）Schneider, D. M. and Richard Handler, 1995, *Schneider on Schneider : The Conversion of the Jews and Other Anthropological Stories.* Duke University Press. p. 193.
（4）Feinberg, Richard & Martin Ottenheimer, 2001, *The Cultural Analysis of Kinship : The Legacy of David M. Schneider.* Urbana and Chicago : University of Illinois Press.
（5）Oxford English Dictionary. xi. Second Edition, IV : 511.
（6）Schneider, D. M. & C. Gough, 1961, *Matrilineal Kinship.* Berkely : University of California Press.
（7）Schneider, D. M. & G. Gough, 1961, pp. 20-21.（注6参照）
（8）Needham, R. ed., 1971, *Rethinking Kinship and Marriage.* London : Tavistock Publications.
（9）前田俊子2006『母系社会のジェンダー――インドネシア　ロハナ・クドゥスとその時代』ドメス出版
（10）キージング、R・M.　1982『親族集団と社会構造』（小川正恭・笠原政治・河合利光訳）未来社、113頁
（11）ボーレン、ジーン・ツノダ1991『女はみんな女神』（村本詔司、村本邦子訳）新水社

(12) トッド、E．2008a『文明の接近「イスラームVS西洋」の虚構』藤原書店、58頁
(13) ゲルナー、アーネスト2000『民族とナショナリズム』岩波書店
(14) 山下範久2008『現代帝国論―人類史の中のグローバリゼーション』日本放送出版協会、191頁
(15) トッド、E．2008a、33、83、85頁（注12参照）
(16) トッド、E．2008b『世界の多様性―家族構造と近代性』（荻野文隆訳）藤原書店、326頁
(17) 旧新約聖書（新共同訳）、日本聖書協会
(18) キージング、R・M．1982、41―42頁（注10参照）
(19) 大塚和夫他（編）2002『岩波イスラーム辞典』岩波書店
(20)『古事記』岩波文庫、87、99、105、195、203、204頁
(21)『日本書紀』岩波文庫（三）154、156、164、172頁。（一）408―411頁。（五）342頁
(22) 中野正志2004『女性天皇論―象徴天皇制とニッポンの未来』朝日新聞社、11―12頁、242―244頁
(23) 本郷和人2010『天皇はなぜ万世一系なのか』文春新書、194―195、197―199、201頁
(24) ブルデュー、P．1991『構造と実践』（石崎晴己訳）藤原書店、99頁
(25) ブルデュー、P．1990『実践感覚2』（今村仁史他訳）みすず書房、14頁
(26) マルクス、K．2005『マルクス・コレクションⅢ　ルイ・ボナパルトのブリュメール一八日・経済学批判要綱・経済学批判・資本論第一巻初版』（横張誠・木前利秋・今村仁司訳）、筑摩書房
(27) Strathern, A. & Pamela Stewart, 2011, *Kinship in Action: Self and Group*. New York Prentice Hall.
(28) キージング、R・M．1982、20―24頁（注10参照）
(29) 服部乱調1940「パラオのオコラオルに就て」『南洋群島』（復刻版、ゆまに書房）第6巻5号、78―91頁
(30) 安井真奈美（編）2009『産む・育てる・伝える―昔のお産・異文化のお産に学ぶ』風響社、120―121頁
(31) モーガン、L・H．1999『アメリカ先住民の住まい』岩波文庫
(32) 2つの民族のデータは、主に筆者の調査による。既発表の著書論文は次の通り。
1999「母系社会と男性性―ミクロネシア、パラオの近代化とジェンダー」西川祐子・荻野美穂（編）『男性論』人文書院、297―325頁

2001「開発とアダット」合田濤（編）『東南アジア島嶼部における地方政治と政治文化の社会人類学的研究』（科学研究費補助金研究成果報告書）33—43頁
2002『政治空間としてのパラオ』世界思想社
2003 "Adat and Modernity : The Post-colonial Situation in Negeri Sembilan, Malaysia", In Toh Goda ed., *Postcolonialism and Local Politics in Southeast Asia.* Manila : Newday Publishers, pp. 30-52.
2005a「母系制と権力」田中雅一・中谷文美編『ジェンダーで学ぶ文化人類学』世界思想社、57—73頁
2005b「混乱するイエの位置づけ—母系的社会パラオにおける近代化とイエの変容」小池誠（編）『アジアの家社会』（アジア遊学74号）、勉誠出版、163—167頁
2006「資源をめぐる視線—パラオの内と外」印東道子（編著）『環境と資源利用の人類学』明石書店、265—281頁

Column 2

バティンの出自と母系アダット

信田 敏宏

マレーシアのマレー半島部には、かつてインドネシア各地から、ジャワ人やブギス人をはじめとして、さまざまな民族が移り住むようになった。そのなかに、ミナンカバウ人がいた。ミナンカバウ人は、一五世紀以降、スマトラ島からマラッカ海峡を渡り、現在のヌグリ・スンビラン州に移住してきたと考えられている。

スマトラのミナンカバウ人は、アダットにしたがって生きていた。アダット（*adat*）とは、親族関係、財産相続、リーダーの継承など社会の秩序を維持するために、東南アジア島嶼部の多くの社会で広く用いられている「慣習法」で、大別すると、父系のアダットと母系のアダットに分かれる。ミナンカバウ人のアダットは、母系アダットであった。この母系アダットは、ミナンカバウ人の移住とともにヌグリ・スンビランに持ち込まれ、彼らの子孫、すなわち、ヌグリ・スンビランに暮らすマレー人の多くに今もなお受け継がれている。

母系アダットにしたがう社会は、人類学的にいえば母系社会と規定される。母系社会では、父から息子に財産などが継承される父系社会と違い、母から娘といったように女性のラ

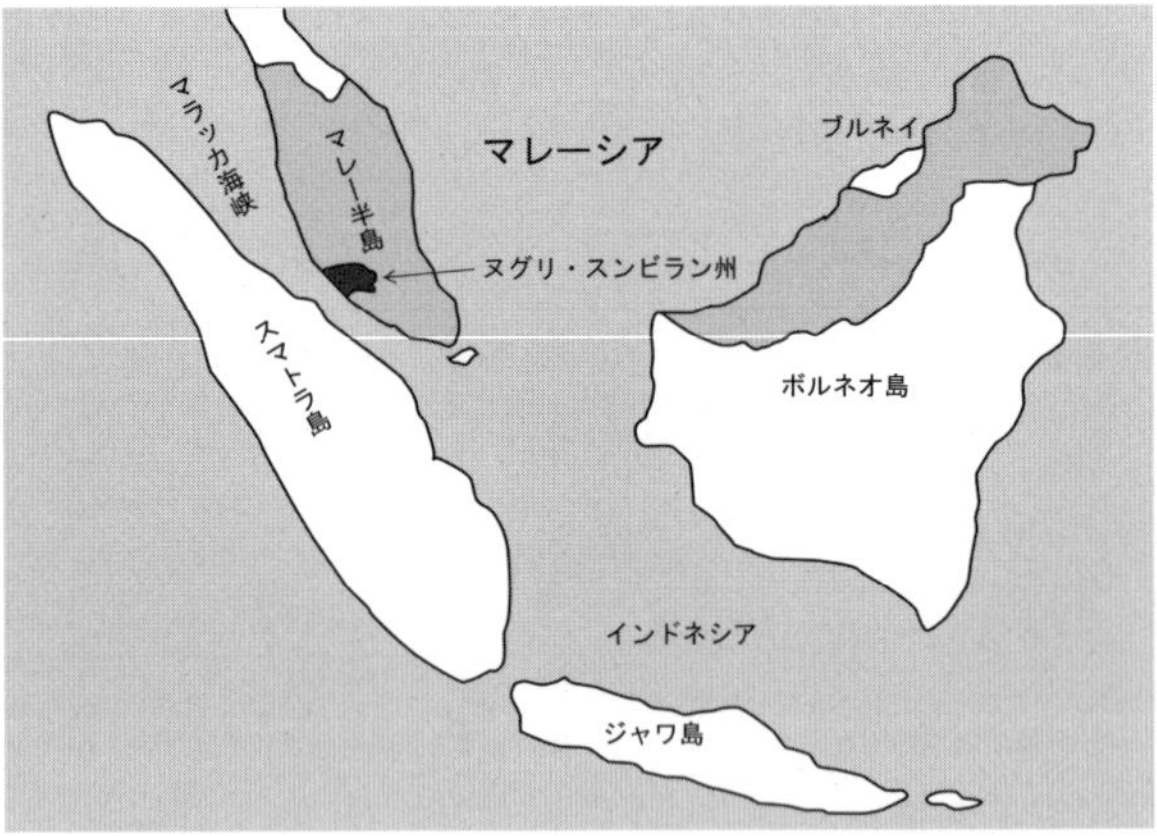

インを軸に財産などが継承される。また、母系社会では妻方居住という居住様式がよく見られ、結婚後、男性が妻方の村や家に移り住むことが多いのも特徴である。

　私は、マレー半島に暮らすオラン・アスリという先住民を対象に調査研究をしている。一般的に、オラン・アスリの社会にはアダットは存在せず、人類学的にいえば、父方母方双方から財産などを継承する双系社会と規定される。ところが、ヌグリ・スンビラン州のオラン・アスリの村の一つ、ドリアン・タワール村に住みはじめてすぐに気づいたのは、村にはアダットがあり、しかも、人びとが母系アダットにしたがうことを理想としていたことである。村の社会の基層には双系的な考え方もあるので、父母双方から財産を相続する家族や妻方居住ではない夫婦もいた。しかし、こうした人びとでさえ、母系アダットにしたがうことを理想と考えていた。どのようにしてアダットの考え方が入り込んだのか？　なぜ村びとは母系アダットにしたがうことを理想と考えているのか？

バティン・ジャングット（中央）。黒色の伝統衣装を身につけ、クリス（剣）を用いた呪術の方法を村びとに示している（1997年 3 月撮影）

　これらの問いを追究するため、村のリーダー、バティン・ジャングットの出自を探ってみた。

　バティンとは、村の最高位のリーダーの称号である。バティン・ジャングットの母親はオラン・アスリ、父親は華人であった。バティン・ジャングットは華人の子どもとして町に暮らしていたが、第二世界大戦で父親が日本軍によって殺されてしまい、母親は出身村であるドリアン・タワール村に帰ることにした。バティン・ジャングットは、母親の弟である叔父さんをはじめ、母方のオラン・アスリの親族から、狩猟採集の仕方から呪術や薬草の知識など、森の民オラン・アスリとして生きていくための知恵を学んでいった。そのなかに、ヌグリ・スンビラン州に暮らすミナンカバウ系マレー人の母系アダットも含まれていたのである。

　しかし、なぜマレー人のアダットがオラン・アスリの村に

レガリア（バティンの証：クリス（剣）や石、黒い布など）を示すバティン・ジャングット（2012年2月撮影）

入り込んできたのだろうか？　この謎を解くため、さらにバティン・ジャングットの出自を調べてみた。するとバティン・ジャングットの母の母の父（つまり、バティンの曽祖父）にバティン・シウントゥンと呼ばれていたマレー人がいることがわかった。村に母系アダットを導入したのは、このマレー人バティン・シウントゥンであった。

　バティン・ジャングットは、家では華人のように箸を使って食事をしていたが、儀礼のときなど、公衆の面前では、村びとと同様に手を使って食べていた。「自分の身体の中には、華人の血やマレー人の血、そして、オラン・アスリの血が流れている」と、彼はあたかも大事な秘密を打ち明けるように私に話してくれた。彼は華人名も持っており、父系制の原理からいえば華人ともいえる。そんな彼がバティンの称号タイトルを継承できたのは、彼の母親がバティンの称号タイトルを継承する親族集団の一員だったからである。

　バティン・ジャングットは、自らの混血性を誇りにしつつも、オラン・アスリの世界でバティンとして生きていくために、母方からの継承を重視する母系アダットを自らの出自の正統性の拠り所にした。そして、村びとに対して母系アダットを実践することを声高に主張したのである。現在、バティン・ジャングットのリーダーシップの下で、母系アダットは村の社会に深く浸透しており、母系による相続や妻方居住を実践する人びとが増えてきている。

2. 「家」の存続と生命観――レヴィ＝ストロース以後の家社会論

小池　誠

1　「家」の人類学的研究

一般にイエ（家）は日本独自の制度だと考えられている。実際、日本社会の特質を「イエ」という概念で説明しようとする研究も数多く存在する。たとえば日本的経営との関係からイエを論じた著作も多い。しかし、レヴィ＝ストロースの「家」論と、それに刺激された欧米の人類学者による「家社会（house society）」の研究が明らかにするように、日本のイエに類似する「家」（英語で*house*, フランス語では*maison*）の概念は、南アメリカの先住民から、東南アジア、さらにアフリカやヨーロッパまで世界各地に存在している。「家社会」の研究は、欧米の親族研究が日本と同様にあまり活発でなかった時期に、唯一さかんに研究が進められたテーマであった[1]。また、「家」の研究は、人類学の親族研究の成果を紹介する論集[2]で、現代社会で注目を浴びるゲイ・レスビアン親族、養取、生殖医療と並んで、新しい親族研究テーマの一つとして取り上げられている。

以下では、レヴィ＝ストロース以降の「家社会」論の軌跡をたどり、人類学の家族・親族研究におけるその意義を考えたい。「家社会」についてはすでに、さまざまな角度から議論されているが、本稿ではまず家社会論の概要を紹介することから始めたい。次に「家」の存続を可能にする婚姻とそれに伴う生殖と生命観の重要性に注目しながら、「家社会」における戦略と生命の流れという二つの視点の意義を再検討したい。

2　家社会とは何か

(1) レヴィ＝ストロースの定義

人類学における「家社会」研究の特徴を明らかにするために、最初に、その出発点となったレヴィ＝ストロースによる「家」の定義を紹介したい。

物質的および非物質的財から構成されるひとつの財産を保有する法人であり、この法人は現実の系あるいは想像上の系（a real or imaginary line）にそって名前、財産、称号を伝えることを通して永続する。この連続性は親族関係（kinship）または姻族関係（affinity）の言葉において、たいていはその双方の言葉において表現されている限り正当なものとみなされる。(3)

この定義によれば、第一に、「家」は伝えられるべき財産を持つ法人のことである。日本でいえば「家名」「家産」「家格」などが、有形無形の「家」の財産に相当する。第二に、このような財産は一時的なものではなく、次世代の継承者に伝えることが「家」の存続と同義になっている。日本のイエも、まさに世代を超えた永続性が希求されるので、「家」の定義にふさわしい。[4] 第三に、「家」の連続性は、必ずしも父系とか母系という出自によって規定されるものではない。親族のイディオムでもって正当化されるのであれば、それで十分なのである。日本のイエの場合、男子の跡取りがいなくても（場合によっては男子がいたとしても）、婿養子を迎えたり血縁関係にない人を養子にしたりして、継承者にすることは、ごくふつうに行われた。レヴィ＝ストロースの定義に従えば、家の成員権を得るのに出自は二次的な重要性しかない。要するに、「家社会論」は従来の出自理論を越えるものとして提示されたのである。

（2）「家」概念の意義

人類学の親族研究における「家」概念の意義を三つの観点から指摘したい。

第一に、「家」に焦点を当てることで、それまでの人類学の見方とは違った角度から家族・親族を中心に社会の比較研究を推し進めることができるようになった。親族が中心的な役割を果たすとみなされてきた非西洋社会の親族集団（たとえば後で詳述するような東部インドネシア・スンバの「家」）からヨーロッパの王家、さらには前近代の日本のイエまで視野に入れて研究することが可能となった。

本稿では人類学で一般に使われる民族誌的資料だけでなく、ヨーロッパと日本の歴史資料から「家」を議論するための題材を取り上げている。人類学の親族研究のために歴史資料を用いている例としては、グディのヨーロッパ研究[5]をあげることができる。また、ストラザーンとスチュワートが書いた親族研究の入門書でも、スコットランドのクラン（氏族）の歴史的変化が取り上げられている。[6]「家」は階層社会にのみ存在するものではないが、とくに王家など支配層の親族集団において「家」としての特徴が明確になる。この点は後で論じるように、戦略との関係において顕著である。

第二に、「家」の概念には従来の家族・親族研究を超える意義がある。レヴィ=ストロースは、父系出自と母系出自、親子関係と居住など、従来の人類学では対立的に捉えられてきた概念が、「家」という組織においては一つに統合されると述べる。小田はさらに踏み込んで、レヴィ=ストロースが明らかにした出自(descent)と婚姻関係(alliance)の相互置換可能性を「家原理」と呼び、永続性をもつ法人としての「家」が存在しない社会においても、「家原理」が存在すると指摘する。[7] たとえば、レヴィ=ストロースの「家」の定義に合う集団が認められない東アフリカのヌエル人やクリア人などの社会においても、結婚して妻方に居住した男性とその子どもたちが妻方(母方)の一族(最少リネージ)に「娘たちの子どもたち」として組み入れられるのは、まさに出自と婚姻関係が相互に置き換えできるからである。このように、「家」という概念を使用することによって、人類学の親族研究で重視されてきた父系・母系・双系など出自による分類に縛られることなく、より広い意味での親族集団の研究にアプローチできるようになる。

第三に、戦略という観点からみても、「家」概念の意義は明らかである。これは本稿の中心となるテーマの一つであり、具体的な事例については後で詳しく紹介する。先に引用したレヴィ=ストロースの定義からも明らかなように、「家」は単系出自集団に比べてはるかに帰属・継承の融通性があり、戦略を駆使する余地が大きくなる。したがって、規範または構造が人間の行為を決定するという見方にとらわれず、プロセスをより重視した研究が可能となる。[8]「家」は、ある社会内部の枠組みまたは構成単位としては、固定的なものである。たとえば日本のイエは、村落社会を構成する基本的な単位であり、そこにはさまざまな権利と義務が付与されている。イエは、村落社会を構成する一種の「容器」(人が帰属する場)であるといえる。継承者がいなくて一度は絶えたイエ(絶家)であっても、「容器」としては残っているのであり、必要に応じて再興させることができる。[9] しかも「家」は、「容器」の中身という点でも融通性に富む概念であり、親族に関する規則が「家」の成員をすべて決定するわけではない。他の「家」と競争的な関係がある場合、「家」の成員を決めるうえで戦略を使って最大限の利益を得ようとするのは、当然であろう。とはいえ、同時に人びとは当該社会で定められた親族のイデオロギーと規則に縛られているから、後で詳しく論じるように、ブルデューの「戦略」の概念が「家」の研究に有効性を発揮することになる。

「家」と戦略を組み合わせるアイデアはとくに新しいものではなく、レヴィ＝ストロース自身、「家のある社会」を論じるときに「戦略」という語を用いて、「〔北米のクワキウトゥルの間で〕時と状況に応じて、利益を最大限にして損失を最小限に抑えるために、これら二つの原則〔外婚と内婚〕を同時に用いるのは良い戦略である」[10]と述べている。

3 「家」と婚姻戦略

(1) フランス農村社会の婚姻

戦略という観点から「家」を取り上げるとき、とくに支配層において重要な、後継者の選択などに注目して論じることもできる。しかし、ここでは「家の存続」と密接な関係にある婚姻戦略に焦点を当ててみたい。婚姻は、「家」の後継者の確保、つまり家の「再生産」(reproduction)のための不可欠な手段であると同時に、「家」間での婚姻を通して連帯関係（alliance）を結び、社会内における「家」の存続を可能にさせるものだからである。社会の中で「家」は単独では生きていけないので、他の「家」との交換関係が必要である。もちろん、「家」にとって縁組関係は、妻の与え手と妻の受け手の間に敵対と緊張の関係を生み出す可能性も秘めていることを忘れてはいけない[11]。

ブルデューが報告したフランスのピレネー地方における「家」の跡取りの結婚と結婚難に関する研究は、縁組関係の重要性をよく示している。ピレネーの農村社会における婚姻戦略は、日本の農家でみられたような「つりあい」を重視した嫁探しのやり方に似ている。「家」（*la maysou*）は、家産を所有する単位であり、また家名は社会的ヒエラルキーにおける「家」の構成員の地位を示すものである。フランスの「家」は、その意味でレヴィ＝ストロースの定義に合致する集団である。ブルデューの言葉でいえば、「（ピレネー地方の）婚姻は、家産の一体性を損なうことなく家系（リネージ）の継続性を保証することを第一次的機能としている[12]」。「家」を具体的に表す家長は「家名の保持者、つまり家族集団の評判や利益の保持者なのである」。

ブルデューは、一九六二年に発表した「独身と農民の条件」では戦略という概念をはっきりと使ってはいないが、一九七二年に『アナール』に掲載された「再生産戦略システムにおける結婚戦略」では、『実践感覚[13]』で論じている「構造から戦略へ」という主張をより強く打ち出している。次の引用文には彼の考えが集約されている。

逆にすべての事情は、結婚は理念的な規則への服従の産物ではなく、ある「戦略」の到達点であると主張することを要請している。こうした戦略は、特別な伝統を深く内面化した原則を実施することで、**意識的に**というよりもむしろ**無意識的に**、こうした伝統がはっきりと指定しているあれこれの特徴的解決策を再生産することができるのである。……それぞれの家族は、**家産の永続化を確保するために**、相続や結婚に関わる伝統により提供されるあらゆる可能性のカードを切ることによってしか、この特別な問題を解決できないのである。**家産の永続化**という至高な機能を満たすためであれば、あたかもすべての手段が適切であるかのように、人類学的法律万能主義の分類システム〈父系や双系という分類〉が両立不可能であると考えるような戦略が採用されることになる。（太字と〈 〉内は筆者）[14]

ここでは「家産の永続化」という表現が使用されているが、先祖から伝わった財産、とくに水田を大事に守り、次世代に伝えてイエを守ろうとする日本の農村社会のイデオロギーと、まさに同じものである。そのため、フランスとは方法こそ異なるが、日本でも跡取りの結婚相手は、「無意識」のうちに慎重に選ばれたのである。

（2）インドネシア・スンバ島の婚姻戦略

フランスや日本は、近親者間の結婚が禁止されるだけで、その範囲外では心理的・経済的な要因によって配偶者が決まる「複合構造[15]」の社会である。しかし、「複合構造」だけでなく、レヴィ＝ストロースのいう「基本構造」とされる社会でも婚姻戦略は重要である。「基本構造」には、二者間で女性の直接的な交換を行う限定交換（A⇅B）と三者以上の間で間接的な女性の交換を行う一般交換（A→B→C…）があるが、ここでは一般交換を行う社会の典型的な事例として東部インドネシアのスンバ島を取り上げてみよう。

スンバでは、男性からみて母方交叉イトコとの結婚が理念とされる。母方交叉イトコとは母の兄弟の娘のことである。しかし、実際に配偶者の範囲はもっと広く、たとえば母が生まれた親族集団（妻の与え手）に属する同

写真１　「マラプの家」の前で踊る女性

世代女性のように、系譜上の母方交叉イトコと同じ親族名称が使用される範囲の女性にまで拡大される。その反対に、自身の姉妹の結婚先である集団（妻の受け手）に属する女性との結婚は、厳しく禁止される。このような配偶者の選択に関する規則がある結果、集団間で一方向的な女性の流れができることになる。

スンバの「家」（*uma*）は、日本やフランスの「家」とは少し異なり、より規模の大きな親族集団である。「家」は、祖先祭祀の場である「マラプ（祖霊）の家」（*uma marapu*）と呼ばれる、特定のタイプの家屋と結びついた集団である。「マラプの家」を一棟だけ所有する父系氏族（*kabihu*）の場合には、「家」の構成員と氏族の成員は一致する。しかし、氏族が複数の「マラプの家」を所有する場合には、一つの氏族が複数の「家」という集団に分かれることになる。「マラプの家」は、実際に人間が住んで生活している家屋であるが、その屋根裏には祖霊の依り代とみなされる金属の装飾品が保管されていて、祖霊が祀られる儀礼的空間としても使用される。「家」のすべての成員が祖先祭祀の舞台となるタイプの家屋に住んでいるのではない。多くの人びとは、儀礼的役割をもたない簡素な造りの家屋で日常生活を過ごしていて、儀礼が行われるときにだけ「マラプの家」に参集する。

スンバ社会では、氏族ではなく「家」が縁組を実践する単位となっている。地域社会内部で「家」同士の婚姻関係が代々定まっている。スンバ島以外でも、「家」が縁組の単位となる例は東部インドネシアの各地にみられる。たとえばインドネシアの西ティモールに住むアトニ人は、母方交叉イトコ婚の規則に従う結婚を「二つの家を結ぶ道」と呼ぶ[16]。一般交換という理念に従って結婚をするからといっても、個々の当事者にとって結婚相手を選択する余地がまったくないわけではない。ある「家」からみて、妻の与え手は、たとえば母が属していた「家」と祖母が属していた「家」のように必ず二つ以上存在するので、選択肢はつねに複数ある。また、結婚が禁止されている妻の受け手の集団以外ならば新たな集団と縁組関係を結ぶことも可能である。そのため、結婚はネットワークの拡大につながり、それを「家」の婚姻戦略として活用することもできる。このように、社会構造の上で結婚相手が決まっているのではなく、婚姻は戦略を最大限に発揮する機会となっている[17]。

右で述べたような規則に反した結婚相手も選択肢の一つとして考慮され、その異例性をいかに正当化するかも戦略である。筆者が調査した東スンバのウンガの場合には、「家」に「載せる」(*wuatu*)という方法がある。それは、ある男性が規則上は結婚できない女性(たとえば妻の受け手の「家」に属する女性)との結婚を望むとき、その男性の妻の与え手の「家」の一つにその女性を「載せる」ことで、正当な結婚相手に変換させる儀礼的な手続きのことである[18]。これはウンガでは珍しいことでなく、しばしば見られる。女性をどの「家」に「載せる」かは交渉で決められる。結婚締結のための儀礼は、ふつう妻方の家屋で行われるが、この場合は「載せられた」ほうの家屋で婚資の額に関する儀礼が執り行われる。男性にとって結婚相手にふさわしい妻の与え手の家屋で婚姻儀礼を執行することが、この手続きではどうしても必要である。「家」は、先に述べたように、一種の「容器」のような存在であり、その中身については融通性に富む。だからこそ、女性が「家」の帰属を儀礼的に変更することが可能になる。

（3）階層社会の婚姻戦略

世界各地の階層社会では、古くから婚姻はさまざまな政治経済的目的を達成するための「手段」であった。支配層の「政略結婚」はその典型である。社会的地位の異なる「家」の間で婚姻関係が結ばれる場合、女性が上層の男性と結婚する上昇婚と、女性が下層の男性と結婚する下降婚の二つに区別される。日本史上の上昇婚の例としては、娘を天皇に嫁がせ、天皇の母方の祖父になることで政治権力を手に入れた平安時代の藤原道長の婚姻戦略をあげることができる。レヴィ＝ストロースは「歴史学と人類学」という論文のなかで藤原氏の事例に言及して、フランス貴族やマダガスカルのメリナ王国の婚姻関係と比較している。[19] 一方、下降婚の例としては、戦国時代の大名が娘を家臣に嫁がせることで領地支配を強めようと図った多くの婚姻戦略があげられる。[20]

ここでは、ヨーロッパの歴史から婚姻戦略の事例を紹介しよう。オーストリアのハプスブルク家の勢力拡大の例はとりわけ有名である。ハプスブルク家は婚姻政策を徹底的に推し進め、ヨーロッパの多くの地域をその支配下に収めることに成功した。「戦は他国にさせておけ。幸いなるオーストリアよ。汝は結婚せよ[21]」という有名な文句は、このようなハプスブルク家の婚姻政策を指している。

その典型的な例がスペインに対するハプスブルク家の婚姻戦略である。一四九六年に、ハプスブルク家のフィリップは、スペイン王家（正確にはアラゴン王家とカスティリア王家）の血を引くファナと結婚した。その後スペイン王家の父系継承者がすべて死に絶えたため、その息子のカール（カルロス一世、のちに神聖ローマ皇帝）がスペイン王位を継承し、その結果、スペイン系ハプスブルク家が成立することになった。[22] スペイン王家の連続性は保たれたが、実質的にはハプスブルク家がスペインの支配権を握ったのである。女子も相続権をもつ双方的

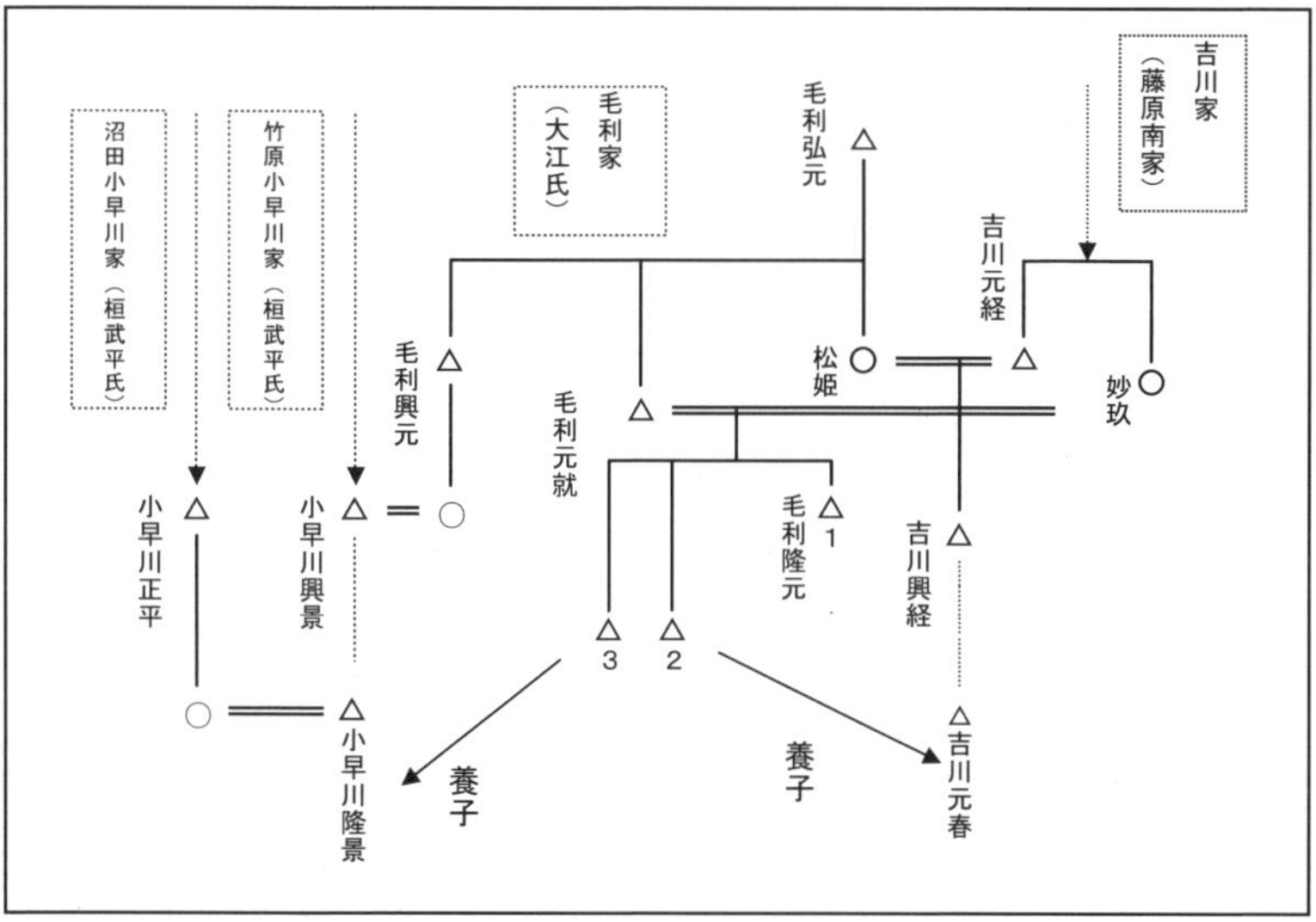

図１　毛利家・吉川家・小早川家の親族・婚姻関係

(bilateral) なヨーロッパの相続システムを利用して、カールとその父系子孫がスペインを支配するようになったのである。ちなみに、オーストリアとスペインの双方のハプスブルク家は、「家門の純粋性を維持する」ため、両者の間で数世代にわたって交換婚とも呼べるような結婚を繰り返した。

日本の歴史上、ハプスブルク家の事例と類似するのは、戦国時代の中国地方を支配した毛利家の婚姻戦略である。一六世紀後半、毛利元就は、三人の男子のなかで長男（隆元）に本家を継がせる一方、次男（後の吉川元春）を吉川興経の養子にして吉川家を継がせ、さらに三男（後の小早川隆景）に竹原小早川家を継がせた。その結果、毛利元就は、吉川家と小早川家が毛利宗家を支えるという「毛利両川体制」を確立して、中国地方における勢力拡大に努めた。それが可能となった背景には、毛利家と吉川家および小早川家との間に結ばれていた婚姻関係（元就の妻は吉川家の出であり、姪は小早川家に嫁いでいる）の存在がある。吉川と小早川というそれぞれが治めている領地で権威をもつ家

名を残したまま、実質的には毛利家がその両家の実権を掌握したのである。(23)

先に紹介した東部インドネシア・スンバの女性を「載せる」結婚に類似した事例は、日本の幕末に見出すことができる。これは、次に示すように、家社会であるがゆえに可能な婚姻戦略であった。

薩摩藩の島津斉彬は、江戸城内における地位と影響力を強化するために第一三代将軍家定（一八五三〜五八）に娘を嫁がせることを望んだ。しかし、斉彬にはふさわしい実子がいなかったため、島津家の分家の娘である於《お》一《かつ》（斉彬の平行イトコ）を候補に選んだ。その娘に篤姫という名前を与え、斉彬の実子として幕府に届け出た。さらに篤姫は近衛家の養女になり、その家から徳川家定の正室として嫁いだ。(24) 外様大名である島津家の娘がそのまま将軍の正室になることは不可能であり、将軍家に嫁ぐ前に、島津家の女性の嫁ぎ先（妻の受け手）であり、同時に将軍家に対して「妻の与え手」の「家」であった近衛家に養女として入る必要があった。篤姫のケースに限らず、第一一代将軍家斉の正室も、同様に近衛家の養女となった島津家の娘である。将軍家と島津家という、家格からいえばありえない縁組も、五摂家の筆頭であり、公家のなかでもとくに格の高い近衛家を中継することで可能になったのである。すでに取り上げたスンバの事例と共通することは、「家」と「家」との縁組関係こそが重要なのであり、その関係性に基づき実際に結婚する女性の系譜関係はあまり問われないことである。それが家社会における婚姻戦略の一つの特徴といえる。

4 「家」と生命の流れ

(1) 家屋と生の営み

今まで紹介してきたのは、主に政治経済的な文脈における「家」であったが、人類学的には「家」の存続をめぐる象徴論的かつ儀礼的な脈絡での「家社会」の理解も忘れることができない。スンバを含む東部インドネシアの「家」と「家」をつなぐ縁組関係を考察するとき、政治経済的な背景だけでなく、「家」を維持・存続させるための生殖と婚姻、およびそれに付随する生命の流れの理解が不可欠である。あとで述べるように、スンバでは女性が「生命の与え手」とみなされている。

「家」そのものは、単なる人間の集団でも建築物でもなく、儀礼的な意味をもつ空間である。したがって、「家」を取り上げることは、家屋内の空間に付与された儀礼的な意味を考えることでもある。東南アジア諸社会には、日本の民俗社会にみられたのと同様の、家屋に生を支える霊的存在が宿っているという観念が存在する。また、キリスト教世界であるヨーロッパにあっても、一部の地域には家屋と生命力との結びつきが存在した。たとえばポーランドのポダレ地方では、社会主義化以前には自宅出産が行われ、新生児の臍の緒は、その子を護るために家屋の下に埋められた。[25] また邪視(evil eye)から家族を護るために青いペンキが家屋の一部に使用された。「家」と生命力との関係を考えるうえで、家屋のなかで進行している生の営みは、「家」の理解においても多くの示唆を与えてくれる。それは、儀礼に限らず日常的営み、たとえば食や子育てのやり方など生活全般に深く関わっている。

次に、東南アジアのなかでも対照的な二つの社会、スンバとマレー社会を取り上げて、「家」と生命力についてより深く掘り下げてみたい。東南アジア島嶼部のさまざまな社会について、エリントン[26]は、インドネシアのジャワ人や南スラウェシのブギス人のように双方的な親族関係を特徴とし、男性と女性の違いがそれほど強調されない「中心主義的な諸島」と、東インドネシアのように男女の区別が強調され、集団間で交換が実践される「交換主義的な諸島」とを対比させた。スンバは後者を、マレーは前者を代表する社会である。

(2) 東部インドネシアにおける生命の流れ

東部インドネシアの諸社会に関する論集である、フォックス編『生命の流れ』(*The Flow of Life*)[27]には、縁組と生命観の関係を論じた興味深い報告が収められている。たとえば、セラム島のファアウル人は、血と生命が女性を通して社会を循環するとみなしている[28]。また、一般に東部インドネシアでは母方オジまたは妻の与え手全体が、その受け手の子孫の生命の「源」とみなされ、その系譜上の本末関係が、木の「幹」や「根」など植物に関する語彙で表わされる。次に、筆者が調査したスンバの資料を使って、生命観の問題をもう少し詳しく検討してみよう。

スンバ社会での妻の与え手(*yera*)と妻の受け手(*ana kawini*)の関係において、とくに重要なのは、「源」とみなされる妻の与え手が、妻の受け手の側に対して、つねに儀礼的に優位に立つことである。婚資の交渉などで使用される儀礼言語のなかには、「折られる木の幹、汲まれる泉」(*pingi ai papungu, mata wai pataku*)と「黄金の泉、駿馬の牧場」(*mata wai àmahu, pada njara hàmu*)という、妻の与え手を示す表現がある。それらはいずれも「生命力の源」を強調する対句表現である。最初の対句表現に登場する「幹」(*pingi*)は、「基」、

写真２　スンバ島の伝統的家屋

「源」を意味する語であり、上述のように、生命の源を強調する東部インドネシアに共通の表現様式である。この対句表現で使用される「木の幹」は、炉に使われる焚き木を指している。(29)

スンバの家屋、とくに「マラプの家」の内部空間は、家屋中央にある炉をはさんで右側と左側に分かれ、それぞれ対照的な意味が付与されている。外から見て右側は「大きなカハル」と呼ばれる空間で、スンバ人の考えでは、冠婚葬祭の一切が行われる、男性のための公的かつ宗教的な領域である。スンバでは、儀礼の執行者も含め、儀礼はすべて男が関わる事柄とみなされている。そのため、マラプに対して祈りと犠牲獣を捧げるときに、この家の男性成員と村内の各家の代表者の男性が、「大きなカハル」に集まって儀礼を執り行う。また、左右の軸と直角に交差して、前面部と構面部という区分で空間を分けることができる。「大きなカハル」のなかでも、とくに家屋正面に近い、「上」と呼ばれる前面部に主だった客が座るのが慣習である。

左側の空間は「壺のカハル」と呼ばれ、「大きなカハル」とは対照的に、女性のための空間である。「壺」とは水を入れる壺のことである。女性がここで野菜を切るなど料理の支度をする。「大きなカハル」は間仕切りがないオープンな構造なのに対して、「壺のカハル」はいくつかの仕切られた小部屋になっていて、家屋で生活する数夫婦が、それぞれ私的・家族的な個別の空間として使っている。男性が「大きなカハル」で儀礼をしているとき、女性は「壺のカハル」に座って祈りの文句を聞いている。

生命力について考えるときには、家屋の中心にある炉と女性の結びつきに注意を払うことがとくに重要である。炉で毎日の食事をつくるのは女性の役割であり、女性が炉端で火に背を向けて座り、そこで出産するのがふつうのことであった。出産後も、そのまま体を温め、母子ともども外出しないで籠った。この慣習に関連して「焚き木をのける、火をおしやる」（*kundu patini, tularu epi*）という儀礼言語ができている。この表現全体が、夫方から花嫁を生んだ母親に贈られる婚資（男財）の一部を意味している。このように、炉の火がもたらす熱は、産後の回復と乳児の成長に欠かせないものと考えられている。

（3）マレー漁村における「家」と生命力

「家」と生命力の関係は、東インドネシアのスンバのように、すでに紹介したレヴィ＝ストロースの定義にそのまま合致するような「家」がある社会だけでなく、そのような「家」が存在しないマレーシアの漁村でも認められる。カーステンの調査したランカウィ島の漁村では、財産や名前の継承を通して永続を希求する法人としての「家」は存在しない[30]。子どもはそれぞれ新しい家屋を建てて独立し、最終的に末娘が親と同居して、その老親の面倒をみることが多い。レヴィ＝ストロースの「家」の概念は、マレーのような「中心主義的な」社会よりもスンバのような「交換主義的な」社会に、より適合する。とはいえ、ランカウィの「家」もスンバとは違った意味で「家社会」と言えるのである。

村人はイスラーム教を信仰しているが、女性とされる「家の霊」（*semangat rumah*）が中央の柱に宿ると信じられている。このように家屋は女性性と結びついた空間であり、柱を立てる際には、その家の主婦が柱を抱えなければならないとされる。また、儀礼に使われる正面の部屋は、「家の母」（*ibu rumah*）と呼ばれる。一方、日々の生活が繰り広げられるのは、「家の母」の奥にある居間と台所（ともに*dapur*と呼ばれる）である。ランカウィでは、家屋の内部は圧倒的に女性の空間であり、男性の存在が希薄である。

スンバの家屋と比べて、ランカウィの家屋内部は、男性／女性、公的／家内的という双分的観念による空間区分が明確でない。また、スンバでは、男性と女性、また妻の受け手と妻の与え手の区別と対立が社会の基軸になっているが、ランカウィではむしろ兄弟姉妹の統合のほうが重要であり、家屋全体が女性的な空間となっている。その家屋の中心を成すのが、炉が位置する台所（*dapur*）である。各家屋には一つの炉があり、それが家屋の中心として重要な役割を果たしている。

写真 3　「マラプの家」の建築

写真 4　炉で調理するスンバ女性

カーステンの報告によれば、家の女性が炉で料理する食事を一つ屋根の下に住む人びとが日々食べることを通して同じ身体構成要素（substance）を形成し共有する。その結果、家族・親族的な「つながり（関係性）」（relatedness）が生まれるのである。すなわち、親子という「つながり」は出産だけで一義的に決まるのではなく、母親が子に毎日食事を与え、育てていくというプロセスを通してできあがるものである。そのため、たとえ養子であっても日々ともに暮らすことで、養父母と顔つきや性格も似てくると考えられている。

5 家社会における戦略と生命の流れ

「家」は、複数の角度から検討することができる、広がりのある概念である。本稿では、戦略と生命の流れという二つの点に注目して、「家」という概念の意義について明らかにした。レヴィ＝ストロースの定義にある「法人」としての側面に注目すれば、「家」は、地位と財産を所有する社会単位という側面が強調されることになり、その継承者を生み出すための女性の獲得と、それをめぐるさまざまな戦略が不可欠なものとなる。また、すでに紹介した日本の毛利家やオーストリアのハプスブルク家のように、歴史上には「家」の勢力拡大のために婚姻を利用した戦略の事例が数多く存在する。

「家」を生命の流れという観点からみると、「家」の存続というのは、まさに「家」という空間を舞台にして、祖先という源から生命を子孫にまでつないでいく営みであるといえる。祖先から続く生命のラインにおいて「血」というのはイディオムとしてしばしば使用される。しかし、レヴィ＝ストロースの「家」の定義が強調しているように、必ずしも血縁関係が「家」の成員を決定するものではない。日本では、「家」の存続のために養子を取るのは当たり前のことであった。また、マレーシアのランカウィの例では、一つの炉で調理された食事をともに食べることによって、養子であっても実子と同様のつながりを、養い親と築くことが可能になる。生命力は、一つの「家」のなかで代々継承されていくだけでなく、「家」と「家」をつなぐものでもある。とくに東部インドネシアのスンバのように「交換主義的な諸島」では、婚入女性を媒介とする「家」間の生命の流れも、「家」の存続にとって欠かすことのできないものである。

戦略と生命の流れというのは一見したところ、まったく異なる次元の問題であるかのようにみえるが、両者はともに「家」という場で具現化する。生命力が家屋内部のどの空間と結びついているかは、すでにスンバとランカウィの事例を使って論じたことである。一方、戦略については少し説明を必要とする。戦略というのは机上の計画で進むものではなく、「家」という場で執り行われる儀礼を通して、初めて具体的な成果を示す。たとえば、島津斉彬の戦略に従って徳川家に嫁いだ篤姫であっても、その婚姻は江戸城という巨大な「家」のなかで挙行される婚姻儀礼によって初めて正当化された。さらに正室としての篤姫の地位は、江戸城内の大奥という空間内の特定の部屋に居を構えることで、公のことになる。建築物としての「家」は、慣習に従って、内部空間が厳格に分割され、そのそれぞれに特定の意味と機能が付与されている。そのため、「家」の成員が家屋内で占めている場所は、そのまま「家」という集団内での地位を示している。家社会では、権力と地位を求める抗争は、「家」という空間内での場所をめぐる争いという形をとる。「家」で占める位置と地位の関係は、その規模に大きな違いがあるが、江戸城であれ、スンバの「マラプの家」であれ、共通することである。このように一見まと外れに思える江戸城と「マラプの家」の比較というのも、「家」という概念に注目するからこそ、可能になったことである。

——〈参照・引用文献〉

（1）Carsten, J. and S. Hugh-Jones eds, 1995, *About the House: Lévi-Strauss and Beyond*, Cambridge: Cambridge University Press.; Joyce, R. A. and S. D. Gillespie eds, *Beyond Kinship: Social and Material Reproduction in House Societies*, Philadelphia: University of Pennsylvania Press.: C. Macdonald, ed., 1987, *De la hutte au palais: sociétés "à maison" en Asie du Sud-Est insulaire*, Paris: Editions du CNRS.

（2）Franklin, S. and S. McKinnon eds, 2001, *Relative Values: Reconfiguring Kinship Studies*, Durham: Duke University Press.

（3）Lévi-Strauss, C., 1982, *The Way of Masks*, Seattle: University of Washington Press. p. 174.

（4）有賀喜左衛門1969（1949）「日本の家」『社会史の諸問題（有賀喜左衛門著作集Ⅷ）』未来社、
大間知篤三1975（1958）「家族の構造」『大間知篤三著作集第一巻　家の伝承』未来社、
竹田旦1970『「家」をめぐる民俗研究』弘文堂

（5）Goody, J., 1983, *The Development of the Family and Marriage in Europe*, Cambridge: Cambridge University Press.

（6）Strathern, A. & P. J. Stewart, 2011, *Kinship in Action: Self and Group.* Upper Saddle River, NJ.: Prentice Hall. pp. 59-62.

（7）小田亮2010「『家』の比較研究に向けて」出口顯・三尾稔編『人類学的比較再考（国立民族学博物館調査報告）』90、125―146頁

（8）小池誠2003「『家』の人類学的研究――レヴィ＝ストロースからブルデューへ」『国際文化論集』29、237―264頁

（9）竹田旦1970『「家」をめぐる民俗研究』弘文堂、7―8頁

（10）Lévi-Strauss, C., 1982, *The Way of Masks*, Seattle: University of Washington Press. p. 183.

（11）Lévi-Strauss, C., 1987, *Anthropology and Myth: Lectures 1951-1982* (trans. by Roy Willis), Oxford: Basil Blackwell. p. 155.

（12）ブルデュー、P．2007『結婚戦略――家族と階級の再生産』（丸山茂ほか訳）藤原書店、24頁

（13）ブルデュー、P．1988『実践感覚1』（今村仁司・港道隆訳）みすず書房

（14）ブルデュー、P．2007『結婚戦略――家族と階級の再生産』（丸山茂ほか訳）藤原書店、204頁

(15) レヴィ=ストロース、C. 1977—1978『親族の基本構造　上・下』（馬淵東一ほか訳）番町書房
(16) Schulte Nordholt, H. G., 1980, The Symbolic Classification of the Atoni of Timor, In J. J. Fox, ed., 1980, *The Flow of Life: Essays on Eastern Indonesia*, Cambridge: Harvard University Press.
(17) 小池誠2009「東インドネシアにおける家と婚姻戦略」國方敬司ほか編『家の存続戦略と婚姻——日本・アジア・ヨーロッパ』刀水書房
(18) 小池誠2005『東インドネシアの家社会——スンバの親族と儀礼』晃洋書房、146—147頁
(19) レヴィ=ストロース、C.「歴史学と人類学」（杉山光信訳）、『思想』727、1985、39—41頁
(20) 西尾和美2005『戦国期の権力と婚姻』清文堂
(21) 江村洋1990『ハプスブルク家』講談社、75頁
(22) ウィートクロフツ、A. 2009『ハプスブルク家の皇帝たち——帝国の体現者』（瀬原義生訳）文理閣、115—117、119—123、152—153頁
(23) 小池誠2009「東インドネシアにおける家と婚姻戦略」國方敬司ほか編『家の存続戦略と婚姻——日本・アジア・ヨーロッパ』刀水書房
(24) 畑尚子2007『幕末の大奥——天璋院と薩摩藩』岩波書店
(25) Pine, F., 1996, Naming the House and Naming the Land : Kinship and Sosial Groups in Highland Poland, *Journal of Royal Anthropological Institute* (N. S.) 2, pp. 443-459.
(26) Errington, S., 1990, Recasting Sex, Gender, and Power : A Theoretical and Regional Overview. In J. M. Atkinson, and S. Errington eds, 1990, *Power and Difference : Gender in Island Southeast Asia*. Stanford : Stanford University Press.
(27) Fox, J. J. ed., 1980, *The Flow of Life: Essays on Eastern Indonesia*. Cambridge : Harvard University Press.
(28) Valeri, V., 1980, Notes on the Meaning of Marriage Prestations among the Huaulu of Seram. In J. J. Fox, ed., 1980, *The Flow of Life : Essays on Eastern Indonesia*. Cambridge: Harvard University Press.
(29) Forth, G. L., 1981, *Rindi : An Ethnographic Study of a Traditional Domain in Eastern Indonesia*. The Hague: Martinus Nijhoff. p. 365.

Kapita, Oe. H., 1988, *Lawitu Luluku Humba / Pola Peribahasa Sumba.* Tenri : Lembaga Penyelidikan Kebudayaan Selatan Tenri. p. 157.

(30) Carsten, J., 1995, Houses in Langkawi : Stable Structures or Mobile Homes?. In J. Carsten, and S. Hugh-Jones eds, 1995, *About the House : Lévi-Strauss and Beyond,* Cambridge : Cambridge University Press. ; J. Carsten, 1997, *The Heat of the Hearth : The Process of Kinship in a Malay Fishing Community,* Oxford : Oxford University Press.

3. 生殖と身体——民俗生殖論のその後

栗田　博之

1　親族の比較は可能か

世界にはさまざまな文化が存在するが、その多様性は人びとの先天的・生得的な能力の違いによって生ずるのではなく、人びとが後天的に何を学習し、習得するかの違いであるという認識が一般化する中で、文化人類学は人間の可塑性を追究する学問としての明確な位置づけが与えられた。地球上に存在する多種多様な文化は可塑性の高い人間が自ら行なってきたさまざまな「実験」の結果であり、現在も引き続き多くの「実験」が試みられているのである。「文化」をどのように定義するかに関しては、百家争鳴状態であり、とくに、文化の「共有」、文化の「継続性」等については意見が分かれることが多く、これといった決定打は存在しない。しかし、社会生物学者等の生物学的決定論者を除けば、文化は後天的に獲得されるものであるという理解は、ほぼすべての文化人類学者に共通する。後天的に獲得するものを変えれば、文化はいかようにも変えられるのであり、ここに、人間の無限の可能性が担保されるのである。

しかし、このような背景があるために、文化人類学は文化が「創られる」ものであるという点を過度に強調する傾向がある。文化を構築物として捉え、その構築性を明らかにすることが文化人類学者の使命であるとされるのである。現在では、構築性を過度に強調した結果、文化人類学という学問そのものの構築性さえもが問題視されて、無限遡及が発生し、学問自体の成立が危うくなるという危険領域に至ることがしばしばあるが、とりあえず、超越的な立場を導入することによって、研究主体の構築性は不問に付し、研究対象の構築性のみを問題にすることにしよう。

さて、研究対象である文化の構築性を際立たせるために、文化人類学においては、人間が先天的なもの、生得的なものに拘束されるという点はできる限り過小評価しようとする傾向が強い。そして、生物学的拘束から人間がいかに自由になれるかという点ばかりに焦点が当てられるのである。本論で取り上げる親族研究の領域においても、親子関係とは生物学的な血縁関係とは異なる文化的な構築物であり、生物学的父親・母親とは異なった次元に存在する、社会的な認定によって創られた社会的父親・母親が研究の対象とされるのである。また、ジェンダー研究の領域においても、生物学的雄雌であるセックスでなく、文化的に構築されたジェンダーが研究の対象とされるのである。

親族関係のあり方、男女のあり方は多様であり、それが文化的に構築されたものであるという点に異論はない。これらの領域においても、人間の可塑性が十分に表れているといえよう。それでは、「親族の領域」、「ジェンダーの領域」と呼ぶこの「領域そのもの」は、文化的に多様であると言えるのであろうか？　構築性を追究する文化人類学者であれば「多様である」と答えたくなる気持ちもわからないではないが、ここは一歩退いて、冷静になる必要がある。「領域そのもの」が多様であるとすれば、親族関係のあり方が多様である、男女のあり方が多様であると述べること自体が無効になってしまうのではないか?

話が複雑になるのを避けるために、とりあえず他の「領域」に目を向けてみよう。たとえば、自動車という「領域」を考えてみることにしたい。世の中にはさまざまな自動車が存在する。車体の大きさや重さ、エンジンの種類や排気量、駆動方式等、構造的な面から見てもその多様性は非常に大きい。また、機能的な面から見ても、乗用車と貨物車という大きな違いから、バス、ダンプカー、タンクローリー、救急車、消防車、パトカー、霊柩車等を区分けすることが可能である。しかしながら、これらのさまざまな自動車はあくまで「自動車」という領域、「自動車」というカテゴリー、「自動車」という集合に含まれるものであり、その範囲内で多様性が見られるにすぎない。個々の自動車はそれを「自動車」と呼ぶことを可能とする何らかの特性を共有しているのであり、この共通性があるからこそ多様性を語ることが可能になるのである。ただし、この共通性を導き出す作業はかなりの困難をともなう。とりあえず「原動機の動力によって陸上を走る車両」という辞書的な定義により、共通性はかなり明確になるが、他の領域との差異化という観点を導入しないと、一般的に「自動車」と呼ばれるものにはならない。たとえば、この領域からオートバイを排除する場合には、「三輪以上の車輪を持つ」という特性を追加しなければならないし、この領域から鉄道車両を排除する場合には、「軌条によらずに走る」という特性を追加しなければならない。しかし、これらを排除するかしないかは領域をどのように「設定」するかの問題であり、共通性をどのように規定するかによって、領域はいかようにも設定できることを示しているにすぎない。「領域そのもの」が多様なのではなく、領域の設定の仕方はいろいろあるというだけのことである。

ここで、文化人類学に話を戻そう。文化人類学が多種多様な文化事象を扱ううえで、伝統的にさまざまな領域が設定されてきた。たとえば、人と人の間のモノのやり取りを扱う「経済」という領域、人が他者の行動に影響を及ぼすことを扱う「政治」という領域、人と超自然的なものとの関係において形成される諸様式を扱う「宗教」という領域、等々。これらの領域の設定の仕方はいろいろあろうし、これらの領域を厳密に定義することははなはだ困難ではあるが、文化人類学においては、領域の設定が特定の文化や社会に拘束されることを避け、すべての文化や社会に適用することが可能なようにするために、共通性の水準をできる限り低く設定し、「排除」する方向ではなく、「包含」する方向で領域設定を進めてきた。

しかし、ここに落とし穴が存在する。ここで、かつてニーダムが提起した「多配列的分類」の問題は重要な意味を持つ。[1] ニーダムは文化人類学で長年用いられてきた「妖術」という集合（クラス）を取り上げ、この妖術という集合を構成する個々の構成要素（個々の妖術）は何の共通性も持たない（多配列的分類）にもかかわらず、それらの構成要素からなる集合が何らかの共通性を持った集合として扱われてきた（単配列的分類）のではないかという点を指摘する。共通の特性を持たないにもかかわらず、それが集合を形成しているのは、事象Aと事象Bは似ている（一定の共通性がある）、事象Bと事象Cは似ている、事象Cと事象Dは似ているといった類似性の連鎖（ヴィトゲンシュタインの言う「家族的類似」）により集合が形成されたためである。しかしながら、このような類似性の連鎖は個々の事象相互の共通性を保障するものの、全事象の類似性=共通性を保障するものではない。その結果、何の共通性も持たない集合が形成されてしまうことも起こりうるのである。西欧の「妖術」に類似した事象を他の文化に発見した文化人類学者はそれを何々族の「妖術」と呼ぶ。このようなやり方が「妖術」の概念規定を行なわないまま慣習的に繰り返されてきたために、「妖術」という領域は多配列的な集合となってしまったというわけである。その結果、まったく共通性がない二つの「妖術」を比較するといった、ある意味では不毛な研究が行なわれているかもしれないのである。

ニーダムはこの点をよく認識しており、文化人類学者が多配列的分類を採用すると比較研究は困難となり、実行不可能になるかもしれないとさえ述べている。しかし、一方で、民族誌的事実を扱うには、単配列的分類よりも多配列的分類のほうが適しているとしており、比較研究が困難になるという代償を支払ったうえでも、多配列的分類を積極的に採用すべきであるとしている。ニーダムはこの困難を乗り越えるために、より抽象度が高く、形式化された要素間の比較研究を提唱しているが、これは、何のことはない、別の次元にあるはずの共通性に基づき比較を行なうべきだと言っているに等しい。ニーダムも、何の共通性もない事象間での比較研究が可能だとは考えていないようである。

文化人類学者が分析のために設定する領域は「多配列的分類」によるものであってはならない。共通の特性を持たない事象を集めてきて、それが「多様である」と述べても、分析上は何の意味も持たない。これは、構築性を強調する現代の文化人類学においても同じである。「何もかもあり」では分析は意味をなさない。どこまでが同じで、どこからが違うかを明示しなければ、比較研究は成立しないのである。このような落とし穴に落ちてしまわないようにしながら、「親族研究」はいかに可能かを考えるのが本論の目的である。

2　親族という領域設定

さて、もう一度領域設定の問題に戻ろう。すでに述べたように、領域の設定の仕方はいろいろありうる。どのような領域を設定するかは個々の文化人類学者の自由である。しかし、まったく自由に設定できるかといえば、そうではない。多数の研究者によって構成される文化人類学の世界の中で、その領域設定は有効であるとして、一般に流通するものでなければならないのである。先に言及した「経済」「政治」「宗教」といった領域設定は文化人類学的研究の流れの中で早くから定番となっているものであり、その領域設定の仕方についてはさまざまな議論が存在するものの、多くの文化人類学者が自明のものとして用いている。「親族」という領域もかつてはそうであったはずなのだが、残念なことに、近年では「ジェンダー」という領域設定のほうに主な関心が集中する傾向があり、いつの間にか古色蒼然とした領域設定になってしまったかのようである。そのため、「親族研究はふるわない」、「親族研究はもう古い」などと言われることになる。

親族研究の退潮の理由にはいろいろあろうが、その一つとして、近代化による社会関係の多様化にともない、親族関係が社会の中で果たしてきたさまざまな役割がどんどんと縮小しているという点が挙げられるかもしれない。かつて、文化人類学者がフィールドワークに赴くと、まずは人びとの親族関係から調査を始めるというのが定石となっており、社会を分析する場合に、親族関係を軸として、地縁関係や友人関係といった「それ以外の」社会関係を扱うという図式が当然のものとされていたが、近年「それ以外の」社会関係がどんどんと拡大していった結果、このようなかつての常識はもはや現代社会を扱ううえでは通用しないということなのであろう。そして、このように親族という領域の比重が軽くなることが、あたかも「歴史の必然」であるかのような進化論的発想がその背後に忍んでいることさえある。しかし、これは「歴史の必然」というよりも、むしろそのような方向に社会が変化していくことを良しとするイデオロギーによって導かれた方向性であると考えるほうが適当であろう。このイデオロギーは、「法の下の平等」を最大限に確保するために、親族関係という「生まれ」によって決まるとされる領域をできるだけ狭め、社会関係における選択可能性を保障しようとする。たとえば、我々になじみ深い日本国憲法においても、第一四条において、「すべての国民は」「社会的身分又は門地により、政治的、経済的又は社会的関係において、差別されない」とされており、人が生まれた時点での平等性の確保が主題となっている。このイデオロギーの淵源を辿っていけば、「生物学的宿命からの解放」という西欧における近代化の基本テーゼの一つに行き着くことになろう。皮肉なことに、このテーゼは、冒頭で述べた文化人類学の枠組みそのものを規定しているものであり、文化人類学の世界において、後天的に変えることのできない「生物学的宿命」に関わる親族研究の居場所はどんどん少なくなるのも当然である。生物学的宿命である生殖（＝親子関係）でなく、選択が可能な性（＝夫婦関係）に焦点が当たり、親族よりもジェンダーに注目が集まるのも、このような背景を考えれば十分にうなずける。また、親族関係の比重の軽い社会＝文明（近代）、親族関係の比重の重い社会＝未開（前近代）という図式を考えれば、親族研究が「未開の創造」に荷担しているように見えるかもしれず、親族研究の旗色は悪くなるばかりである。しかし、当然のことながら、特定のイデオロギーによって研究の方向性が左右されるという状況は好ましいものではない。堂々と胸を張って親族研究を続けてもいいはずである。

しかし、親族研究の衰退はこのような外的（実は内的なのであるが）要因のみで説明できるわけではない。ここで、結果的に、親族研究の基盤を揺るがすことになった二人の人類学者に登場してもらうことにしよう。

一人は、多配列的分類のところですでに登場してもらったイギリスの社会人類学者、ニーダムである。ニーダムは、それまで自明のものとされてきた親族研究のさまざまな基礎概念の見直しを行ない、そこに多配列的分類が忍び込んでいることを明らかにしたうえで、「親族など存在しない」と主張する。(2) そして、すでに述べたとおり、より抽象度の高い、実体から離れた形式的な用語を使って、形式分析を行なうことを提唱しており、たとえば、婚姻での対称性と経済での交番性と宗教での相補性を相互に比較するといった、個々の領域を越えた形式的な比較作業を推進しようとした。その結果、親族という領域設定そのものが持っていたはずの諸特性はいつの間にか消え去ってしまい、親族研究そのものの意味が失われてしまうのである。このようなニーダムの主張が親族研究を柱としたイギリス機能主義人類学に大きな打撃を与えた。

もう一人は、アメリカにおいて象徴の明示的な意味を扱う象徴人類学を牽引したシュナイダーである。[3] シュナイダーは、親族というものは「人類学者たちの分析装置によって人工的に作り出されたものであり、我々の研究したどの社会の文化の中にもその具体的な対応物は存在しない」と主張する。[4] そして、これまでの親族研究では、西欧社会の民俗概念に基づいたものでしかない親族という現象を、それが普遍的に適用可能なものであると勝手に想定したうえで、世界中のさまざまな民族の間で必死になって追い求めてきたにすぎないと告発する。ここにある究極の前提、西欧社会の「民俗概念」である「血は水より濃い」という前提、すなわち、「生物学的血縁関係」にある者同士はそうでない者同士より深いつながりを持つという前提がすべての民族に共有されているのかどうか、人類学者はこのことを確かめもせずに親族研究を進めてきたのではないか？　そうであるなら、親族研究は無効としなければならない。そうシュナイダーは主張する。

ニーダムとシュナイダーという二人の人類学者によって、これまでのやり方で親族研究を続けることは残念ながら不可能になってしまった。しかしながら、ニーダムが親族という領域の多配列性を問題にしたのに対し、シュナイダーは親族という領域の設定自体が無効であるとした。ここで本格的に取り組まなければならいのは、明らかにシュナイダーの主張のほうであろう。そこで、シュナイダーがこのように主張する背景を理解するために、『マン』誌上でかつて繰り広げられた生理学的父性の無知をめぐる論争、いわゆる「処女懐胎論争」について、ふれておくことにしよう。

3　処女懐胎論争とその後

生理学的父性を知らない民族の代表としてしばしば言及されるのが、マリノフスキーの民族誌によって有名になったメラネシアのトロブリアンド諸島民である。マリノフスキーはその著書『未開人の性生活』（一九二九年）において、トロブリアンド諸島では、胎児の生命の起源が祖霊の住む他界（トゥマ）にあり、その霊が直接女性の胎内に入ることによって女性は妊娠するとされ、性交と妊娠の間に因果関係はないと考えられていると報告した。

妊娠についての考えにみられる神話的様相と生理学的様相との相互関係—すなわち子供がトゥマで生まれてトロブリアンドに旅行してくるということと、それに続く母胎での過程として、血液が腹から頭に噴き上がって再び腹にもどってくるということとの関係は、必ずしも首尾一貫していないが、人間の生命の起源に関する完結した一理論を示している。それはまた母系制に対する立派な理論的基礎付けでもある。なぜなら村に新しい生命をもたらす過程は、すべて霊的世界と女性器官との関係であって、そこには生理学上の父子関係が入り込む余地はない。[5]

さらに、マリノフスキーは、男性は性交をすることで胎児の霊が女性の体内に入る道を開いてくれるが、その道を開くのが、必ずしも男女の性交である必要はなく、子どもが父親に似ているのは、子どもが父親に育てられるからだと報告した。このような生理学的父性を知らないとされる民族はトロブリアンド諸島民だけではなく、オーストラリア原住民（アボリジニ）からも同様な事例がしばしば報告されているのである。

この生物学的父性の無知の真偽に関して人類学者の間で交わされた論争が、いわゆる「処女懐胎論争」である。その発端となったのは、構造主義の支持者として知られるイギリスの社会人類学者リーチの論文「処女懐胎説」であった。[6] リーチは、このような一見生物学的父性を否定するようにみえる受胎に関する観念は、生物学的なものというより、むしろ社会的なものであり、性交と妊娠の関係に先住民が無知であると考えるべきではないと主張した。これに噛み付いたのが、心理人類学者として知られるアメリカのスパイロである。[7] スパイロは、胎児は精霊に由来するとされるような社会では、性交と妊娠の因果関係、生理学的父性は知られていないという立場を支持し、リーチの社会的父性による解釈は誤った解釈であるとして退けた。これに対しリーチは、スパイロが原住民の思考の産物も、ある論理的な形で構造化しうるということをまったく考えずに、人びとが生理学的父性に無知であると決めつけているが、「処女懐胎」を信じる我々キリスト教徒と「処女懐胎」を信じる彼ら未開人とでいったいどこが違うのかという形で反論した。その後、このリーチとスパイロの論争にはシュナイダーも含め多くの人類学者が参戦し、リーチ支持派とスパイロ支持派に分かれて、論争は拡大していった。

その後の詳しい論争の経過については、すでに一度詳細に論じたことがあるので、ここで繰り返すことはしない。[8] しかし、ここで注目しておきたいのは、リーチ支持派とスパイロ支持派の学問的傾向の相違である。文化と心理の関係について関心のある心理人類学者スパイロは、現地の人びとの心身を取り巻く具体的・民族誌的な説明を重視する。また、スパイロ支持派であるケイバリーは、オーストラリア先住民を直接調査した民族誌家であった。[9] スパイロとスパイロ支持派にとって、胎児は精霊に由来するとする現地の人びとの精霊=子ども説はそのまま文字通りに受け取るべきものであり、それは当然生理学的父性に無知であることにつながると考える。これに対し、リーチを初めとして、ニーダム、ダグラス、シュナイダー等のリーチ支持派たちは、文化を秩序化された象徴体系とみなし、ヨーロッパの神話上の生殖観も、オーストラリア先住民やトロブリアンド諸島民の生殖観も、同一平面上にあるものとして分析する。そして、生殖の生理学的次元と宗教的次元を切り離し、精霊＝子ども説を宗教的ドグマと考え、精霊＝子ども説を主張することは必ずしも生理学的父性に無知であることを意味しないと主張するのである。

スパイロはその著書『母系社会のエディプス』（一九八二年）の中で、トロブリアンド諸島民が生理学的父性に無知なことなどありえないというリーチの主張を認め、処女懐胎論争に終止符を打った。[10] これによって親子のつながりに基づく親族という領域の有効性が従来通り認められたというわけではない。むしろ事態は逆の方向に進んだといえる。処女懐胎論争が繰り広げられたのは、一九六〇年代から一九七〇年代にかけてであったが、この時期は、親族論そのものの転換期でもあった（本書第1章参照）。この転換期において、本来なら処女懐胎論争に勝利をおさめた文化を象徴体系とみなすリーチ支持派が主流となっていくはずであったが、その身内であるシュナイダーがスパイロの敗北宣言の二年後に『親族研究批判』（一九八四年）を発表し、処女懐胎論争の舞台そのものに疑義を呈したのである。

処女懐胎論争において、シュナイダーは、自ら実施したミクロネシアのヤップ諸島（ミクロネシア連邦ヤップ州）の調査資料に基づき、ヤップ島民は「精霊＝子ども説」を主張する一方で、動物に関して妊娠が交尾の結果であるということを知っており、性交と妊娠の因果関係が知られていることを示唆するような資料も存在するとして、リーチの立場を支持した。[11] 一方、この支持表明がなされた一九六八年に、シュナイダーは『アメリカの親族』を公刊し、その中で、親族関係を象徴と意味の体系として分析するという立場を明確に打ち出している。[12] また、自らの指導学生であるラビーの発表したヤップ島民に関する報告書に序文を寄せ、その冒頭で、「文化を象徴と意味の体系と考えることで最もよく理解できるという考え方は、ここ一〇年ほどの間に広く受け入れられるようになってきた。そして、きわめて質の高い多数の研究がこうした考え方に基づいて行なわれてきている。本書は、その中でも突出した位置を占めている。なぜなら、ミクロネシアの西カロリン諸島のヤップ文化に関する、きわめて行き届いた象徴分析となっているからである」と述べ、象徴分析の重要性を強調している。[13] さらに、『親族研究批判』の前半部において、シュナイダーはヤップに関する従来型の親族研究とこのラビーの研究とを対比し、ヤップの親子関係についての考え方は「血」の継承と個人の身体の世代的連鎖としての「系譜」関係を親族と考える西欧的な見方とは根底において異なっており、ヤップの父子関係が、タビナウと呼ばれる「土地」(家屋敷)の象徴的な意味によって規定されているという可能性を強く示唆する。夫婦の間に子どもが生まれると、子どもは母親に属することになるが、母親が自らの夫のタビナウで「嫁」として夫の親族のために「労働」することで、子どもは母親の夫である「父親」のタビナウを相続することができるようになる。したがって、ヤップにおいて、父子関係は生物学的父性でなく、所有する土地によって規定されると考えることができるとするのである。

このように、親子関係が「土地のつながり」によって規定されるというヤップ独自の「象徴と意味の体系」を分析しなければならないとするならば、当然、それとまったく同様に、親子関係が「血のつながり」によって規定されるという西欧独自の「象徴と意味の体系」も分析の対象としなければならない。どちらも、それぞれに固有の民俗概念に基づいた「象徴と意味の体系」なのであるから。しかるに、これまでの親族研究には、親族関係をそれぞれの文化に固有の「象徴と意味の体系」として分析するという視点が欠けており、西欧社会の民俗概念をあたかも普遍的に適用可能なものとして扱ってきてしまったという重大な欠陥がある。シュナイダーは、このような形で従来の親族研究の西欧中心主義的な偏向を強く批判し、それを抜け出るためには、それぞれの文化において親子関係がどのように構築されているかを明らかにしなければならないと主張する。

このようなシュナイダーの主張をきっかけに、親族研究において新たに注目が集まったのが民俗生殖理論の研究という分野である。そこで、次に、この民俗生殖理論について見ていくことにしよう。

4 民俗生殖理論

民俗生殖理論の研究とは、それぞれの文化において(人間の)生殖がどのようなものとして捉えられているかを明らかにするものである。より具体的にいえば、それぞれの文化において「生物学的な親」と「生物学的な子」がどのようなつながりを持つと考えられているかが研究の対象となる。ここにおいて、この両者のつながりがどのような「サブスタンス substance」のつながりとして表象されるかが重要な意味を持つ。

このサブスタンスという用語を駆使してアメリカの親族関係を分析したのがシュナイダーであった。シュナイダーは、その著書『アメリカの親族』において、アメリカの「親戚 relative」関係は象徴としての生物発生的 biogenetic な関係である「血」によって規定されると論じた(本書第1章参照)。子どもは両親から半分ずつ「血」というサブスタンスを受け継ぐ。「血」は関係の永続性の象徴であるから、まさに「血は水よりも濃い」ということになる。そして、この「血」は、「法」的な関係である「義理の in law」という「規約 code」の関係と明確に区別される。「血」の関係は「自然」であり「変えられないもの」であるのに対し、「義理」の関係は

「法」「規約」であり「変えられるもの」である。シュナイダーによるこのような明快な二元論的対比に基づくアメリカの親族関係の分析は大きな反響を呼び、さまざまな批判があるものの、その後の民俗生殖理論の研究への道を切り拓いた。(14)

シュナイダーの『アメリカの親族』以降、世界各地からさまざまな民俗生殖理論が報告されている。この点については、「霊的親」の問題も含め、すでに一度詳細に論じたことがあるので、ここで繰り返すことはしないが、先ほどの「変えられるもの」／「変えられないもの」という対比が適用できないように見える事例は重要な意味をもつので、筆者がその点に関してふれた部分を、もう一度繰り返しておくことにしよう。

当然、このような事例から話を発展させて行けば、子供を育てることはどういうことかということが問題になってくる。「もと」から出来上がってきた子供がその後どのように変わって行くのか。ニューギニアの「血液・精液コンプレックス」のように、身体構成要素［サブスタンス］を積極的に変えて行こうとするやり方もある。食べ物によって身体構成要素に変化が起こるというような観念もしばしば見られる所である。更には、身体構成要素を超えて、一般に、子供は養育、躾、教育などを通じて変わって行く。我々の「民俗概念」を使えば、「肉体的」にも「精神的」にも、子供はどんどん変わって行くのである。子供の「もと」とその後の変化が一体どのように捉えられているのか、やはり「血は水より濃い」のか、「産みの親より育ての親」なのか、このような古くからの問題を巡って、「親族」現象はまだまだ探求を続けて行く必要がある。(15)

このように、子どものサブスタンス（身体構成要素）が生まれた後に「変えられるもの」として考えられている場合、サブスタンスは「自然」ではなくなり、「血は水よりも濃い」とは言えなくなってしまうかもしれないのである。次に、この点について二つの近年の研究を取り上げて検討してみよう。

ストラザーンとスチュワートは、ニューギニアにおける身体概念を扱った共著書『体液とサブスタンス』の中で、血、脂肪、精液、経血、母乳、尿、唾液、皮膚、毛髪等のサブスタンスは、単なる「象徴と意味」の次元に留めるべきものでなく、身体と身体を取り巻く慣習や社会構造、ライフ・ヒストリー、神話、儀礼等との相互的関係の中で扱うべきものであると主張する。[16] また、このようなニューギニアの体液論は、古代ギリシャの体液論や中国の陰陽五行説に近いものと述べている。そこでは、サブスタンスは社会や文化と心身を貫いて循環する生命力であり、さらには、霊や身体感覚さえもがその構成要素となる。文化は身体化（embody）され、身体化された文化は体現（embodiment）され、心身の全体的結合がそこに存在することになる。そして、ストラザーンとスチュワートは、サブスタンスを身体と外界を流れる生命の連続性と捉え、次のように述べる。

このような人格の拡張の次元のすべては、この文脈では、「体現」という言葉で示されるものである。身体は特殊であると同時に一般であり、他者から切り離されていると同時に他者と結び付いたり、他者と一体となったりしており、環境から区別されると同時にその一部でもあり、心とは異なるものであると同時にその心と分かちがたい形で共存するものでもある。（中略）それゆえ、この意味での体現は、総体としての社会性の領域全体を暗黙のうちに覆っている。そして、このような拡張された意味での体現が行われる主要な身体表現の一つは食物と食事である。世界と人との一体性は、食物の栽培、採集、料理、共有、共食、消費を通して表現され、その食物のサブスタンスが人の体液を作り出すとされる……。性的活動は種を播くとか食べるという比喩で語られことがあるし、胎児が精液により「養われ」たり、母親の血や母胎内の母乳で育てられると言われることもあり、それゆえに、セクシュアリティの領域は、アイデンティティを創り出す方法としての扶養と養育のためのサブスタンスの移譲と並行するものとなる。[17]

ニューギニアにおいては、血、肉、骨といったサブスタンスは両親から受け継がれるとともに、生まれた後に子どもが摂取する母乳や精液（イニシエーション儀礼等にともなう儀礼的同性愛）といった体液によっても形成されると考えられていることが、しばしば報告されている。[18]そして、ここに食物が加われば、サブスタンスによる生命力の循環が完成する。ストラザーンとスチュワートは、サブスタンスを生命力の身体間の授受とその生命増殖の媒介的役割の問題として提示し、体内でのサブスタンスの変容をともなう体液理論と生命の成長と循環といった身体＝自然と養育＝文化の連続性の観点からサブスタンスを考えることができるという可能性を提示したのである。

また、カーステンは、食物を通したサブスタンスの摂取に注目したマレー漁村の民族誌的研究を発展させて、「関係性 relatedness」の親族理論を打ち出している。[19]カーステンは、食物のような自然のサブスタンスが寝食の共同を通して体内に摂取されることで、共通の生命サブスタンスを共有し、親族の「関係性」を形成するという点を重視する。そして、このような考え方はマレーシアに見られるだけでなく、アメリカにも見られるとして、シュナイダーがアメリカにおいて「自然」の領域にある「血」の観念を過度に強調したことを批判し、西欧社会においても、「自然」の領域と「法」の領域がそれほど明確に区分できるわけではないと主張する。カーステンの試みは、先天的に親から受け継ぐサブスタンスと後天的に摂取するサブスタンスを、「関係性」を形成するものとして同等に扱うことによって、生物学的血縁に還元されることのない新たな親族概念（共食のみならず、共住や友人関係等が作り出す「親族」）の構築を目指すものと考えることができよう。従来の親族理論においても、親族関係は共同生活によって強化されるといった形の議論は数多く行なわれてきたが、カーステンの議論はそれを逆転させることを目指しているのである。

ここまでくれば、サブスタンスに注目した民俗生殖理論研究はシュナイダーの想定した親族研究の範囲を越えて、人間のサブスタンス（身体構成要素）の可塑性を追究した方向にどんどんと向かっていくことになる。親族関係を分析するためにサブスタンスに注目したはずが、いつの間にか、サブスタンスから見れば親族関係はその一部でしかないという、ある意味では倒錯した議論が進められているのである。構築性を強調する現代の文化人類学の流れからすれば、これも当然のことなのであろう。「変えられないもの」である「自然」を過小評価し、「変えられるもの」である「文化」を過大評価することが、文化人類学の使命なのであるから。

しかし、これによって「新たな親族研究が生まれた」と言えるのであろうか？　最後に、この問題を検討することによって、本論をしめくくることにしよう。

5　親族論、再び

すでに述べたように、シュナイダーは、『アメリカの親族』において、「自然」と「法」、「サブスタンス」と「規約」を対比的に用いた。前者は「変えられないもの」、後者は「変えられるもの」である。ここでサブスタンスに「生物発生的な」という形容詞が付加されていたことに注目しよう。先ほど取り上げたカーステンを初めとする民俗生殖理論の研究で扱われているサブスタンスはこの「生物発生的な」サブスタンスだけでなく、生まれた後に子どもが摂取する食物等のサブスタンスも含まれている。生まれた後に摂取するものであれば、当然、選択が可能であり、後天的に「変えられるもの」となる。実際、乳母は選べるし、誰が育ての親となるかかも原理的には選択可能である。「子どもは養育、躾、教育などを通じて変わっていく」ものであるとすれば、それを誰が行なうかが当然重要な問題となる。しかし、親から受け継ぐ生物発生的なサブスタンスそのものは「変えられない」ことに注意しなければならない。たとえそれが生後すぐに失われてしまうとか、子どもの人生にほとんど意味を持たないといった民俗生殖理論のもとでも、「変えられないもの」は変えられないのである。

「生物発生的な」という形容詞をはずすことによって、サブスタンスに関する研究は民俗生殖理論を越えて、より大きな広がりを持つ生命観の研究につながっていった。そのような研究の進展は大変に喜ばしいことである。しかしながら、それが「新たな親族研究」と言えるのかどうかとなると、やはりそこには疑問符を付けざるをえない。実際、カーステン流の「関係性」に基づく「親族研究（?）」においては、親族関係を、共住、共食、友人関係等の他のさまざまな人間関係と区別する必要がなくなってしまう可能性があるのである。

もう一度、出発点に戻ることにしよう。親族という領域は「生物発生的な」意味での親子関係、「生物学的血縁関係」によって定義されるものでなければならない。別の言葉で言えば、これは「(生物学的な）親は選べない」という前提から始まる問題系なのである。サブスタンスの研究領域はこの親族という領域と重なる部分もあれば（重なるのは「生物発生的な」サブスタンスの領域である）、重ならない部分もある。「後天的に摂取されるサブスタンス」という重ならない部分においても、しばしば、「(生物学的な）親」が関与してくることが多いため、事態が複雑になってしまう嫌いがあるが、別々の領域であることに変わりはない。もちろん、「（生物学的な）親は選べない」という前提が通用しない文化が存在する可能性があることを否定はしない。しかし、それによって、親族という領域自体が無効になるわけではない。実際に、処女懐胎論争の幕切れは、そのような文化は存在しないことを暗示しており、「霊的親」の概念を導入することによって、多くの難点は解決してしまうのである。[20]

ここで、最新の生殖技術の導入による生物学的血縁関係自体の選択可能性をどう考えるのかという質問が寄せられるかもしれない。実際、新生殖技術は「生物学的宿命からの解放」という悲願の達成に大きな意味を持つものと期待されており、生殖自体が「変えられるもの」になったという印象を多くの人に与えている。これまでも、親の側から見れば、配偶者選択から始まって、避妊、堕胎、嬰児殺し等によって、ある程度生殖は「変えられるもの」であったが、新生殖技術はその可能性を飛躍的に高めたものと言えよう。しかしながら、子どもにとっては相変わらず「親（精子提供者、卵子提供者、子宮提供者等）は選べない」ままであることに注意しなければならない。人間の再生産が続く限り、親族関係は続くのである。安心して先に進むことにしよう。

――〈参照・引用文献〉

（1）Needham, Rodney, 1975, Polythetic Classification, *Man* (N.S.) 11 (3), pp. 349-369. 関連論文として、ニーダム、R．1986「リハーサル」『人類学随想』（江河徹訳）岩波書店（岩波現代選書110）、長島信弘1982「比較主義者としてのニーダム」『現代思想』10（8）、62―68頁を参照のこと。

（2）Needham, Rodney, 1971, Remarks on the Analysis of Kinship and Marriage. In Rodney Needham ed., *Rethinking Kinship and Marriage.* pp. 1-34. ASA Monographs 11, London : Tavistock.

（3）象徴の明示的な意味（デノテーション）を扱う象徴人類学と暗示的な意味（コノテーション）を扱う象徴人類学とは明確に区別して考える必要がある。

（4）Schneider, David. M., 1984, *A Critique of the Study of Kinship.* Ann Arbor : University of Michigan Press. 関連論文として、Schneider, David M., 1972, What Is Kinship All About? In P. Reining ed.. *Kinship Studies in the Morgan Centennial Year.* The Anthropological Society of Washington.

（5）マリノウスキー、B．1978『未開人の性生活』（泉靖一・蒲生正男・島澄訳）新泉社、138頁（原書は1929年）。関連書として、マリノフスキー、B．1981『バロマ―トロブリアンド諸島の呪術と死霊信仰』（高橋渉訳）未来社（元論文は1916年）を参照のこと。本論での人名表記は「マリノフスキー」とする。

（6）リーチ、E．R．1980「処女懐胎説」『神話としての創生記』（江河徹訳）紀伊國屋書店、153―206頁

（7）Spiro, M., 1966, Religion : Problems of Definition and Explanation. In M. Banton ed., *Anthropological Approaches to the Study of Religion.* pp. 85-126. ASA Monographs 3, Tavistock. 関連論文として、M. Spiro, 1968, Virgin Birth, Parthenogenesis and Physiological Paternity : An Essay in Cultural Interpretation. *Man* (N.S.) 3 (2), pp.242-261; 1972, Correspondence : Virgin Birth. *Man* (N.S.) 7 (2), pp. 315-316. 等を参照のこと。

（8）栗田博之1989「赤ちゃんはどこから来るの？―人類学史上の『処女懐胎論争』について」須藤健一・杉島敬志編『性の民族誌』人文書院

（9）Kaberry, P., 1968, Correspondence : Virgin Birth. *Man* (N.S.) 3 (2), pp. 311-313.

（10）スパイロ、M．1990『母系社会のエディプス―フロイト理論は普遍的か』（井上兼好訳）紀伊國屋書店（原書は1982年）

（11）Schneider, David M., 1968, Correspondence : Virgin Birth. *Man* (N.S.) 3 (1), pp. 126-129.

（12）Schneider, David M., 1968, *American Kinship : A Cultural Account.* Englewood Cliffs, N.J.: Prentice Hall.

（13）Schneider, David M., 1976, Foreword. In David Labby, *The Demystification of Yap : Dialectics of Culture on a Micronesian Island.* Chicago : University of Chicago Press.

（14）『家族の自然と文化』という論文集を編集した清水昭俊は、「親族はたしかに、『自然』と『文化』の対立の上に文化的に構成される」と述べる一方で、このようなシュナイダーの自然／文化の二元論を批判して、「家族と親族」を公的（文化）領域と私的（自然）領域とが入れ子構造的・相互排他的に包摂と内包関係で重なるカテゴリーであると捉えている。清水昭俊1989「序説―家族の自然と文化」清水昭俊編『家族の自然と文化』（弘文堂）を参照のこと。

（15）栗田博之1999「親と子の絆」野村雅一・市川雅編『叢書・身体と文化 第1巻―技術としての身体』大修館書店、372頁

（16）Stewart, Pamela. J. and Andrew Strathern, 2001, *Humors and Substances : Ideas of the Body in New Guinea.* Westport et.al : Bergin & Garvey. なお、河合利光は、その著書（河合利光２００１『身体と形象―ミクロネシア伝承世界の民族誌的研究』風響社）の中で、若干異なる視点から、心身二元論の克服の必要性、心身（生物学的次元）と文化や社会（文化的次元）の統合的理解の必要性を論じている。

（17）同書、8頁

（18）栗田博之・杉島敬志１９９０「対談―メラネシアにおける男性秘密結社とホモセクシュアリティ」『DOLMEN』3、77―101頁

（19）Carsten, Janet, 1995, The Substance of Kinship and the Heat of the Hearth : Feeding, Personhood and Relatedness among Malays of Pulau Langkawi. *American Ethnologist* 22 (2), pp. 223-241 ; 1997, *The Heat of the Hearth : The Process of Kinship in a Malay Fishing Community.* Cambridge : Cambridge University Press ; 2003, *After Kinship.* Cambridge : Cambridge University Press ; Janet Carsten ed., 2000, *Culture of Relatedness : New Approaches to the Study of Kinship.* Cambridge : Cambridge University Press. カーステンが重視する「家」の問題は、本書第2章第2節を参照のこと。

（20）栗田博之１９９９「親と子の絆」野村雅一・市川雅編『叢書・身体と文化　第1巻―技術としての身体』大修館書店、368―369頁

Column 3

ヒンドゥー寺院司祭の初夜儀礼

飯塚 真弓

腰まで届く漆黒の黒髪を白いジャスミンの花で飾り、絹のサリーを纏《まと》った花嫁が、籾のカーペットの上を歩く。何連にも重なる金のネックレスや腕輪がシャラシャラと音を立てる。たわわに実るバナナの木を備えた玄関、寝室のベッドは前日から花や風船で飾り付けられ、新品の家具やテレビ、調理道具、そして野菜までもが所狭しと、並べられている。居間では、両家の親族に囲まれた花婿と家庭司祭が、花嫁の到着を待ちわびる。

　これから始まるのは、花嫁ミーナクシーの初夜の儀礼だ。彼女は、ヒンドゥー教の寺院司祭ディークシタルの娘として生まれ、若い頃に結婚式を挙げた。初夜の儀礼はそれから一〇年ほど間をあけ、二〇一〇年に行われたものだ。長い時間をかけて婚約式、結婚式、初夜の儀礼と三段階に分けて行なわれる婚姻儀礼も、今夜で完結する。

　ディークシタルは、インド最南端のタミル・ナードゥ州中部の古刹寺院で神事を生業とする司祭の名称である。彼らは、最上位のバラモン＝司祭階級に属し、とくに浄性と女性の管理に、厳格で保守的な慣習をもつ。ミーナクシーの父、夫、義理の家族も、みな同じ寺院の司祭を務める。彼らの結婚は幼児期に婚約者を選定する見合い婚が主流である。なぜなら、ディークシタルの男性が司祭となるには、同じくディークシタルの女性を選んで結婚する必要があるからだ。そして、結

婚式は初潮前に済ませることが理想である。

女性の貞節さが尊ばれるインドでは、女性の性的管理が彼女の属する親族やコミュニティ全体の浄性や名誉と関係する。その傾向は上位カーストになるほど強い。早婚は不義密通や駆け落ちを防ぐためでもある。だから、ミーナクシーのように結婚式と初夜の儀礼が一〇年近く離れている例も珍しくない。

男性の結婚が寺院での司祭権と結びつく重要な儀礼であるのに対し、女性にとって生活に大きな変化をもたらすのは同棲が始まる初夜の儀礼である。彼女たちは結婚式後も、帰属は婚家に移るが、生活基盤は実家にとどまる。ただ、その期間も、新婦は婚家で催される年中儀礼や通過儀礼には必ず参加する。

新婦の豊穣性を祈願するエットゥ・イラック儀式

ミーナクシーの婚家で家庭儀礼の調査をしていた私は、彼女が朝早くから義理の母や姉妹と床絵《コーラム》の描き、食事や供物の調理を手伝う姿をよく見かけた。少女たちは、こうした儀礼の準備を通して婚家での作法や振る舞いを身につけていく。そして、初夜の儀礼を迎えると、いよいよ実際に婚家に住まい、嫁として夫婦関係の構築、家事や再生産への関与を始めるのだ。
さて、婚家の敷居をまたぎ、新郎と並んでミーナクシーが腰を下ろすと、まず護摩《ホーマ》が焚かれ、婚姻を表す花輪の交換をする。次にポットの水が聖化されると、二人は台所に移動し、聖水で新婦を清める浄化儀礼を行う。これで、ミーナクシーから邪悪な要素が取り除かれ、彼女は富と財産を司る女神と見なされる。
続いて、両家の女性親族のみで行われる儀礼が「エットゥ・イラック」である。これは「上下する」を意味するタミル語である。まず、新婦の前に子安貝が頭頂や肩、掌にコインが置かれる。そして、女性たちがランプと籾を入れた食器、擂《すり》粉木《こぎ》棒を順に新婦の目の前で上下させる。これらは、いずれも富、豊穣性を象徴するものだ。擂粉木棒は男根を表し、それを新婦の前で上下させる行為は性交を意味し、多産への誓願となる。次に、子安貝とコインが新婦のサリー端に集められ、順に女性親族に渡されていく。このリレーは、財や富の交換を通じた婚家と生家の統合を示している。
その後、新婦は初めて婚家のカマドに立ち、ミルクを煮立

ホーマ儀礼

てて婚家の親族に手渡す。これは新婦の家事への参与、司祭の妻として神への供物の調理と祭火の世話を担う役割を象徴的に表している。

　夜の床入れでは、まず二人は台所に行って精がつくというバナナとミルクご飯を食べた後、寝室のベッドの上で呪文《マントラ》の詠唱を受ける。そして、寝室に鍵がかけられると、ドアの外では、神々の初夜の場面を描いた讃歌が歌われる。

　続く八日間、新妻は夜のみ夫と就寝し、翌朝は実家に戻る。夕方になると交互に両親族の家を訪ね、夜のための髪の手入れや化粧をしてもらいながら、新生活の相談などをする。このような境界的な八日間の期間を経て、婚家の親族関係への同化と新しい居住空間への帰属を徐々に獲得していく。

　ミーナクシーの人生にとって、初夜の儀礼が、最も重要な儀式であることには間違いはない。しかし、一連の初夜の儀礼で強調されていたのは、夫婦の絆よりも、新婦が経験する居住空間の移動や婚家の親族関係への包摂の過程であり、次世代への生活と生命の継承を担う新婦の豊穣性への賛美なのであるということも見逃してはならない。

第3章

生殖と生命継承のポリティクス
―女性・家族・生殖医療―

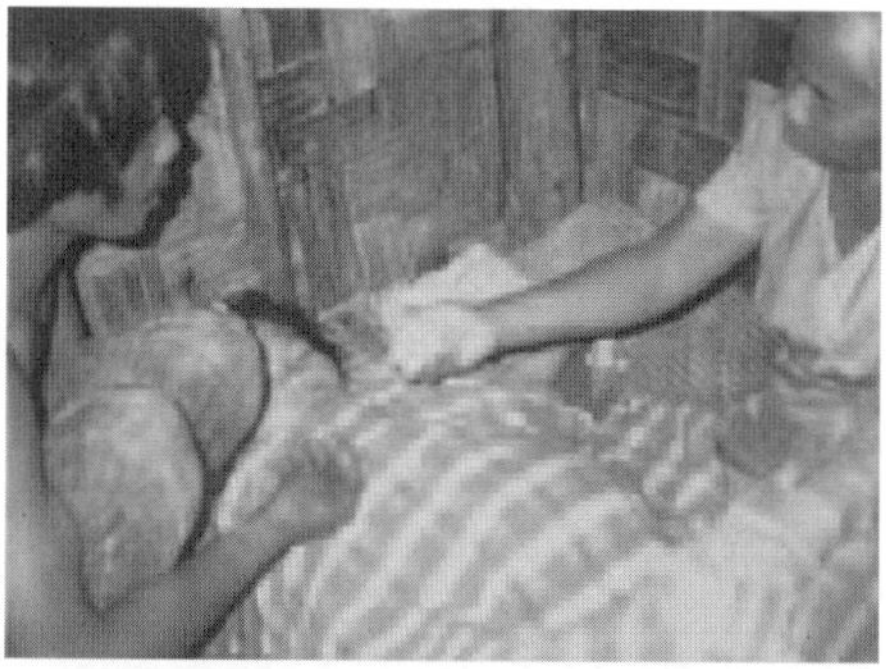

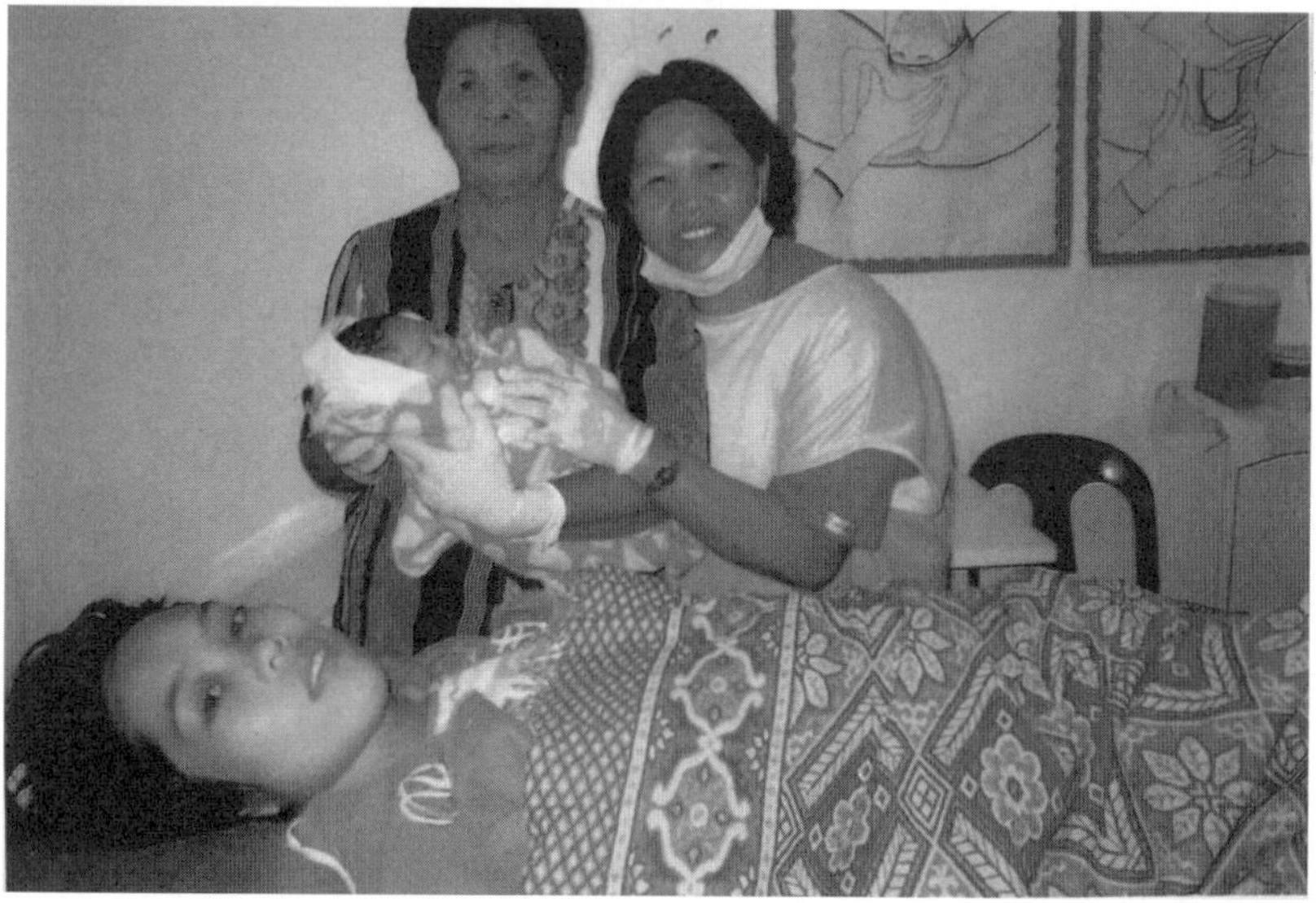

写真説明

上の写真（1980年代の撮影）は、フィリピン・ミンダナオ島ブキドノン州の伝統的な自宅出産の様子。右端の産婆が産婦の夫に、妻の腹をこするよう鶏の卵を渡している。現在でも、この地域には男性産婆もいるし、夫も必要に応じて付き添う。産室への男性の立ち入りにタブーはないが、近づかないのがふつうである。

下の写真（2010年撮影）は、現代のヘルスセンターでの出産。同地域＝マライバライ市内の近郊＝では、1990年前後に地域保健医療施設としてヘルスセンターが置かれるようになった。政府は最近、ここでの出産を義務づけたが、まだ自宅出産が主流である。近代教育を受けた助産師（写真右、英語でmidwifeと呼ばれている）が在住するが、伝統的産婆（写真左）もヘルスワーカーとして雇用され、協力している。異常のある患者や妊産婦のみが、ヘルスワーカーの指示で市の病院に送られる。この地域の医療は1980年当時に比べて大きく変化したが、出産中に夫が妻の介添えをするなど、家族や親族の関わり方に共通も多い。

（撮影：編者）

1. ジェンダーと親族——女性と家内領域を中心に

宇田川　妙子

はじめに

一九九〇年前後から表面化してきたいわゆる「親族研究の復興」については、すでに、さまざまな理由や要因が取りざたされているが、なかでも最大の要因の一つとしてしばしば指摘されるのが、ジェンダー研究の隆盛である。

本稿は、そうした親族研究におけるジェンダー研究の影響や功績の一端を紹介しようとするものである。[1]もちろん、その影響は幅広く、しかも現在は、いずれの研究も問題関心が多岐にわたっており、すべてを紹介することはできない。このため今回は、ジェンダー研究の出発点であった「女性」という問題、なかでも、その中核をなしていた家内領域をめぐる問題に焦点を当てる。

家内領域は、個々の文化社会によっても定義は異なるが、ここでは大まかに、家事や育児など、それぞれの家族生活のなかで営まれる再生産の領域としておく。[2] それはたいてい女性の仕事とされているだけでなく、女らしさの中核を形づくっているとも見なされ、さらには女性を不可視にしている要因の一つとして、ジェンダー研究の当初から積極的に考察の対象とされてきた。親族研究の見直しにおいても、真っ先に注目されたのはこの領域である。そのため、今では論じ尽くされた感があるかもしれない。ただし、両者の研究ともに多様化・専門化が進み、ややもすると拡散しがちになってしまっている現在、あらためてその出発点に立ち戻ってみることも重要だろう。

まずは、ジェンダー研究全般について、その変遷とともに簡単な説明をしておくことにする。

1 ジェンダー研究の概況

(1) 女性という概念をめぐって

そもそも、一九六〇年代後半のフェミニズム勃興に伴って誕生したジェンダー研究は、当初は「女性研究」と呼ばれていたように、女性を主たる研究対象としていた。それまでのアカデミズムでは、女性や女性の活動は一義的な研究対象として扱われることはほとんどなかった。アードナーは、女性たちが、研究者だけでなく研究対象社会の男性たち、さらには女性たち自身によっても何重にも「沈黙」させられてきたと述べている。[3] 人類学でも一九七〇年代、「女性人類学」という名前のもとで、女性や女性を閉じ込めていた家内領域に関する研究が一挙に増えた。

ただし、こうしたいわば女性偏重にはすぐに疑問が呈された。ジェンダーの問題には男性や男女関係も含まれているし、その研究目的も、女性だけでなく女性を不可視化してきた社会文化全体を見直すものであるという主張であった。その過程で、学問名称も「女性研究（人類学）」から「ジェンダー研究（人類学）」へと変化した。

しかし、女性という概念をめぐる問題はそれだけではなかった。ジェンダー研究はそれまで、女性を一律に同じものと見なしがちで、その多様性や格差は、ほとんど意識していなかったからである。しかもその女性とは、結局、西洋白人の中産階級の異性愛女性が基準となっていることも明らかになってきた。

このことは、そもそもジェンダー研究が、アメリカをはじめとする西洋発のフェミニズムに触発されて始まったことと密接に関連している。当時のフェミニズムの課題は、西洋女性が自らの劣位や不可視性を是正することであり、それゆえ、自分たち女性を家内領域に閉じ込める性別分業的なあり方が、真っ先に批判的な考察対象となった。当時のジェンダー人類学を代表するオートナーやロザルドらも、男女の力関係の背景には、それぞれの行動領域が公的領域と家内領域とに分離されているという性別分業が関与していると見なすだけでなく、その分業は普遍的な現象であるという議論を展開した(4)。

しかし、こうした男／女：公的／家内的：優／劣という二項対立的な男女観は、実は近代西洋的なものであって普遍的ではないことが、まもなく浮かび上がってきた。性別分業が皆無な社会はないが、女性たちが家の外でも働いている報告は数多くなされ、女性が一方的に劣位とは見なせない複雑な力関係の実態も明らかになった。西洋のジェンダー研究者たち（多くは女性研究者たち）は、自分たちのフェミニズム的な関心にあまりに強く動機づけられていたせいか、自分たちの性別分業の実態や考え方を他の社会文化にも無批判に当てはめ、女性の多様性・複数性を見逃してしまったのである。そのうえ、非西洋社会の女性たちを、いまだフェミニズムが浸透していない「遅れた女性」と見なすことも少なくなかった。この姿勢は、とくに非西洋社会を研究対象とすることの多いジェンダー人類学では、いっそう深刻な問題になったことも付け加えておく。[5]

(2) ジェンダーという概念をめぐって

ただし、さらなる問題を引き起こしたのは、ジェンダーという概念そのものに対する批判であった。ジェンダーとは、生物学的な性（セックス）に対して、社会文化的に構築される性を意味する言葉である。それは、性を生物学的に決定されるものとは見なさないという考え方であり、ジェンダー研究の根幹をなしている。しかし、このようにジェンダー、つまり性の社会文化的な側面を研究対象にするということは、性の生物学的な側面を否定しているのではなく、それをセックスという別の言葉で囲い込んで放置しているだけではないかという疑問が出てきたのである。すなわち、ジェンダーという概念の設定自体が、性の生物学的な側面を社会文化から切り取って純化し、結局は温存していたという批判である。とするならば、ジェンダー研究はいまだ、自らが批判していた生物学中心主義にとらわれていたことになり、根本から見直す必要が出てくる。

この批判は、一般的には一九九〇年に出版された哲学者バトラーの『ジェンダー・トラブル』という著書[6]によってよく知られるようになったが、こうした根深い生物学的な性の考え方が、とくに近代以降、西洋で強まった生殖を重視する考え方と関連していることも明らかになってきた。たとえばラカーによれば、そもそも西洋では長い間、男女の身体は根本的には違いはないと考えられていた。[7]しかし近代化に伴って国民や労働力としての人口増加が重視され、生殖への関心が高まってくると、身体も生殖器を基準として区別されはじめ、男女は本質的に異なる身体として認識されるようになってきたという。

とするならば、このように生物学的な生殖を基盤とする男女観こそが、先に述べたような二項対立的な男女観の背後にあったとも考えられる。実際、近代以降「近代家族」と呼ばれる家族像が普及したという議論もあるが、それは、父母たる男女がソトとウチで分業しつつ、二人の間にできた子どもを養育するという、核家族を理想とするものだった。この家族のあり方には、二項対立的・分業的な男女観が、生殖と緊密に相関している様を見ることができる。そしてジェンダー研究自体も、生殖中心主義的な男女観から十分に脱することが難しかったことは、初期の研究が女性たちを本質的に同じものと見なし、その多様性に気づきにくかったことからもわかるだろう。女性たちは、研究者たちによっても、一律に産む性として同質視される傾向が強かったのである。こうした根深い生殖中心主義に対する批判的な検討は、とくに、男女二項の異性愛的で生殖的な性を絶対視する考え方に異議を唱える同性愛研究、クィア研究の側から盛んになされるようになった[8]。

こうして現在、ジェンダーという言葉は、女性や男性のみならず同性愛やトランスジェンダー、トランスセクシュアル等々の多様な性のあり方を含めた、性という差異全般に関わる概念として使われるようになっている。しかも、ジェンダーはそれ自体で独立的に問題化する差異ではなく、人種・民族、階層などの、ほかの差異とも影響し合って表面化していることも明らかになってきた。

たとえばアメリカなどでは、同じ女性であっても、アフリカ系女性と白人女性の間には大きな差が存在し、利害の対立すら見られることはよく知られているが、それが人種・民族間の力関係に強く影響を受けていることはいうまでもない。また、ジェンダーは、民族などの集団間の差異や関係の象徴としても用いられる。敵対関係にある民族集団などを侮蔑するために、「女みたいなやつらだ」などというジェンダー表現が使われることはよくある。さらに、そもそもジェンダーにかかわる原理や考え方は、どの社会においても単一ではなく、互いに矛盾するような原理が複数存在しているし、人ひとりを取り上げてみても、彼また彼女に適用されるジェンダーの原理は、場面やライフコースによって変化する。ジェンダーは今や、それ自体が複雑であると同時に相対的な問題でもあり、したがって個々の具体的な状況に合わせて丁寧に議論をしていくことが求められているのである。

しかし、こうしたジェンダー研究の精緻化は、他方では論点の細分化や拡散につながってしまっているという見方も少なくない(9)。それゆえ現在の精緻化し難解化した議論は、いまだ続いている女性問題と齟齬が大きく、あまりにも思弁的で、現状の分析にはもはや役立たないとしばしば批判される。女性研究からジェンダー研究へと名称が変更された際にも、女性の実状が置き去りにされてしまうことを危惧する声はあがっていた。たしかに、ジェンダー概念を鍛えていくことは、女性の問題を考える場合でも必要である。とはいえ、いまだ男女の力関係がなかなか是正されない現実を考えると、あらためて原点に戻ってみる必要もあるだろう。親族という分野に限定した本稿でも、以降、こうした現状を考慮しつつ論じていくことにする。

2　親族研究における女性の位置

さて議論を人類学に戻してみると、人類学でも女性の可視化が進むにつれ、新たな研究領域が拓けただけでなく、それまでの研究蓄積をジェンダー視点から再検討する動きが盛んになった。そして、とくに親族研究における見直しが進み、親族研究そのものがジェンダー研究によって復興したともいわれていることは、冒頭で述べたとおりである。女性の主な行動範囲である（とされる）家内領域は、親族・家族に関する事象と密接に関係しており、ゆえに、当時すでに斜陽期に入っていた親族研究がその影響で再び注目されるようになってきたからである。

たとえばワイナーは、トロブリアンド諸島で女性たちが中心になって盛大に行なわれる「女の葬礼」に着目することによって、それまでマリノフスキーらが蓄積してきたトロブリアンドの親族関係について、さらなる洞察を加えることを可能とした。[10]マリノフスキーは「女の葬礼」を「当方にくれる側面」と見なして十分な考察をしなかったが、ワイナーは、そこでの女性たちによる財の交換が彼らの母系社会における交換関係の要となっていることを明らかにしたのである。また、台湾の漢族社会を見直したウルフの業績もよく知られている。[11]従来漢族の父系社会の女性たちは、結婚後は生来の父系集団を出て別の集団のなかで生活し、その地位・力は低いとされてきたが、ウルフの調査からは彼女たちの別の姿も浮かび上がってきた。

しかしその一方で、親族研究はジェンダー研究が始まる前から、女性をある程度可視化していたということもできるかもしれない。そもそも親族研究は、婚姻や出自などに関わる分野であるため、他の研究領域に比べると女性への言及は少なくなかった。

たとえば、女性が財産を継承する母系社会は、親族研究の重要なトピックスの一つであり、すでに一九世紀末にはバッハオーフェンによる「母権社会」という概念が生まれていた。もちろんこの議論にはすぐに反論が続出し、その安易な概念化は今では否定されている。ただし、「母系社会のパラドックス」の議論のように、母系社会における女性の位置づけに関する議論はその後も続いており、女性に対する研究者の持続的な関心の高さを示している。また、レヴィ＝ストロースが婚姻規則を「女性の交換」という概念で考察したように、[12]婚姻についての議論でも、婚資や持参財などとの関連も含めて、女性の処遇がどうなるのか等々の調査・分析は盛んに行なわれてきた。

しかしながら、こうした親族研究のなかで扱われてきた女性とは、ジェンダー視点から見ると、男性あるいは男性に象徴される主流社会から見た女性像や女性役割にすぎず、女性の実態や実感とは異なっていた。たとえば、レヴィ＝ストロースの「女性の交換」論をはじめとする婚姻論は、結婚を、男性たちが互いの女性を自分たちの連携や集団化のために交換する制度として論じてきたが、このことは、女性をその生殖力や労働力などに切り詰めたモノや記号として扱ってきたことを意味している。[13] 実はレヴィ＝ストロースも、「女性の交換」とは、あくまでも象徴的思考の次元の議論であって、実際の女性はけっして記号だけの存在ではないと『親族の基本構造』の末尾で付言している。ジェンダー以前の研究では、女性の扱い方を疑問視する意識が皆無だったわけではないものの、女性の主体的な実態を正面から取り上げて議論することはなかったのである。

そして、従来の親族研究では、その主眼を親族関係の法制度的な側面に置いてきたが、ここにこそ、女性に対する親族研究の姿勢が最もよく反映されているということができるだろう。代表的な親族研究者の一人、フォーテスは、「親族関係には法的・政治的な側面と家内的・家族的な側面の二つがあるが、前者こそが親族研究の対象である」と明言している。[14]

もちろんこれは、人類学がそれまで対象としてきたいわゆる「未開」社会では、親族関係が社会構造の枢要を成していると考えられてきたせいかもしれない。従来、「未開」社会の理解には、まず親族関係の組織的な側面を解明すべきであるとされてきた。また、家族や家内という領域は、各文化によって多様な形態を見せる親族組織とは違って、人類に普遍的で共通であると見なされがちだった。ゆえにその領域は、文化の多様性に注目する人類学的な関心からは、二義的に位置づけられてきたという経緯もある。

しかし同時に、この法的・政治的側面と家内的・家族的側面という二区分が、それぞれ男性と女性の活動領域という性別分業の図式にも相当することに気づくならば、親族研究自体が当時のジェンダー観に深く浸食されていたことも明らかだろう。家内領域は確かに家族・親族関係の場だが、その公的な機能から見ればとるに足らない領域であり、それゆえ、そこを主な活動の場としている（と見なされてきた）女性たちも十分な対象とはならないという考え方が、親族研究の主流に根差していたことも間違いないのである。

3　ジェンダー視点からの再検討

（1）家内領域の可視化

したがってジェンダー視点からの親族研究の再検討とは、まずは二義的にしか扱われてこなかった家内領域に注目し、そこでの女性たちの活動を実態に即して明らかにしながら、従来の親族論の読み直しを試みることであった。先に触れたウルフの業績は、その典型的な一例である。

ウルフは、台湾の漢族女性たちの行動は確かに家内に限定されがちだが、受身的な行動ばかりではない様相を描き出した。ウルフによれば、女性たちは家内で、とくに息子たちの世話に力を入れるという。そしてこうして培った息子との関係を通して、婚入した親族集団における自分の地位を固めるだけでなく、次第に親族組織全体のなかでも影響力を増し、時にはその解体などのダイナミズムを引き起こすこともあるという。

それまでの漢族の親族論では、やはり、男性親族たちが主役となる法制度的な側面に関心が集中し、女性や家庭内の生活については十分な記述も考察もなされてこなかった。ましてや、女性や家内領域が親族組織に重要な影響力をもっているという想定はほとんどなかった。しかしこのウルフの議論は、女性たちの存在も彼らの父系親族組織を理解するためには必須の要素であることを明らかにしている。

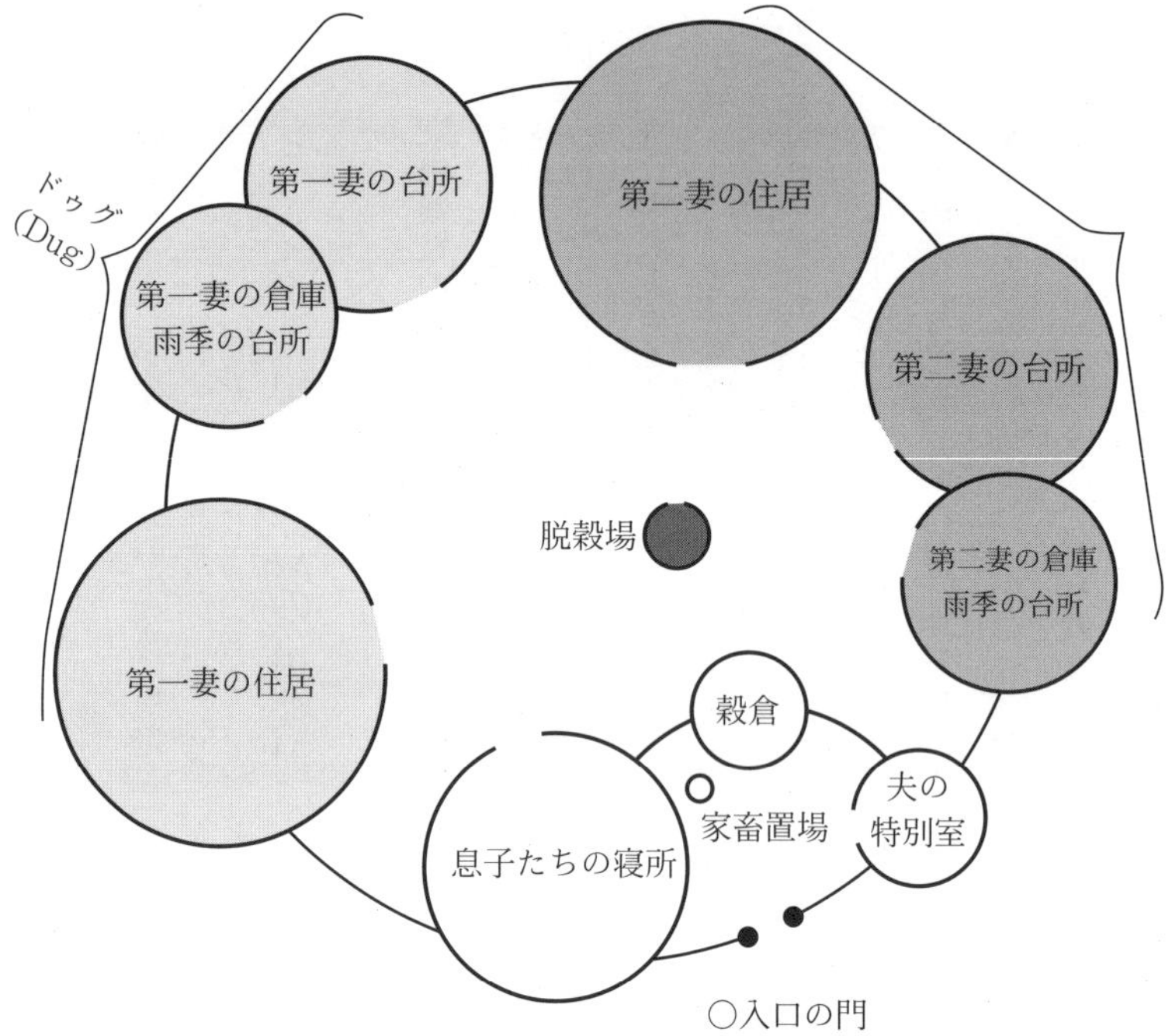

図１　タレンシの家屋・屋敷の構造

（中根千枝『家族の構造』1970年、10頁の第2図を改変）

また、先のように親族研究を法制度的な側面に限定したフォーテスが、実は、家内領域における女性の重要性に気づいていなかったわけではないことも興味深い。

フォーテスが調査を行なったアフリカのタレンシは、一夫多妻制をとる父系出自社会である。父系でつながる父と息子たち（兄弟）がそれぞれの妻子とともに拡大家族を構成し、屋敷地や穀倉を共有し、牛の牧畜も共同で行なっている。しかし、それらの共有・共同の程度には個々の拡大家族でばらつきがあり、フォーテスはその程度によって彼らの家族を三形態に分けるとともに、その三形態が、拡大家族の拡大と分裂のプロセスに相当するという家族論を展開した[15]。

ただしタレンシには、ドゥグ（*dug*）という台所を中心に食事を共にする単位もあり、フォーテスもその記述を行なっている。これは男性成員が婚姻の際に妻に与える居住スペースであり、いわば家内的な領域である。このため男性が複数の妻をもつ場合、屋敷地内にはその数に相当するドゥグが存在することになるが、その存在が彼らの家族全体にも影響を与えるという。つまり、複数のドゥグが互いに家内的な活動を分担して助け合ったり、逆に争ったりすることによって、そうした妻たちの関係が夫たちの関係に影響し、家族全体の形態にも変化を与え、時には解体にもつながっているというのである。この影響関係は、ウルフが描いた漢族の父系社会のそれに似通っている。

しかもここで、もう一つ注目すべきなのは、このドゥグの重要性が、フォーテス自身が考察した三類型の家族論ではほとんど言及されていないという点である。たとえば中根千枝も、人類学的な家族論のレビュー論考のなかで彼の議論にふれて、「*dug*という単位はもっと強調されるべきではないか[16]」と指摘している。とするならば、フォーテスはドゥグの重要性に気づいていたにもかかわらず、最終的には消極的にしか扱わなかったことになる。まさにそこに、彼自身が言明した親族研究の姿勢の根深さが表れているといえるだろう。

父系親族組織は、一般的に男性成員の支配力が強いとされる。しかし、これらの事例からもわかるように、女性たちの存在や影響力は、どんな形であれ無視できない。研究者の側がジェンダーの視点を適切に取り入れ、女性の存在を可視化し再評価しつつ、そこから親族組織を見直していくならば、父系親族組織だけでなくどの親族組織についても、別の様相があらわになってくることは間違いないだろう。

（2）家内を超える女性たちの活動

ところで、女性の行動は家内に限定されているわけではない。ジェンダー人類学でも、世界各地の女性たちが家内の外でも活発に活動していることはすぐに指摘されるようになり、研究者側が抱えていた二項対立的な性別分業観に対する批判が高まったことはすでに述べた。その観点からの親族研究の再考も見逃すことはできない。

たとえば、ニューギニア高地の諸社会は「女性嫌い」ともいわれるように、女性の地位が低いだけでなく男性が女性をけがれていると見なし、接触すら避けようとする。しかし、男性たちの親族の組織化や婚姻戦略においては、女性たちの労働が重要な鍵になっているという。彼らの儀礼や宴会などでは豚の料理がふるまわれるが、その飼育は女性の仕事だからである。

もちろん、こうした女性の外での労働は、男性たちの親族関係や組織を強化しているだけであって、彼女たちの力や自律にはつながっていないという見方もできる。実際、女性の地位は、女性が家の外で生産活動をしているか否かよりも、その生産物を自分で支配できるか否かに影響されることが多い。その一例は、母系的ともいわれるほど血縁の女性たちが緊密な関係を展開しているポルトガル北西部に関して、その現象が実は、国外への男性移民が増加してからの社会変化であるという興味深い報告に見て取れる。[17] そこでは男性たちが長い間不在になることによって、女性たちは農作業だけでなく、その収益の活用をはじめ不動産の売買などの決断も任されるようになった。その過程で女性親族たちの相互扶助関係はいっそう緊密になり、それまで比較的男系に偏っていた土地の相続も、女性たち（娘たち）を優先するようになったというのである。

しかしその一方で、ガーナのクサジでは、キビ畑を男性だけでなく女性も所有し、そこでの収穫を自由に処分できる権限をもっているが、そのことが女性たちの力の伸長にはなかなかつながっていないという報告もある。[18] クサジは父系出自社会であり、村落も父系親族によって構成されている。このため、男性たちはキビの作付けや収穫の際、親族間の労働交換によって労働力を得やすいのに対して、その交換関係から外れた女性は労働力を集めることが難しく、生産の拡大がしにくくなっているためである。一般的に、女性の外での生産活動は親族関係や組織にさまざまな影響を与えているだけでなく、逆に、その親族関係によって規制されることも少なくない。両者の関係はきわめて複雑であることに注意していく必要がある。

　また、従来の二項対立的な性別分業観は、女性の行動を家内に限定することによって女性を家内で孤立した存在として想定しがちだったが、この点についても積極的な再検討がなされるようになってきた。実際、多くの社会において、女性たちは結婚後もそれ以前の親族関係を継続させていたり、新たな関係をつくり出したりしている。家事・育児などの家内的な仕事についても、世帯を超えた女性親族たちの助け合いは少なくない。そしてこからは、従来ほとんど注目されてこなかった女性たちを中心とする親族関係や組織の存在を指摘する報告も出てきた。

写真１　母娘・姉妹という近親女性親族たちは、頻繁に配偶者を伴って夕食や昼食をともにする。家族の紐帯を担っているのは彼女たちである（イタリア、ローマ近郊、2006年）

　たとえば、先述のポルトガルの事例もその一つだが、そもそも地中海ヨーロッパは、母娘や姉妹などの女性親族間の相互扶助のネットワークがよく見られる地域である[19]。そのほとんどは農作業などの生産活動の協同よりも、家事・育児などの家内的な仕事の助け合いだが、そうした女性親族たちの相互扶助は、各家族にとって欠かすことはできない。男性たちにとっても、妻の母や姉妹たち（さらには兄弟たち）は、自分たちの家庭にしばしば出入りしたりする無視できない存在である。これまでこの関係は、女性たちが婚姻後も互いに近距離に住む傾向が強いため、妻方居住という言葉で言及され

写真2　イタリアでは、男性たちは頻繁に広場などに集まって社交を繰り広げる。ここでの付き合いが彼らの連携や競合関係に大きく影響する（イタリア、ローマ近郊、2002年）

ることが多かった。しかしこうしてみると、あらためて、女性の血縁親族のネットワークとして議論し直す必要はあるだろうし、同様のことは、他の妻方居住とされてきた地域にも当てはまるに違いない[20]。アメリカなどでの貧困層の調査では、女性が、家事のみならず生産活動の面でもしばしば世帯の中心になっており、しかも、そうした世帯同士が女性の親族関係でつながる傾向が見られるという[21]報告もなされている。

確かにこれらの女性親族のネットワークは、貧困などの状況に合わせて具体化した一時的な組織であって、出自集団などのように制度化された親族組織とはいえないことが多い。しかし、いかなる場合でも、女性の家族・世帯を超えた関係や活動を皆無と見なすことはできないと考えられる。そもそも女性は、これまでの親族研究では往々にして、妻や母という、婚姻によって生ずる地位に即して議論されてきた。しかし女性には娘や姉妹という結婚前の地位もあり、その地位が、結婚後もある程度継続している場合は少なくない。日本社会でも、かつて女性は結婚後、婚家では嫁として低い地位に置かれてきたが、実家に帰ると小姑として多少なり尊重される側面もあった。

もちろん、こうした女性の結婚後の血縁関係のあり方や程度は、財産継承権なども含めて、社会文化によって異なり、一律に評価することはできないだろう。ただし近年では、その関係のあり方の違いが、たとえば同じ父系社会であっても、女性の自律性や自由度の違いにつながっているという議論も行なわれており、この親族関係が、当該社会の親族組織全体にも重要な意味をもっていることはますます明らかになりつつある。[22] この視点からこれまでの親族論を見直す意義は、けっして小さくないはずである。

（3）親族関係と男らしさ

ところで、以上のように女性の可視化が進んでいくと、男性にも積極的に着目した研究が出てきたことも付け加えておこう。このことは、従来の親族研究が実際には男性親族を主たる研究対象としてきたことを考えると、若干奇妙に聞こえるかもしれない。しかし問題は、これまでは、そうした男性偏重の姿勢すら十分に自覚されてこなかったという点である。それゆえ、あらためて彼らの男性としてのジェンダーを意識化していくことは、新たな発見につながる可能性も出てくる。

たとえばシャピロは、南米低地社会について父系出自（patrilineal descent）という言葉で議論されてきたものが、実際にはアフリカなどに見られるような集団化の原理としての父系出自ではないという興味深い指摘をしている。[23] 南米低地では、男性たちは婚姻や宗教儀礼を通して互いの親族関係を強化し、しばしば父系的な親族集団を組織化しているという。しかしシャピロは、その組織化の軸をなしているのは、系譜的な出自の原理というよりも、男性同士の政治的な協力・敵対関係であると論じ、それをpatrilinyという言葉で表現した。

実は筆者も、同様のことをイタリアの事例で指摘したことがある。[24] イタリアは全体としては双系的な社会だが、男性たちの争いや連帯などが起きる過程で男性親族たちが頻繁に集団化し、あたかも父系集団的な様相を見せることがある。とくに娘や妻、姉妹などの近親女性の貞操が侵されると、近親男性たちは自分たちの名誉が侵されたと見なし、しばしば侵犯した男性（およびその近親たち）に対抗する形で集団化し、しかもその集団が世代を越えて続くことがあるからである。

ただしその集団を形成する親族関係は、あくまでも男性同士の競合・連帯のなかで出現したものであって、シャピロの指摘と同様に、出自という系譜的な原理に基づくものではない。そしてその男性同士の関係が、しばしば女性親族の貞操というセクシュアリティをめぐって表面化するように、互いの男らしさの表明や誇示を基準にした連携や競争の関係であることに気づくならば、そこからは、親族関係が、実は男性性という問題とも密接に関わっていることが浮かび上がってくる。

こうした男性同士の関係は、ジェンダー研究では近年、ホモソーシャルという言葉で議論されており、このホモソーシャルな関係こそが、いわゆる「男性支配」「男性社会」の基盤を成しているとともに、女性が客体視される原因であるという論も展開されている[25]。男性同士のホモソーシャルな場では、女性はその競合や連帯のための道具とされていくことによって、そのセクシュアリティや生殖力が強調され、それに沿った形でイメージ化されるからである。

このホモソーシャルな理論は、歴史的にみれば近代西洋の生殖中心主義だけでなく、レヴィ＝ストロースの婚姻論などの、ジェンダー視点以前の親族研究に内在していた女性観とも通底していることは明らかだろう。だとすれば、従来の親族研究は、その議論の仕方そのものにホモソーシャル的な性向を有していたために、その側面を見落としていたことになる。今後は、その意味でも、ジェンダー視点からの親族研究の再検討がいっそう必要になってくるに違いない。また、もちろん、シャピロが比較対象としていたアフリカ諸社会のように、出自集団が明確に見られる事例についても例外ではない。

4　親族研究は変化したのか

（1）家族への関心の高まり

さて以上は、ジェンダー研究の影響のうちの、ごく一部を紹介したにすぎない。しかし、その影響によって、親族研究においても新たな発見や見直しが進んできたことは確かである。そして、すでに述べたようなジェンダー研究のさらなる議論の深まりも、いっそう親族研究の復興に寄与することになっていった。

もちろん親族研究の復興といわれる現象には、とくに一九八〇年代後半から生殖技術が発達し普及したことや、離婚、事実婚の増加をはじめとする家族の変化や多様化が先進国を中心に表面化し始めたことなども関与している。ただし、これらの変化も、ジェンダー問題と密接に関わっていることは明らかであり、実際、その視点からの考察は多い。とくに生殖技術に関しては、ストラザーンの業績を始め[26]、ジェンダー研究からの貢献は大きかった（本書1章1参照）。そして現在では、多くのジェンダー研究者が親族研究に参入しているし、もはやジェンダーの視点や関心を抜きに、親族関係を議論することはできないと言っても過言ではない。その様相は、親族研究の「ジェンダー的転回」とも呼べるかもしれない。

ところが、こうした影響は、実際はそれほど本質的なものではなかったという見方もある。たとえば、一九八七年にはコリアーとヤナギサコによって『ジェンダーと親族関係――統合的な分析に向けた論文集』が出版された[27]。これはジェンダー研究の側から両者の本格的な意見交換を試みようとするものだったが、とりたてて成果は上がらなかった。そもそも親族研究とジェンダー研究との間では、本格的な議論が交わされることは少なく、互いの議論は並行的に行なわれていただけだったと指摘する者もいる。[28] その背景には多くの要因が絡んでおり、ここではこの問題に真正面から取り組む余裕はない。しかし、フォーテスの言明に代表されるような従来の親族研究の基本姿勢についてさえも、ジェンダー視点の導入によって十分に批判されたのかをあらためて振り返ってみると、実は疑問が出てくる。

たとえば、親族研究の復興は、たんなる復興ではなくその内容も以前とは大きく変化しているが、なかでも最大の変化の一つが家族に対する関心の増大であったことに着目してみたい。

もちろん、家族も親族関係の一部である。しかし、「親族関係と家族 kinship and family」という表現があるように、家族は従来から親族関係とは若干異なる領域であるかのように扱われてきたし、親族研究の主たる対象とはされてこなかったことは、先に引用したフォーテスの言明からも明らかである。しかし現在では、ジェンダー視点からの家内領域の可視化をはじめ、生殖技術の問題などの論考においても、真っ先に家族という言葉が出てくるようになってきた。実際に扱われている対象も、親子関係や夫婦関係という核家族を構成する関係が大半である。その一方で、核家族を超えた親族組織や出自などに関する考察は、ほとんど見られなくなった。

こうした状況は、ジェンダー研究が、家内および家族の領域を軽視してきた親族研究を批判してきたことを考えると、なんら問題はないように見えるかもしれない。しかしそれは、従来の法制度的/家内的という図式の重心を逆転させただけであって、図式そのものの見直しには至っていないという見方もできる。そしてこのことは、復興以降の親族研究の対象が、急激に西洋社会や先進国に移行したことに注目すると、さらに明瞭になってくる。

そもそも人類学は長い間、自らの発祥の地である西洋社会ではなく、いわゆる「未開」社会を研究対象としてきた。そして、その「未開」社会の「文化」の特徴を端的に示すものとして親族組織に着目してきた一方で、家族については、すでに述べたように「文化」にとらわれない「普遍」的な現象と見なして二義的な扱いをしてきた。つまり、従来の親族研究の底流には、法制度的／家内的という対立に続けて、未開（非西洋）／西洋：個別文化／普遍：親族／家族という対立図式も存在していたことになる。

ところが、この図式は今、研究対象という観点から見ても、その重心を大きく逆転している。近年隆盛している生殖医療や家族の多様化などの研究テーマの舞台になっているのは、主として西洋社会であるし、たとえ非西洋社会の事例であっても、往々にして近代化や開発・援助の問題が絡んでいるため、西洋的な家族制度の影響に注目したものが多い。この傾向は、人類学の他の分野に比べてもきわめて顕著である。とするならば、こうした逆転は、その図式を根本的に再検討したというよりもむしろ、そのまま放置しているといえるのではないだろうか。

（2）シュナイダー・ショックと生殖問題

この問題を考えるためには、「シュナイダー・ショック」についても述べておく必要があるだろう。すでにふれたように、親族研究はジェンダー研究の影響が始まる前から、研究の過度の複雑化などによって急激に人類学者の関心を失っており、その決定打が、シュナイダーの著作『親族研究批判』（一九八四年[29]）であった。彼の主張は、そもそも人類学で重視されてきた親族関係とは、西洋（人類学）の側の関心であって、厳密にいえば西洋以外には親族関係は存在しないというものであった。その主張は、すでに本書第1章で紹介されているので省略するが、ここで注目したいのは、その中核に生殖という問題があったことである。

生殖は、まず、シュナイダーに対抗して親族関係を普遍的に定義しようとする立場にとっては、その根拠となるものであった。たしかに、民俗生殖論が明らかにしてきたように（本書第2章3参照）、西洋的な生物学的モデルと異なる生殖観と論理をもつ社会文化は少なくない。ただし、生殖という考え方そのものをもたない文化は存在せず、ゆえに親族関係を生殖による社会関係として定義することは可能であるという主張である。しかしシュナイダーは、そもそも生殖や生物学的な血のつながりを他の社会関係以上に重視するのは、西洋社会の文化的特徴であると応戦した。

この論争は残念ながら、決着がつかないまま収束してしまった感があるが、双方ともに、位置づけの違いはあれ、生殖が親族関係および親族研究の根幹にあるという認識は共有していた。ゆえに以降の親族研究では、この生殖問題を避けて通ることができなくなり、このことこそが、現在の親族研究の関心を、先述のように家族や西洋へと大きく転換させた最大の要因であったと考えられるのである。家族、しかも西洋的な家族、すなわち親と子から成る「近代家族」とは、すでに繰り返してきたように、生殖中心主義的な親族観が最も凝縮されている場である。

とするならば、復興後に注目を浴びるようになった家族や西洋などの題材は、ジェンダー研究の影響によるだけでなく、むしろ、親族研究自らがそれまで内部に抱えてきた問題を批判的に議論していく過程で選ばれた、都合のよい材料であったと見ることもできるだろう。ゆえに現在の親族研究は、復興したとはいうものの、いまだ自己批判を模索しているだけで、本格的に新たな段階に入ったとはいえず、逆に親族関係に関する問題を、西洋的な生殖中心主義をめぐる議論へと狭めてしまっている感も否めない。しかし親族関係とは、生殖に収斂されるだけの問題ではないはずである。たとえば、今では忘れられているような親族の法制度的な側面も、フォーテス的な図式を解体したうえで、適切に考察し直していく余地は残されているのではないだろうか。

5　ジェンダー問題、再び

（1）出口を求めて

もちろん現在では、こうした反省に立った親族論も始まっている。その一つ、「関係性（relatedness）」という言葉を提唱するカーステンの議論は、親族関係が生殖だけでなく、それぞれの社会文化のなかでさまざまな要素と関わりながら認識・構築されていることを積極的に評価しようとするものである。[30] カーステンは、その実態を適切に把握していくために、生殖と密接な関わりをもつ「親族関係」ではなく、「関係性」という言葉を用いた。しかしその議論は、逆に、あらゆる関係を親族関係（彼女の言葉は「関係性」）に含みかねないため、結局、親族とは何かという、シュナイダー・ショックと同様の定義論に戻ってしまうという批判もある。筆者は、そもそも個々の文化社会において、親族関係も含めてどんな関係が認識・利用され、そのなかで親族関係はどう位置づけられ意味づけられているのかという考察が必要だと論じたことがある。[31] いずれにせよ、これらの議論は今後の親族研究全体の展開に譲るとして、ここでは本章の課題であるジェンダー研究の影響に戻ろう。

とはいえジェンダー研究も、親族研究同様に西洋的な生殖中心主義に囚われてきたことは、先に指摘したとおりである。両者は、実は同じ問題を抱えてきた研究領域と見なすこともできるのである。

このため、ジェンダー研究と親族研究とは互いに刺激しあって統合理論をつくるべきだという提案も出た。先述のコリアーとヤナギサコの業績はその一つだが、その問題から抜け出す出口を提示することはできず、[32] その後も目立った展開はなかった。そしてジェンダー研究の側も、自らの批判的検証を急いだためか、親族関係を考察する際には関心が生殖問題に集中するようになり、やはりここでも生殖問題に直結する生殖技術や西洋の家族の多様化などを対象とする研究が増えた。その結果、親族と生殖との関連に繰り返し言及することによって、逆にその関連を再生産してしまうという袋小路に陥っている様子は、先に見た親族研究一般の現状とほぼ変わらない。

したがって近年の親族研究では、ジェンダー視点による研究の特徴を、ことさらに取り出すことは難しくなっている。それは、両者が同根の問題を抱えているだけでなく、ジェンダー概念自体も、先述のように、幾多の批判を経て、その意味や研究対象が多様化し拡散してしまっていることも一因だろう。しかし他方では、性別分業や男女格差などの、ジェンダーのいわば「古い」課題にも、いまだ考察の余地が残されている。たとえば性別分業は、グローバル化のなかで、再び大きな社会問題として表面化しつつある。このことは、そもそもジェンダーが、研究者が想定していた以上に、根深い問題であることを意味している。親族研究でも、性別分業観と密接に関わるフォーテス的な図式に対する批判が、先に述べたように中途半端な形で放置されているのはそのせいかもしれない。

ゆえにここでは最後に、将来の議論の可能性の一つとして、そうした「古い」課題の一つである性別分業、とくに家内領域の問題にもう一度戻ってみることにする。

(2) 性別分業の根強さ

性別分業というテーマは、すでに何度も論じられ、実態も変化してきたせいか、現在では、当初に比べると研究者の関心を引かなくなっている。しかし、それでも男女の分業は根深く続いているという報告は、先進国を中心に絶えないし、発展途上国では、近代化とともに西洋的な生活スタイルが流入していく過程で、性別分業がむしろ強化されてきたともいわれている。また、そもそも性別分業が変化したとはいっても、女性が公的領域に進出しただけであって、男性の家内領域への参入は進んでおらず、ゆえに女性の二重負担が大きくなり、それが少子化の要因の一つになっているという見解もある。そして近年、とくに先進国では、外に出て働き始めた女性たちの代わりに、各地からの移民女性が家内領域での労働を担うという、国際的な規模の性別分業も出現してきた。

かつて移民は、世界的に、男性が単身で出稼ぎに行ったり、のちに家族を呼び寄せるなど、男性を中心とする動きであった。しかし、最近では「移民の女性化」という言葉が使われているように、女性（未婚・既婚ともに）の占める割合が増加しており、その多くは移民先で、使用人などの形で育児や家事などの労働を行なっている。

こうした家事労働の需要増加の背景には、急激な高齢社会化によって高齢者ケアが急務になっていることもあるが、やはり、女性の社会進出が大きく関与していることは間違いない。そのため、たとえば、ローマやロサンゼルスで家事労働をしているフィリピンの女性移民の実態を調査したパレーニャスは、彼女たちを雇う先進国女性、移民先の先進国で家事労働者となる途上国女性、移民の出身国で移民女性の代わりに家事労働を引き受ける女性、という具合に、女性たちの間に分断・格差が見られることを指摘した[33]。もちろん彼女たちの連携や協同という側面を強調した考察も少なくないが、どちらにせよ、性別分業が先進国では多少変化しているものの、グローバルな規模では持続しているという現状についての認識は、一致している。

とするならば、性別分業観そのもの（より正確にいえば西洋的なそれ）には、やはり根本的な変化は起きていないといわざるをえないだろう。しかも、公的領域に進出した先進国女性と、その代わりに家内領域を担う移民女性との間の力関係からもわかるように、公的領域と家内領域との間の優劣関係もほとんど変わっていない。他の先進国のように移民女性という現象のほとんどない日本でも、女性がいかに社会進出をしようと家事は女性が担う傾向は続いているし、家内領域の位置づけが低いことは、介護士などのケア労働者の賃金が他の職業に比べて少ないことからも明らかである。ここからは、性別分業の問題の本質が、公的／家内的という二項の対立というよりは、家内領域にこそあることも浮かび上がってくる。ではなぜ、家内領域は、これほどまでに低く評価されたまま、女性に結びつけられ続けているのだろうか。そしてこの問題は、親族研究の今後と、どのように関連するのだろうか。

6　家内領域問題の向こう側

もちろん、家内領域の位置づけに関する議論は、これまでもなされてきた。それは、先に紹介したオートナーらの論考に代表されるように、女性は妊娠・出産をするため男性よりも自然に近く、それゆえ、女性も家内領域も、普遍的に劣位と見なされているというものであった。しかしこの議論は、妊娠・出産という生物学的な要因によって女性を定義するなど、あまりにも近代西洋的な発想に立脚していると強く批判され、以降、論じられることはなくなった。また、家内領域の劣位の起源を問うこと自体が、このように生物学的決定論に陥りかねないため、ジェンダー研究自体が、ジェンダー平等を標榜する立場からも、それ以上の議論を避けてしまったという安易な政治的配慮があった感もある。

しかしながら近年、こうした状況をあらためて問題化しようとする動きが、今や家内領域を超えて急増しているケアという問題を通して始まりつつある。なかでもエヴァ・フェダー・キティの議論は示唆的である。[34]

彼女は、人は誰もが、少なくとも人生の始まりと終わりの時期において、誰かに依存せざるをえない（依存者）

がゆえに、ケアは人間社会に欠かすことのできない仕事であると主張する。にもかかわらず、そうした依存者と、その依存者をケアする者の位置は、家内領域か否かを問わず低く、その仕事は女性に任されジェンダー化され続けているが、キティは、その最大の理由の一つを、われわれの社会が自律した個人こそを基準としているという点に見出した。

つまり、その基準の下では、依存者は二義的な存在にならざるをえず、そのため依存者のケアをする者も二義的に扱われる。そしてその仕事は、同様に二義的な存在と見なされがちな女性の仕事とされるとともに、その仕事を通して女性をさらに二義的な存在へと追いやってしまう。しかし、依存者という存在も、依存者をケアするという関係や仕事も、人間社会にとってはむしろ必然であるはずであり、こうした相互依存の不可避性こそを基準として社会や人間観をつくり直す必要性をキティは説くのである。

もちろん、キティのいうケアの相互依存関係は、親子などの家内的な親族関係に限定されるものではなく、議論を家内に限ってしまうことは危険ですらある。また、彼女の考察がキティ自身の現代アメリカ社会での経験を背景にしているという意味では、限定的なものでもある。

しかし、こうした依存とそのケアの関係という考え方は、事実上ケアが家内の仕事の一つと見なされているという機能的な問題としてだけでなく、その家内領域を作り上げている親族関係のあり方を再考するうえでも、きわめて示唆的であろう。何度も繰り返してきたように、親族関係という概念は、これまで強く生殖と結びつけられてきた。そしてそのことが、家族や二項対立的な性別分業などの概念化を強化し、さまざまな問題や理論上の困難をもたらしてきた。とするならば、彼女の議論は、親族関係全般をいったん生殖から解き放ち、家族や家内領域などの概念についても根本的に再考していく、有効な契機の一つになるかもしれない。

そして、キティの議論でさらに重要なのは、この相互依存という関係のあり方が、人間（パーソン）観と密接に関連づけて論じられているという点である。そもそもこれまでの親族研究においても、無意識のうちであれ、親族は自立した個として想定され、その前提のもとで議論が進んできたと考えられる。なかでも、従来の出自論をはじめとする法制度的な親族論はその典型だが、この問題は、議論が生殖や関係性（relatedness）などに移行した近年でも、明確に意識化されているとは思われない。しかし、こうした人間観が研究の枠組みを暗黙裏に規定しているということが、親族研究の根本的な問題点の一つなのではないだろうか。

これに対して、ジェンダー研究では、全体的には同様の傾向にあるものの、人間（パーソン）観に着目することの重要性はすでに指摘されつつある。ジェンダー研究は、男女などの性に関わる議論をとおして、権力関係や自己認識、主体性やアイデンティティなどという人間（パーソン）のあり方をめぐる問題にもいち早く取り組んできたためかもしれない。

たとえばストラザーンが、西洋社会では個として完結する人のあり方が理想とされているのに対して、ニューギニア諸社会では、人は一人で完結する存在ではなく、関係性の「部分」と見なされており、そのことが両社会の男女関係にも違いをもたらしていると主張したことはよく知られている。[35] この見解は、興味深いことに、依存を二義的な状態と見なす西洋的な人間観を、ケアの評価の低さと女性性に結びつけた上述のキティの論考とも似通っている。いずれにせよ、今後、親族関係を西洋的な生殖の呪縛から解き放して考えていこうとするならば、なおさら、それを当該社会の人間観と人間関係のあり方にも積極的に関連づけていく考察が必要となってくるだろう。そこでもやはり、ジェンダーの視点が不可欠になることは間違いない。

親族研究の復興には、たしかにジェンダー研究による影響が大きかった。本章では、その影響の一端を紹介するとともに、問題点についても言及してきたが、その最大の功績とは、ジェンダーという視点が、今では親族研究においても、ごく当然と見なされていることかもしれない。

しかし、このことは、ジェンダー視点の役目が終わったことを意味しているわけではない。現在、われわれの周囲を見渡してみても、ジェンダーと親族関係が関わる問題はますます増え、他の諸問題も絡み、さらに複雑化している。とするならば、ジェンダー研究と親族研究とは、まだ両者の統合などを試みる段階ではなく、それぞれの視点や蓄積を生かしながら、互いに刺激しあっていくべきだろう。論ずべき課題は、その古さ・新しさのいかんにかかわらず、まだ数多く残されているのである。

――〈参照・引用文献〉

(1) Carsten, Janet, 2004, *After Kinship*, Ch. 3. Cambridge : Cambridge University Press. ; Linda Stone, 2000, *Kinship and Gender*. Oxford : Westview Press. なども参考にしてもらいたい。

(2) Yanagisako, Sylvia Junko, 1979, Family and Household : The Analysis of Domestic Groups. *Annual Review of Anthropology* 8, pp. 161-205.

(3) アードナー、エドウィン1987「信仰と『女性問題』」アードナー他『男が文化で女は自然か』(山崎カヲル監訳) 晶文社

(4) オートナー、シェリ・B. 1987「女性と男性の関係は、自然と文化の関係か?」。ミシェル・Z. ロザルド「女性・文化・社会――理論的概観」。両論文ともに、アードナー他『男が文化で女は自然か』(山崎カヲル監訳) 晶文社所収

(5) Mohanty, C. T., 1991, Under Western Eyes: Feminist Scholarship and Colonial Discourses. In C. T. Mohanty, A. Russo & L. Torres eds., *Third World Women and Politics of Feminism*. Bloomington : Indiana University Press.

(6) バトラー、ジュディス1999『ジェンダー・トラブル』(竹村和子訳) 青土社

(7) ラカー、トマス1998『セックスの発明』(高井宏子・細谷等訳) 工作舎

(8) 宇田川妙子２００３「ジェンダーの人類学」綾部恒雄編『文化人類学のフロンティア』ミネルヴァ書房
(9) 宇田川妙子・中谷文美２００７「序章」宇田川妙子・中谷文美編２００７『ジェンダー人類学を読む』世界思想社
(10) Weiner, Annette B., 1976, *Women of Value, Men of Renown.* Austin: University of Texas Press.
(11) ウルフ、M．１９９８『リン家の人々——台湾農村の家庭生活』(中生勝美訳) 風響社
(12) レヴィ＝ストロース、クロード １９７７・１９７８『親族の基本構造』上・下 (馬淵東一・田島節夫監訳) 番町書房
(13) Rubin, G, 1975, Traffic in Women. In R. Reiter ed., *Towards an Anthropology of Women,* New York: Monthly Review Press.
(14) Fortes, Meyer, 1969, *Kinship and the Social Order.* Chicago: Aldine, p. 14.
(15) Fortes, Meyer, 1949, *The Web of Kinship among the Tallensi.* London: Oxford University Press.
(16) 中根千枝１９７０『家族の構造』東京大学出版会、12頁
(17) Parkhurst, Shawn, 1999, In the Middle of the Myth. *Anthropologica* 41, pp. 103-115.
(18) Whitehead, Ann, 1981, Men and Women, Kinship and Property. In R. Hirschon ed., *Women and Property, Women as Property.* London: Croom Helm.
(19) イタリアの事例としては、宇田川妙子１９９７「イタリアの女性：その『強さ』はどこからくるのか」綾部恒雄編『女の民族誌２』弘文堂
(20) Blackwell, Evelyn, 2005, Wedding Bell Blues: Marriage, Missing Men, and Matrifocal Follies. *American Ethnologist* 32, pp. 3-19.
(21) Stack, Carol, 1974, *All Our Kin: Strategies for Survival in a Black Community.* New York: Harper & Row.
(22) Moore, Henrietta L., 1988, *Feminism and Anthropology.* Cambridge: Polity Press.
(23) Shapiro, Judith, 1987, Men in Groups: A Reexamination of Patriliny in Lowland South America. In Jane Fishburne Collier & Sylvia Junko Yanagisako eds., *Gender and Kinship.* Stanford: Stanford University Press.
(24) 宇田川妙子２００４「イタリアの名誉と男と性」森明子編『ヨーロッパ人類学』新曜社
(25) セジウィック、イヴ・コゾフスキー１９９９『クローゼットの認識論』(外岡尚美訳) 青土社
(26) Starathern, Marilyn, 1992, *Reproducing the Future.* Manchester: Manchester University Press.

(27) Collier, Jane Fishburne & Sylvia Junko Yanagisako eds., 1987 *Gender and Kinship : Essays toward a Unified Analysis.* Stanford : Stanford University Press.
(28) Howell, Signe & Marit Melhuus, 1993, The Study of Kinship. In Teresa Del Valle, ed., *Gendered Anthropology.* London : Routledge.
(29) Schneider, David M., 1984, *A Critique of the Study of Kinship,* Ann Arbor : The University of Michigan Press.
(30) Carsten, Janet, ed., 2000, *Cultures of Relatedness : New Approaches to the Study of Kinship.* Cambridge : Cambridge University Press.
(31) 宇田川妙子２０１１「親子関係の複数性という視点からの親族研究再考」『文化人類学』75巻４号、574―601頁
(32) Scheffler, Harold W. 1991, Sexism and Naturalism in the Study of Kinsbip. In Micaela Di Leonardo, ed., *Gender at tbe Crossroads of Knowledg.* Berkeley : University of California Press.
(33) Parreñas, Rhacel Salazar, 2001, *Servants of Globalization : Women, Migration, and Domestic Work.* Stanford : Stanford University Press.
(34) キティ、エヴァ・フェダー２０１０『愛の労働あるいは依存とケアの正義論』（岡野八代・牟田和恵監訳）白澤社
(35) Strathern, Marilyn, 1988, *The Gender of the Gift.* Berkley : University of California Press.

Column 4

セクシュアリティの内と外

―ケニア・ルオの結婚と婚外の間

椎野 若菜

東アフリカ、ケニア西部のヴィクトリア湖周辺にルオ（Luo）という人びとが暮らしている。人口約四〇四万人のナイロート諸語に属する人びとである（二〇〇九年統計）。ルオの結婚は、氏族外婚と一夫多妻を特徴とする社会だ。近年、複婚率は低くなってきたが、既婚男性を中心として、二世代から三世代の拡大家族がダラという居住単位をつくる（その居住空間である家囲いもダラとよばれる）。このダラという生活居住空間は、共通の祖先を共有する父系の親族集団の一部であるが、ルオの世界観と親族内の家族関係が反映された日常生活の空間である。たとえ村を出ても帰ってくる、そこはいつか埋葬されるべき場所である。

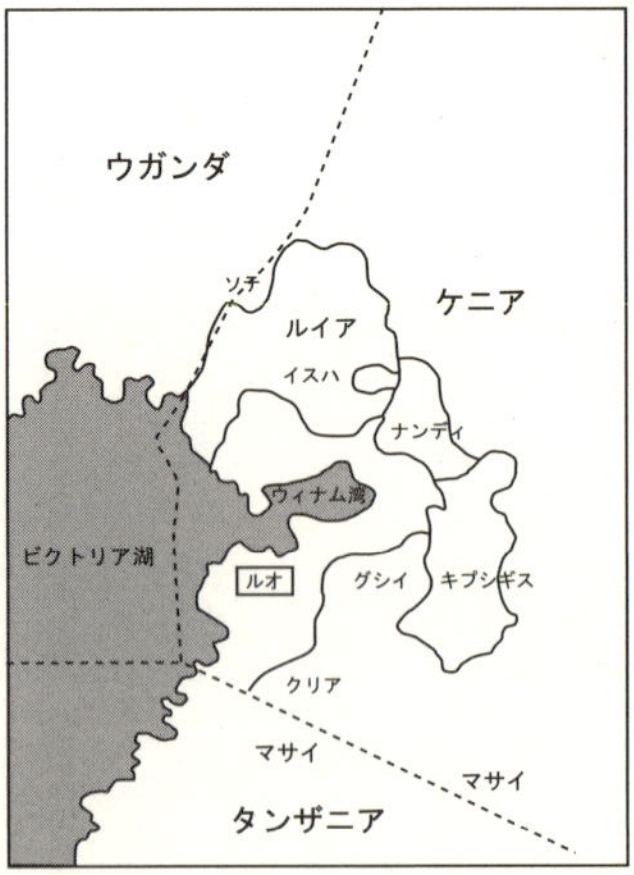

男性は一四、一五歳になると父の家囲いのなかに小屋を建て、妻をめとり、息子ができると父から独立して、自分自身の家囲い（ダラ）を築いてはじめて、一人前の男になるのだ。

この生活居住空間のなかでは、婚入の順番や出生の順番によって妻たちや息子たちの家屋が配置され、居住集団と拡大家族の秩序が保たれている。一つの家囲いの内には、複数の妻、複数の息子夫婦が同居している場合も多い。妻たち、義理の娘たちの家屋やダラの内と外を隔てる物理的な空間の区切りが、同時に結婚における性と結婚によらない性とを、概念的・対照的に区別し表している。まず、夫婦が行なう性には儀礼的な性交を伴う。具体的には、次のような性交が、夫婦の義務となっている。

（a）結婚の性交―初夜の性交のこと。「血を食べる」意味のチャモ・レモという言葉で呼ばれる。先に新郎の両親が息子の結婚のための性交を行ない、次に、それを終えた合図を待って、新しいカップルがそれを行なうことになっている。

（b）子どもが生まれたとき―新生児の父と母が性交する。

（c）子どもが結婚するとき―新郎・新婦の性交の前に新郎（息子）の両親が性交する。親としての、重要な役割とされている。

ケニア・ルオ人の夫婦と乳飲み子

（d）近親者が死んだとき―夫方と妻方双方の両親や兄弟姉妹といった近親が死ぬと、埋葬して家に戻ったとき、その死者の近親者（たとえば、子どもが死んだら両親、夫が死んだら妻と代理の夫、親が死んだら既婚の息子とその妻）が性交を行なう。自らの親が死んだ場合、既婚の息子はその死に際して儀礼的な性交を行なうが、まずその死んだ親の第一子が自身の妻と行ない、続いて第二子、末子にいたるまで行なう。これは既婚の息子にのみ適用される「決まり事」であり、もし行なわねば災い（チラ）が生じるといわれる。

（e）家囲い（ダラ）の中に家を建てるとき―父のダラから独立して自分自身のダラを初めて築いた夜、男はその妻と特別な性交を行なわねばならない。どんなに疲れていても、家屋の建設が終わっていなくとも、雨風が激しくとも、この性交をしなければならないのだという。もし実施しなければ、男はそのダラの主であることが認められないといわれる。

（f）農事暦にもとづく農作業の開始のとき―ルオの人びとは年に一、二度、トウモロコシの農耕を行なっている。耕作、播種あるいは植つけ、草取り、収穫のたびに家囲い内では婚入や出生の順位にしたがって夫婦が性交を行なうことになっている。

以上のような夫婦の儀礼的なセクシュアリティと対照的に、婚外の性はあってはならないものとされている。婚外交渉は密かに行なわれるが、それは子どもの病気や死といった不幸（チラ）を招くとされる。チラの災いを最も受けやすいのは、違反を犯した当人よりも、その幼子、とくに乳飲み子である。なぜなら、母が子どもの父親と違う男と性交をすると、二人の男性の「血が混ざる」ことになり、父でない男の血が母の乳を通して子の体内に入り、その乳幼児が死んでしまうと考えられている。また、夫が妻以外の女性と会ってきた直後に子どもを抱いたり妻と性交したりすると、その子どもが病気になるなど、結婚生活の場である家囲い（ダラ）内と外のセクシュアリティの区別は、災いという形で表れるとされる。

畑からとれたトウモロコシを粉にし、ルオの主食、ウガリをうまく練って作ることが妻の重要な仕事である

未婚女性はダラの外に埋葬されるが、結婚した女性は、結婚を通じてダラ内に埋葬される場を得る。また、夫が死んだとしてもその結婚関係は続くと考えられ、寡婦は代理の夫（死んだ夫の兄弟）と性関係を結ぶ（人類学でいうレヴィレート）。

このように、ルオ村落社会では、生活居住空間を拠点にして、主食であるトウモロコシの播種から収穫までの年間の農事暦、人の誕生から結婚、死に至るまで、種々の人生儀礼を通して男女相互のセクシュアリティがそのつど確認される。それを通して、結婚生活と人生を送る仕組みがつくられているのである。

2. 日本の家族と優生政策——産児制限運動から家族計画へ

山本　起世子

1　優生思想の日本への影響

優生思想は、進化論で有名なイギリスのダーウィンのいとこのゴルトン（Sir Francis Galton）が中心になって普及に努めた、ある種の自然淘汰説であった。優秀な種を交配させ、遺伝的・素質的に劣る人間の生殖能力を断とうというその思想と活動は、遺伝学の発達に伴い、一八六〇年代から一九三〇年頃まで、世界中に大きな影響を与えた。

その欧米の思想は日本にも受け入れられたが、とくに、戦前・戦後を通して、アメリカの産児制限活動家であったサンガー（Margaret Sanger）の影響力は大きかった。彼女の初期の活動は社会党員としての労働運動、女性解放運動の一環であり、一九一六年よりブルックリンの移民地区で避妊クリニックを開設したが、一九一七年にはコムストック法（受胎の防止や堕胎を目的とした記事や品物の郵送を禁止する連邦法で、一八七三年に成立）違反で逮捕・投獄された。しかし、第一次世界大戦中に社会主義や反体制活動の取り締まりが進むにつれ、サンガーは優生学との関係を強化していくことによって、医師や優生学者、富裕層、中間層の支持を得、一九二〇年代〜三〇年代に国際的なバースコントロール指導者としての地位を確立した[1]。

サンガーは著書『文明の中枢』(*The Pivot of Civilization*)(一九二二年)において、バースコントロールとは、自らの責任で自発的に生殖力を制御することだと述べている。それは、各個人の人生を自分で導き、自己制御するために科学的手段(=避妊法)を知りたいと願う人びとの要求に応えるためのもので、他者から干渉されて行うものではない。ここでは、本人の「自発性」と「責任」が強調されているのである。その反面、サンガーは、「貧困者は常に大家族で、生まれてくる子どもの多くは病身であり知能が低く、その多くは犯罪者となる」と断定している。さらに、彼らを社会が扶養することは、健全な国民の負担を増すものとして、慈善活動を強く批判する。多産については、女性と子どもの健康と生命を損ない、子どもの生命の価値を著しく低下させる原因となると主張した。バースコントロールにより貧しい労働者階級の出生率が低下すれば、乳幼児死亡率は低下し、子どもの生命の価値が高まり、少年労働をなくし、労働者の賃金も上がると考えたのである[2]。

戦前・戦後における日本の家族意識の変化も、優生政策と無関係ではない。したがって、ここでは、一九二〇年代〜六〇年代の日本における優生政策と家族変動との関係について述べていくが、それを検討する前に、戦前の産児制限と優生政策の変化を概観しておこう。

2　戦前の産児制限運動と優生運動

(1) 産児制限運動の登場

二〇世紀初頭における欧米の国々では、バースコントロールは「種の自滅」を招き、国家にとって危険な行為とする考え方が根強く存在していた。とくにアメリカでは、人種間の出生力の不均衡、すなわちアングロ・サクソン系プロテスタントである白人の出生率が低下しているのに対し、黒人や移民の出生率が高くなっていることに、強い危機感があった。

日本にその欧米のバースコントロール運動を導入しようとする勢力が出現するのは、一九一八（大正七）年の米騒動以後のことである。労働者階級（無産者）の生活難と人口過剰による食糧不足が社会問題化し、一九三〇〜三二年の昭和恐慌下で、産児制限運動は絶頂期を迎えた。その過程で多くの団体が結成され、各地に産児制限相談所が開設された。

日本の運動家のなかでも、とりわけサンガーの思想に心酔し、彼女を「生涯の師」と仰いで運動を牽引したのは加藤シヅエ（石本静枝）である。加藤は、一八九七（明治三〇）年に生まれ、アメリカ留学中の一九二〇（大正九）年にサンガーと出会い、産児制限運動を知った。運動を始める動機は、一九一五〜一八年における三池炭鉱での生活から生じたという。炭鉱で働く母親が、帰宅後に甘えてまとわりつく子どもに体罰を加える光景、両親の留守中に子どもたちがゴミをあさる姿、子どもが病気になっても医師にかかれない労働者の状態に心を痛めたと回想している。[3]

加藤は一九二二（大正一一）年に産児制限研究会を設立、産児制限相談所を開設した。サンガーのクリニックでカルテの作成方法や避妊器具・薬品について学び、ペッサリーやゼリーなどを日本で製造・販売していたが、一九三八年には相談所の閉鎖を余儀なくされた。[4] 一九三七年に日中戦争が勃発、翌年には「国家総動員法」が公布され、すべての国民が「人的資源」として戦争に動員される時代となり、産児制限運動は弾圧を受けたのである。

こうして、戦前の産児制限運動は一九三〇年代末に終息を迎えるが、後に述べるように、戦後、活動が再開されて優生政策の法的根拠となった「優生保護法」成立を推進する重要な勢力となるのである。

（2）戦前の産児制限運動の目的

戦前の日本における産児制限運動の目的は、以下の四点に集約できる。

①貧困からの救済

貧困の原因を何に求めるかによって二種類に分類できる。その主な原因を過剰人口とみなす新マルサス主義の立場と、原因を資本主義制度に求める無産者運動の立場である。[5] しかし、いずれの立場も、貧困者を生活難に陥れないことを、産児制限推進の目的としてあげている。

②人口過剰問題の解決

人口増加は戦争を引き起こす危険性があるので、国際紛争を防止するには自国内で扶養できる程度に、人口制限しなければならないと主張された。

③母体保護（多産からの女性の解放と「女性による生殖の自己決定権」の獲得）

多産は母体の健康を損ない、女性から自己修養の時間を奪うとか、妊娠・出産を決定するのは女性の「権利」であると主張された[6]。

④人間の質の向上（人種改良）

産児制限運動は、優生学との結合のうえに成立していると主張され、親が悪疾遺伝を持つ場合は、断種（不妊手術）が奨励された。しかし、「癲癇病者、白痴、癩患者」（原文ママ）のすべてに断種を行うべきだという主張や、結核や癩病、酒毒、変質者など「悪素質」を伝えるものに断種を施すべきだという主張など、断種対象の範囲には、ばらつきが見られる[7]。

また、安部磯雄は、「優秀なる種族を得る」ためには、「風邪に罹っているときや酒に酔っているとき、軽微の神経衰弱に悩んでいるときには産児制限を行うべき」だとか、母体の健康のため出産後少なくとも三年の間隔を空けることで「優秀なる遺伝」が得られるなどと述べており、遺伝と非遺伝的要素（体調や出産間隔など）を混同した記述が見られる[8]。産児制限運動家は、人間の質を向上させる主要な方法として、多産を避けて子どもの教育を充実させることを主張するため、遺伝よりも環境要因を重視する言説が目立つ。

以上のように、アメリカやイギリスにおいて、バースコントロール運動の社会的受容が優生学との関係を強化することにより進行したのと同様に、日本の運動でも、優生学の観点から産児制限を必要とする主張が多かった。その根底にある理由は、「知的で優れた階層では積極的な避妊を行うため低出生率となり、逆に知性に欠ける劣った階層では避妊が行われず高出生率となるため、人口に占める劣悪者の比率が高まって人口の平均的資質が低下する」（逆淘汰）という批判を避けるためであったと考えられる。

ここで、注意すべきことは、産児制限運動家が優生学の観点から産児制限の必要性を主張する際、優生運動家に比べて、遺伝と環境を理論的に区別せず、環境要因を重視する傾向があったことである。このことは、後にもふれるが、戦後の優生保護法で、断種を適用する範囲を拡大させることに影響を及ぼすことになる。

(3) 戦前の優生運動

それでは、戦前の日本の優生学にはどのような特徴があったのだろうか。

鈴木善次によると、日本における優生学の発展には三つの段階がある。まず、第一段階では、ダーウィンの進化論の紹介と福澤諭吉や高橋義雄らによる人種改良論が展開され、第二段階では、海野幸徳らにより、日清・日露戦争後における人種や民族間の競争に勝つための人種改良の必要性が主張された。第三段階の大正末〜昭和初期には、優生運動を行う諸団体が結成され、図書・雑誌・講演などを通じて優生学の普及が図られた[9]。

この時期の優生運動団体には、池田林儀が主宰する日本優生運動協会（一九二六年設立）や、永井潜が会長をつとめ、国民優生法制定に大きな影響を与えたといわれる日本民族衛生学会（一九三〇年設立。一九三五年より日本民族衛生協会）がある。この第三段階の優生運動の展開が、戦前の優生政策の進展に大きな影響を及ぼしたと考えられる。したがって以下では、第三段階の優生運動について紹介する。

優生運動の目的としては、「民族の永遠の命を繋いで行くこと」「民族の生命の長さ（国家の盛衰）は人口の量と質の調和によって決定されるので、劣悪者を減少させ、優秀者を増殖させせなければならない」こと、および「遺伝病の出現を減じるため、配偶者選択を優生学的に指導教育する必要がある」などの意見があった。さらに、悪質の遺伝を避けるための断種が必要と主張された。断種は国家社会の安寧幸福のため、また被手術者の出産育児の負担を免除し、その子孫を不幸にすることを避けるために必要な措置であるとされた[10]。

優生運動の思想としては、まず第一に、人間の素質を決定する要因としての遺伝の重視がある。身体、精神ともに遺伝的素質が根本をなすもので、環境や教育は遺伝に発現の機会を与えるにすぎない。悪質の遺伝に対しては、教育の努力も、刑罰の威力も無力であるとする。

第二に、優生運動には逆淘汰（優れた素質よりも劣った素質が優位になること）への強い危機感があった。それを引き起こす要因としては、博愛精神の発達、医学の進歩、産児制限、さらには、徴兵検査に合格する素質の優れた若者が、優秀な遺伝質を子孫に伝えることなく犠牲となる戦争があげられた。第三は、人口減少に対する強い警戒感である。人口減少は、民族の衰退をもたらすと考えられたからである。一九三〇年代後半になると、その論調はさらに強まった。

たとえば、安井洋は、第一次世界大戦後、世界各国が「如何にして優越な地位を獲得せんかと、焦りにあせる一大競争場」において、日本民族は、人種差別観念の強い白色人種に対立する唯一の有色人種である。このような情勢下での産児制限は、民族の消滅を自ら希望する行為であると論じた。[11] 永井潜もまた、「偉大なる国民の条件」として、人口の多さと出生率の高さ、「正常なる人口構成」（幼少年者が多く、年齢が上がるにつれて数を減じるピラミッド型）をあげた。[12]

そのように主張した永井は、同時期に日本民族衛生協会を設立し、一九三六（昭和一一）年には「民族衛生振興の建議」を発表して、断種法の制定、結婚相談所の設置、優生学思想の普及徹底、民族衛生研究機関の設置などを訴えた。

(4) 国民優生法の成立

それでは、以上検討してきた戦前の産児制限運動と優生運動は、優生政策にどのような影響を与えたのだろうか。

先述のように、一九二七～三〇年の米騒動後の食糧難と人口過剰の時代に欧米の優生思想が導入されたが、その時期に設置された内閣人口食糧問題調査会人口部のメンバーの一人が、先に述べた永井潜であった。一九二八(昭和三)年の人口部では、①優生学的見地から、何らかの法律的制限をしたり宣伝による制限をしたりすることの是非、②産児制限を人口問題として提唱すべきかどうか、③産児制限の是非そのものにふれないまでも、産児制限相談所や器具・薬品の販売を取り締る必要があるかどうか、の三点について審議が進められた。

以上のことから、当時の政府が人口政策・優生政策に関して明確な方針をもたず、産児制限にどのように対応するかの明確な方針を定めていなかったことがわかる。事実、当時の内務省は、産児制限の目的や必要性などを著作物や講演などで論じることは禁止しなかったが、その実行法を公にすることは認めないという、一貫性のない対応をしていた[13]。これに対しては、当然、批判が多かった。

優生を目的とする断種を定めた優生法案が国会に提出されたのは、一九三四年以降のことである。二度にわたり議員提出されたが、断種が家族制度を破壊するという批判や人権問題も絡み、成立しなかった。その後の一九三八年に厚生省予防局優生課は、民族衛生研究会を設立して優生政策の調査研究に着手し、さらに一九三九年には精神病者の家系調査を実施した[14]。こうして、一九四〇年の第七五回帝国議会に、政府によって「国民優生法案」が提出された。この法律では、優生手術(優生を目的とする不妊手術)の対象が、遺伝病に限定されていたことに注目しておきたい。戦後の優生保護法で断種の対象とされたハンセン病も、国民優生法では、その対象となっていなかった。

帝国議会での国民優生法の審議で、断種に強い反対論が出された。その理由のなかで、とくに目立ったのは、①断種による家族制度の破壊、②断種と家族国家観との矛盾である。前者は、「子種」を失うことによって先祖の祀りをする者がなくなり、日本固有の家族制度の精神が破壊されるというものであった。[15] 後者の反対理由は、以下のようなものである。日本は「一元的ノ家族国家」であり、「遡レバ総テ同一血統カラ出テ居ル」のだから、全国民が濃かれ薄かれ全部つながっている。悪質遺伝をもつ者の子であっても、遡れば神代から伝わった血筋をもって生まれてくるので、その血筋が完全に「浄化」されないと断言することはできない。したがって、断種をするよりは、病気を治療する機関を完備し、数代にわたって「その血統の浄化を図る」努力をすべきである。

このような反対論は、当時、国家を支える思想であった家族国家観を反映したもので、優生政策に大きな影響を及ぼした。それは、日本が君民一体の家族国家であり、民族は同一（同じ源）の血統を引くという観念である。戦時体制期になると、天皇の現人神化が行われた。このことは、天皇のみを神格化するのではなく、日本民族そのものに神聖性が付与されたことを意味する。それゆえに、自らと血統を同じくする人びとを、悪質遺伝を持つという理由で断種することは、日本民族の神聖性と優越性を否定することになるというのである。

断種に反対するもう一つの思想的背景は、国家と家の存続のために身命をささげる行為は、「自己犠牲ではなく、家や国家という永遠の生命体に帰一する行為」と説く、当時の国体論であった。したがって、断種という祖先と子孫を結びつける能力を断つ行為を国家が積極的に推進することは、家と国家への個人の忠誠心を減退させることになりかねないのである。

審議の末に国民優生法は成立したものの、優生手術の実施そのものは、著しく制限されることになった。家族国家観と優生法との整合性が問われただけでなく、強制的に子孫を絶やす行為が人権蹂躙にならないよう、非常に慎重な取り扱いが必要という議会の慎重論を受けて、強制的優生手術を規定した条文の施行が保留された。その結果、一九四〇年〜四五年に優生手術を受けた人の数は四五四人（手術該当者は一万七〇八五人）、四四年以降は一九人であった。

このように、国民優生法は、断種などで「国民の素質を向上させる」という目的は十分に果たせなかったが、妊娠中絶や不妊手術の取り締まりを強化することになった。それは、国民素質の向上よりも、出生率の低下を防止することと、家族制度と家族国家観を維持・強化することが優先された結果と考えられる。

3 戦前の家族変動

それでは、家族意識はどのように変化していったのだろうか。戦前の産児制限運動を支えた家族観からまとめてみると、次のようになる。

第一に、この運動では、子に対する親の責任が強調された。親孝行のみを重視するのは親の利己主義だとされ、親が子どもを労働力とみなす考え方、および子に老親扶養を期待する意識が批判されたのである。[16]

第二に、この運動では「子宝」思想への強い批判がなされた。生まれたすべての子どもが「子宝」なのではなく、「教育されて一人前の人間となれる資格があるもの」が「子宝」であるという主張[17]とか、「子宝」とは「生むことを望んだときに生まれたり、その子の成長が両親に幸福な結果を与えたりするときに使はるべきもの[18]」だといった主張が現われた。

図1　粗出生率の推移(‰)

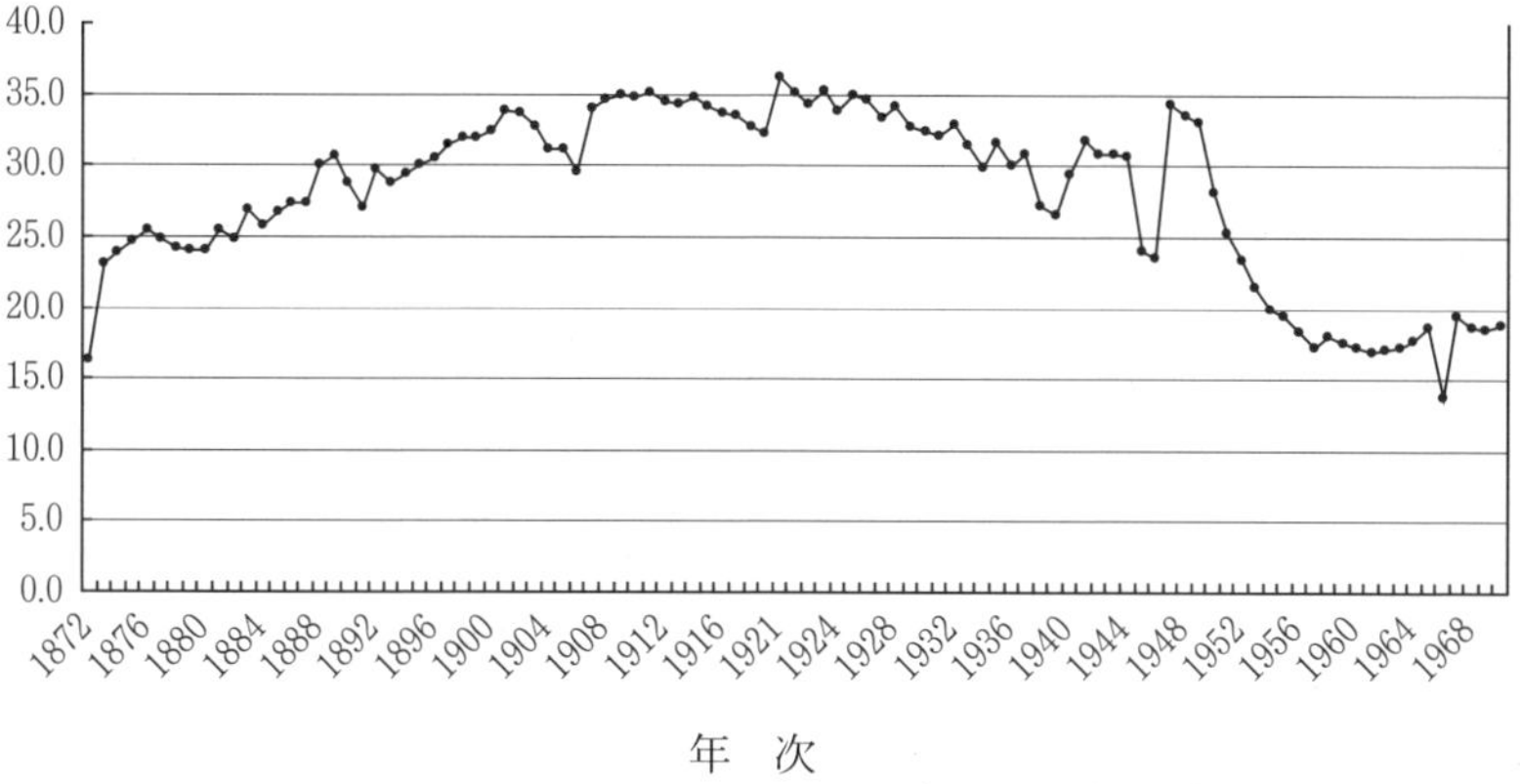

注）総務省統計局、2006、『日本長期統計総覧第１巻』日本統計協会、160-161頁より作成。
1944～46年の粗出生率は公表されていないため、GHQの推計値を用いた（GHQ/SCAP＝1996：6）。

図２ 乳児死亡率 と新生児死亡率の推移（‰）
(出生1000 あたり)

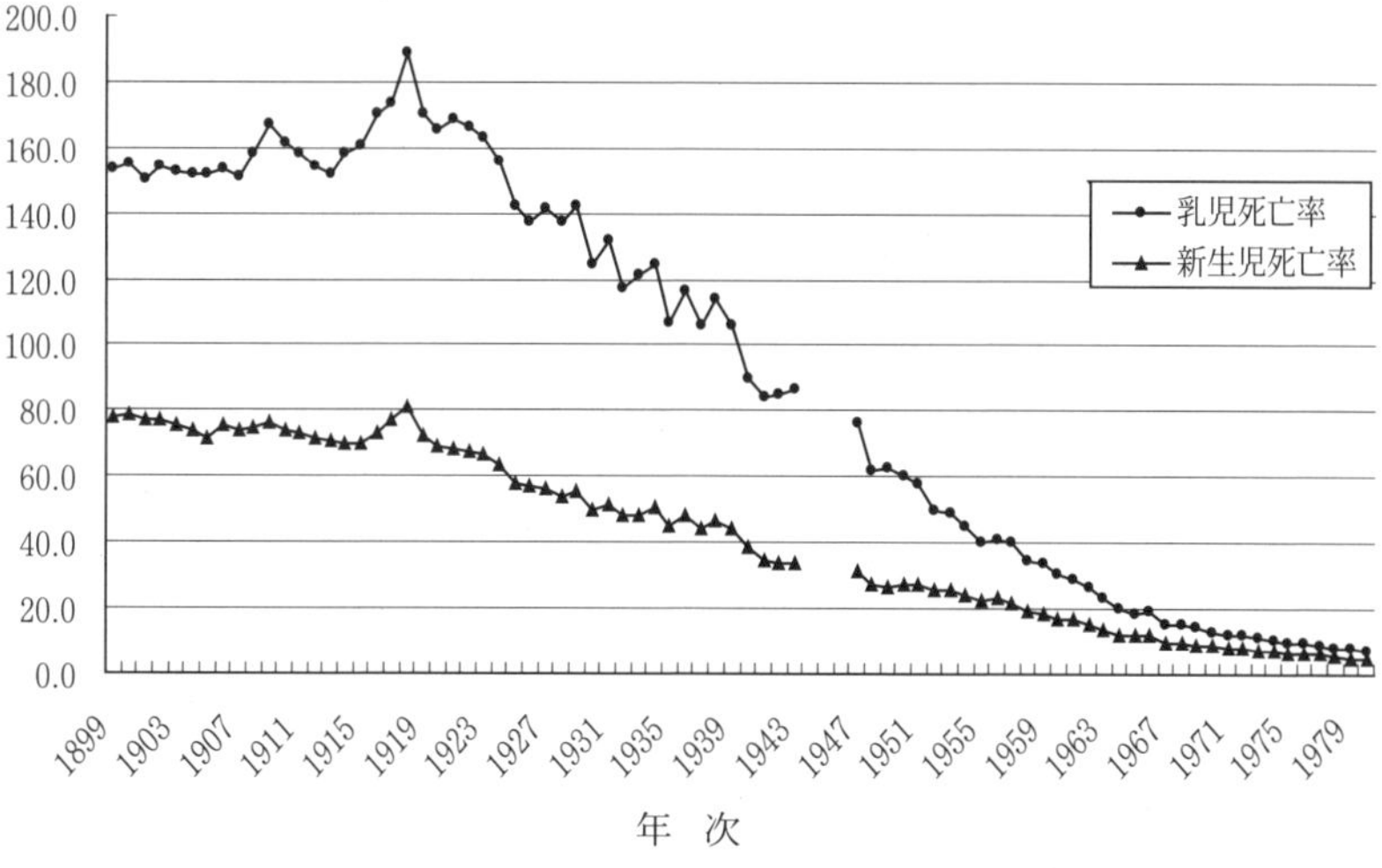

注）図1に同じ、164－165頁より作成。

第三に、この運動では、人口増殖力を国力の源泉とみなす考え方へのアンチテーゼとして、「国運発展の徴候」は人口の量ではなく質に表れるのだから、出生数の減少は文化の進歩を示すものだ、という主張がなされた。[19] また、最も繁殖力の強いのは黒人種、次いで黄色人種、白人種の順であり、繁殖力の強さは「野蛮未開の一証明」であるという人種主義的な主張もあった。[20] さらに、小児死亡率の高さを「文明国の恥」ととらえ、多産は多死を招き、「精神薄弱」の者を増加させるという主張もなされた。[21] これらの思想はいずれも、後述する戦後の家族計画運動の思想と、よく似ていることが注目される。

すでに戦前において、出生率の低下は始まっていた。結婚持続期間が二〇年以上で、かつ四五歳以上の既婚女性（初婚者のみ）を対象とした結婚コーホート（同時期に結婚した人びと）別平均出生児数を見ると、一九一五年以前は、六・八四人であったものが、一九一六〜二〇年には六・二五人、一九二一〜二五年には五・五五人と次第に下降し、一九二六〜三〇年には四・三六人になっている。[22] つまり、コーホートが後になるほど出生児数の減少がみられ、とくに一九二〇年代の変化が著しい。

また、一九二〇年代〜三〇年代前半における産児制限運動の隆盛期には粗出生率（人口千人に対する出生数の割合）が低下傾向にあり（図1参照）、この時期に芽生えていた人びとの少産を願う意識がこの運動を支持し、出生率低下を促進したと考えられる。

乳児死亡率と出生率の低下は、ほぼ同じ時期から始まった。図2を見ると、乳児（生後一年未満）死亡率は一八九九〜一九一三年まではほぼ横ばいであるが、一九一四〜一九一八年には急上昇して一八八・六‰に達した。その後は急速に低下し、一九三〇年には一二四・一‰、一九四〇年には九〇・〇‰となった。新生児（生後一ヵ月未満）死亡率も、一九一八年以降は低下傾向を示している。

このような出生力低下の要因は何であろうか。人口学では、その要因として、工業化、都市化、死亡率の低下、教育程度の向上、世俗化、出産抑制行動の伝播などがあげられることが多いが、どの要因を重視するかは研究者によって異なる。[23] 戦前日本の出生率低下の要因として、都市化の進行と都市における出生力低下を挙げる説がある。[24] 一九四〇年に厚生省人口問題研究所が行った「出産力調査」によって、夫の職業別に平均出生児数を見ると、出生児数が最も多かったのは農業従事者で、俸給生活者や労働者、中小商工業主はそれに比べてかなり少なかった。[25] このことから、都市化を要因とする説は支持される。また、同調査による、生活水準を基準にして分類した階層別平均出生児数によると、農業従事者の場合、階層が上がるほど出生児数が多くなっている。非農林従事者の場合にも、農業従事者ほど差が大きくないが、同様の傾向を示している。[26] この調査結果を見る限り、産児制限や優生学の運動家たちが忌み嫌った「貧乏人の子沢山」現象とは、逆の傾向が認められる。

また、教育の普及が出生力に与えた影響については、出生率低下の初期（一九一〇～二五年頃）には高学歴化（中等・高等教育進学率の上昇）が出生力低下に大きく寄与したが、その後は学歴に関係なく低下したという説がある。その要因は、子どもの教育費の増大や労働力としての子どもの価値の低下ではなく、教育の普及が個人の生活様式や価値観の変化をもたらし、個人を取り巻く社会・経済的環境への適応の幅を大きくさせた結果、出生率低下が引き起こされたという。

4　戦後の産児制限運動の復活と優生政策

（1）戦後の産児制限運動の復活

戦後、日本の優生政策は、戦前のアメリカの産児制限運動（優生運動を含む）に影響を受けて活動し、弾圧された活動家たちが牽引していくことになる。この過程を、加藤シヅエの活動をもとにたどってみよう。

加藤の自伝によると、彼女は一九四五年九月に、連合国最高司令官総司令部（以下、GHQと略す）民間情報教育局より依頼されて婦人問題非公式顧問に就任し、婦人参政権を与えるよう主張した[27]。また、加藤が一九四五年一一月に、産児制限は、「飢餓戦場に立たされている国民の食糧事情、失業者の洪水、絶無に近い医療設備など、それのどれをとっても、絶対的に必要」と主張した。その発言が『東京新聞』に掲載されたことを、GHQは報告書に記している[28]。一九四六年四月には、GHQ将校からの勧めで総選挙に日本社会党から立候補、最高得票数を獲得して当選する。当選後、婦人会等から産児制限についての講演依頼が多くなったが、当時は公式に運動をすることができず、性病に効く薬という名目で避妊薬が販売され、よく売れた。そのため、加藤は産児制限の合法化をめざし、一九四七年の第一回国会に太田典礼、福田昌子（社会党）とともに優生保護法案を提出する。それに先立ち、GHQ公衆衛生福祉局長サムス（Crawford F. Sams）に了承を得たという[29]。

その直後（一九四六年）、サムスは記者会見で、人口問題の解決策として、①高度産業経済の確立、②海外移住、③出生率の低下の三つをあげ、①②は極東委員会の権限に属する課題であり、③は日本人自身によって解決されるべき課題であるとして、人口問題に対するGHQの不干渉の立場を表明した[30]。しかし、この会見によりサムスは、当時の日本にとって、産児制限による出生率の抑制しか選択肢がないことを示唆したともいえる。占領軍は、戦前における日本の人口圧力が戦争の一因と認識し、人口増加を危険視していたのである。

また、加藤が創設した産児制限普及会が、バースコントロールの普及活動を行っていたアメリカのギャンブル(Clarence Gamble)から寄付を得ていたことにも注目しておきたい。ギャンブルは、アメリカ人が日本民族を減らそうとしていると思われたくないという理由から、資金源を秘密にするよう加藤に要求したという。ギャンブルは戦後、アメリカ国内だけでなく世界中へ活動範囲を広げていくが、その最初の国が日本であった(31)。

以上のように、GHQは占領直後から加藤に接近して関係を深めており、公式的には産児制限に関与しない態度を示しつつ、産児制限運動の指導者であった加藤を国政に送り、産児制限の合法化が実現することになる。

(2) 優生保護法の成立

それでは、加藤らが提出した優生保護法案の内容を見てみよう。提出理由の説明で加藤は、国民優生法は悪質の遺伝防止という目的を達することがほとんどできていないと批判し、新法によって母体の生命健康を保護し、「不良な子孫」の出生を防止すべきだと訴えた。断種の対象は、「悪質な遺伝性素質」や遺伝性疾患のほか、非遺伝性疾患等（悪質な病的性格、酒精中毒、根治し難い梅毒、癩疾患、常習性犯罪者）や、病弱者・多産者・貧困者(子どもが不良な環境のために劣悪化するおそれのあるとき）にまで拡大された。中絶は、断種の対象および母体の生命または健康に危険を及ぼす場合、子孫に悪影響を与えて劣悪化するおそれのあるとき、強姦など自由な意思に反して受胎した場合に認めるとしている。非遺伝性疾患や、子どもの成育にとって劣悪な環境が、断種や中絶の対象に含まれていたことに注目しておこう。このことは、前章で指摘した、戦前の産児制限運動における遺伝と環境の区別の不明確さや、環境要因の重視といった姿勢を反映していると考えられる。

この法案は審議未了に終わったが、一九四八（昭和二三）年に加藤は、太田、福田を含む超党派議員らとともに、修正した優生保護法案を国会に提出し、可決に導いた。この法律の目的は、「優生上の見地から不良な子孫の出生を防止する」ことと、「母性の生命健康を保護する」ことである。国民優生法よりも、優生手術（不妊手術）の適応範囲が拡大され、本人または配偶者が「癩疾患」（ハンセン病）という非遺伝性疾病や、「現に数人の子を有し、且つ、分娩ごとに、母体の健康度を著しく低下する虞れのあるもの」が対象に含められた。さらに、公益上の必要が認められる場合には、本人や配偶者の同意を得ない強制的優生手術ができることが規定された。

一九四九年の改正では、貧困者が妊娠・分娩によってさらに厳しい困窮状態に陥ることを救済し、急激な人口増加を抑制するため、中絶の適用条件に「経済的理由」が導入された。さらに、一九五二年の改正では、中絶の審査が簡略化され、遺伝性のもの以外の精神病または「精神薄弱」に罹っている者について保護義務者の同意があれば、審査のうえ、優生手術ができるなど、優生手術の適応範囲が拡大された。ここから、戦後の優生保護法が、戦前の国民優生法よりも優生政策を強化したことは明らかである[32]。

戦後になって優生保護法が成立・改正された要因としては、何よりもまず、優生政策を抑止する役割を担っていた家規範と家族国家観の否定があげられる。家族制度と家族国家観の存在が断種の実施を抑止することになったことは、先に述べたとおりである。

第二の要因は、中絶の容認と不妊手術の推進によって、急速な人口増加を抑制しようとしたことである。戦後の日本では、過剰人口は生産力拡充を阻止する要因と考えられていた。手術を容認したのは、増大する人口を海外移民など他の方策で解決するのが困難と判断されたためである。その他にも、筆者が別稿で考察したように[33]、戦前期以上に人口の逆淘汰への危機感が強まっていたこと、中絶に対する国民の需要が増大したこと、産婦人科医が堕胎罪から解放され、中絶の独占体制を獲得しようとしたことなどの要因をあげることができる。

優生手術の実施率は一九五六年まで急上昇し、一九五六年には四万四四八五件の優生手術が行われた。国民優生法のもとで行われた優生手術は一年あたり平均で約八〇件だったのに対し、優生保護法下で一九五二年～六一年に行われた手術の一年あたり平均は一〇〇〇件を超えた[34]。諸外国と同様に、日本での強制優生手術の対象は主に精神障害者であった[35]。しかし、この実績は、優生政策推進の立場から見ると満足できる成果ではなかった。

そこで、悪質遺伝をもつ者に優生手術を普及させることには限界があるため、貧困層を対象に、産児調節を促進する政策が実施されることになった。一九五五年には、生活保護受給者や低所得階層に、無料または廉価で避妊器具・薬品を提供、受胎調節実地指導員（助産婦など）による避妊方法についての個別指導が開始され、一九五八年には被保護者約五万三千人、低所得階層約二〇万人がこのサービスを受けた[36]。

このように、優生保護法における中絶要件への「経済的理由」の導入、貧困層への避妊器具・薬品の提供といった施策は、貧困層を子どもの養育環境が悪い階層とみなし、彼らの出生の抑制をめざしたのである。

5　戦後の家族計画運動と家族変動

（1）家族計画の目的

優生保護法の実施に伴って中絶の実施率は激増し、一九五〇年代前半にピークを迎えた。避妊法の効果が低かったため、避妊の実行者ほど中絶する者が多かったためである。中絶の激増に対応して、一九五〇年代には家族計画運動が盛んとなった。一九五四年には財団法人日本家族計画連盟が結成され、国際家族計画連盟に加入、一九五五年には日本で国際家族計画会議が開催された。連盟の発足に先立つ一九五一年にはサンガーが来日。発足基金として二千ドルを寄贈し、全国各地で家族計画の講演を行った[37]（その後、サンガーは、一九五五年に日本の厚生大臣より感謝状を授与され、一九六五年には日本政府から勲三等宝冠章を叙勲されるなど、日本における産児制限の普及に対する貢献を高く評価されている）。

家族計画は、「生まれた子は大切に育てるが、生みたくない子は生まない、という人命尊重、個人生活の向上を目的とする文化運動」であり、「夫婦が自己の家庭の幸福のために産児数及び出産間隔を自主的に且つ合理的に決定すること」などと定義された。この運動は、親の「自主性」の大切さを説く一方、老後の生活を子どもに頼ろうとする親の態度を「利己主義」と非難し、子どもの養育に対する親の責任感の重要性を強調した。このような思想については、アメリカの影響を受けて活動した戦前の産児制限運動のそれと、よく似ている。その主導者は、まさに、子どものとらえ方や親の役割意識の変革を人びとに迫る、「家族意識の変革運動」を起こしたのである。

戦後の家族計画運動と優生運動との関係については、戦後のアメリカの優生運動を主導した中心人物、オズボーン（Frederick Osborn）の次のような主張のなかに、端的に示されている。

ゴルトンの提唱した優生運動が世界中に拡大しない原因は、自分の特性を形成している遺伝学的基盤が劣っており、それを次世代に伝えるべきではないという考えを、人びとが受け入れないからである。したがって、別の動機を人びとに与えなければならない。それは、経済力があり、責任を引き受けることに喜びを感じ、身体的に強く適格である場合には子どもをたくさんつくり、反対に、それらに該当しなければ多くの子どもをもたないよう、心理的な誘導を行うことだ。効果的な家族計画の手段をもてば、人びとは多くの子どもを産まないだろう。そのような基盤のうえに、「本人は気づかない自発的な淘汰のシステム」を築くことができる。「あなたは遺伝的に劣っている」と言うのをやめ、子どもたちは愛情あふれた責任のある世話ができる家庭に生まれることが望ましいのだ、と提唱しよう。[38]

このようにオズボーンは、優生思想を背後に隠しつつ、家族計画の理念や手法を活用することにより、「本人は気づかない自発的な淘汰のシステム」の構築、すなわち優生思想の内面化をめざしたのである。

日本の家族計画運動においても、優生運動との強い結びつきが存在していた。戦前に民族衛生学（優生学）の普及をめざしていた古屋芳雄は、戦後、中絶の増加を防止するために家族計画運動に参入し、日本家族計画連盟の会長と国際家族計画連盟の副会長を務めた。古屋は一九五二年に、悪質遺伝をもつ者はそのことを隠そうとするため、優生手術の推進には限界があるので、貧困層の「生みっ放しで、生れた子供に対して特別の責任を感じないような連中」に重点を置いて産児調節を普及すべきだ、と発言している。[39] 古屋もまた、オズボーンと同様に、従来の手法による優生学の普及に限界を感じ、家族計画運動に参入したのかもしれない。連盟は一九六七（昭和四二）年に、人間の資質を向上させるため、古屋を委員長とする「優生委員会」を設置して、優生思想の普及活動を開始した。[40]

高度経済成長期には、「人的資源の向上」が国家目標とされ、未熟児対策や心身障害児対策など医療・福祉政策が目覚ましく発展した。しかし、その一方で、障害の発生予防対策が推進された。日本が福祉国家の形成をめざす過程で、優生政策が強化されていったのである。このような文脈のなかで、日本家族計画連盟において優生運動が展開したことを理解しなければならない。

(2) 戦後の家族変動

以上のような家族計画運動および優生政策が展開するなかで、一九五〇年代〜六〇年代には、出生率の低下(図1参照)と出産行動の画一化が起こった。すなわち、①出生児数分布の一児〜三児への集中化、②出産年齢の早期集中化(妻が30歳未満で出産・哺乳を終了)、③階層間および地域(都市と農村)間における出産行動の差異の縮小、が進行したのである。

一九五〇年代に起こった急激な出生率低下については、この期間のみの現象というよりは、むしろ一九二〇年代以降の出生率低下の延長線上に位置づけるべきものであろう。なぜなら、終戦前後の出生率低下と、その直後のベビーブームといった現象は戦争によって生じた結果であり、もし戦争がなければ、一九二〇年代〜五〇年代へと、出生率が徐々に低下していた可能性があるからである。

出生抑制における手段の変化を見てみると、ある試算では、一九五八年に行われた出生抑制のうち約五割が中絶によるもので、約四割が避妊、残りが不妊手術によるものであった。一九五五年を頂点として中絶による抑制効果は低下し、替わって避妊効果が上昇していった[41]。家族計画運動による避妊知識・技術の普及と、避妊法自体の効果が高まったことによるものであろう。

出産行動の画一化と並行して、標準的な出産行動からの逸脱、とりわけ多産を「恥」とみなす意識が拡大していった。また、家族計画運動がめざした家族意識の変革も進行した。毎日新聞社人口問題調査会が一九五〇年からほぼ二年ごとに実施した「産児調節に関する世論調査」によると、調査開始から九年の間に、親の「子どもに対する依頼感」（「老後の生活に子どもを頼りにしているか」）は低下し、親の「子どもへの責任感」（「子どもを育てる苦労を当然だと思う、あるいは苦労の甲斐のあることだと思う」）はますます強まった。同調査会は、「子どもに対する強い責任感」によって裏打ちされた「子どもへの依頼感の低減」は、「新しい家族倫理への出発点」であり、「国民精神再建の記録」と肯定的に評価した。逆に、子育てを「相当の犠牲」ととらえ、子どもへの依頼感が強い親は、今なお古い家族主義的伝統にとらわれていると示唆されたのである。[42] 同調査で「老後を子どもに頼るつもり」と答えた人は、一九五〇年には六割にのぼっていたが、六七年には三割余りにまで低下した。[43]

このように、家族計画運動がめざした、親の子どもに対する責任感の強化、親の子どもに対する老後依存期待感を低下させるという目標は、一九五〇年代以降、徐々に達成されていったのである。

（3）産児制限・優生政策から家族計画へ

以上、検討してきたように、戦前・戦中において対立関係がみられた産児制限と優生政策は、戦後においては、人口過剰問題と逆淘汰現象を同時に解決するため、ともに推進された。とくに貧困層は、出産・育児環境の悪い階層とみなされ、避妊を普及させるべき重要なターゲットとなった。これらの政策を牽引したのは、戦前から活動していた産児制限運動家と、逆淘汰現象を警戒する優生政策推進派の勢力である。戦時体制下では家族制度や家族国家観、および人権への配慮から抑制された優生政策が、戦後（とくに一九五〇年代〜六〇年代）になって、人権について議論することなく推進されたことは銘記しておくべきである。

産児制限運動と優生運動の流れは、家族計画運動のもとに合流する。家族計画運動では、「不良な子孫」の出

日本家族計画協会「家族計画」（1965年10月20日付、1966年３月20日付記事より抜粋）

生抑制という社会防衛的手法は影を潜め、人口資質向上のため、家庭や子どもの幸福のために、計画的に望まれた子どもを産み、よりよく育てることが奨励された。親子関係においては、老親の子どもに対する依存を利己主義として否定し、子どもに対する親の養育責任を強化することがめざされた。この意味で、家族計画運動は家族意識の変革を促進したといえよう。そして、この時期に形成された家族意識は、現在に生きる私たちにも継承されている。

6　現代の課題

優生思想の流れは、これで終わったわけではない。たとえば、一九七〇年代前半の日本の国会では、「胎児が重度の精神的又は身体の障害の原因となる疾病又は欠陥を有しているおそれが著しい」場合に中絶できるという条項をもりこんだ優生保護法改正案が提出された。しかしそれには強い批判が起こり、一九八〇年代後半には、厚生省による優生保護法の抜本的な見直しに向けた議論が開始された。そして、一九九六年には、優生にかかわる条項が削除されるとともに、名称も母体保護法に改められた。

このように、現在では、国家など、権力をもつ第三者が個人の生殖に介入するタイプの優生学は、悪として非難の対象となることが多い。その一方で、個人が自由に優生学的な選択を行う「自発的な優生学」——たとえば、自発的な出生前検査と選択的中絶——に対しては、これを批判する立場と肯定する立場とがある。

近年では、遺伝性疾患の回避や性別の選択などを目的とした遺伝子操作を肯定する生命倫理学者もいる。「自発的な優生学」をめぐっては、何らかの強制や誘導がまったくない「個人の自由な選択」がありうるのかという問題や、生命の選別が障害者の生存の否定につながるか否かが争点となっている。

最近、出生前診断によって判明した胎児の異常（ダウン症や胎児水腫など）を理由に、二〇〇〇年から二〇〇九年までの一〇年間に人工妊娠中絶を行ったと推定される事例が、その前の一〇年間の数よりも倍増していることが、日本産婦人科医会の調査で明らかになった[44]。超音波検査の画像精度が向上したことで、妊娠初期に異常がわかるようになったためとみられる。中絶について規定している母体保護法は、中絶ができる条件として胎児の異常を認めてはいないが、実際には「母体の健康を害する恐れがある」という条件に当たると解釈され、中絶が行われていると推察される。

戦前・戦後の断種や中絶による産児制限が、身体状態や経済の違いによる国家的選別や血統の連続意識に結びついていたように、自由意思を尊重する出産前診断と「生み分け」も、障害・性別や家族の経済状態などによって胎児を差異化し、選別したり排除したりする手段になりうる。これは、日本だけでなく世界で、すでに現実に起こっている問題である。このように、現在もなお、優生学をめぐる問題は決着しておらず、われわれがつねに向き合い続けなければならない課題と考えている人びとは多い。(45)私たちの社会がどの程度、優生学的な選択を許容するかという問題は、生殖および家族・親族関係のあり方に大きな影響を及ぼすからである。

――〈参照・引用文献〉

(1)荻野美穂1994『生殖の政治学』山川出版社、68―107頁
(2)Sanger, Margaret, 2003, *The Pivot of Civilization*. Humanity Books.
(3)加藤シヅエ1997『加藤シヅエ　ある女性政治家の半生』日本図書センター
(4)加藤シヅエ1997(注3参照)
(5)野田君子1923『産児制限研究』産児制限研究会
(6)羽太鋭治1922『産児制限と避妊』文化出版社、織田淑子編1923『産児制限論』文化研究会、馬島僩1931『産児制限の理論と実際』武侠社など。
(7)羽太鋭治1922『産児制限と避妊』文化出版社、名古屋長蔵1931『多産亡国論』万里閣
(8)安部磯雄1931『生活問題から見た産児制限』東京堂
(9)鈴木善次2010「解説」鈴木善次編『日本の優生学資料選集―その思想と運動の軌跡』第6巻、クレス出版
(10)永井潜1929『人性論』人文書院、同1936『優生学概論』雄山閣、池田林儀1926『通俗応用優生学講話』冨山房
(11)安井洋1936「産児制限と優生運動の差別」『優生』1(5)、8―11頁
(12)永井潜1937「国家百年の長計」『優生』1(12)、2―14頁
(13)安部磯雄1927『人口問題と産児制限』農村問題叢書刊行会、45頁
(14)藤野豊1998『日本ファシズムと優生思想』かもがわ出版、282―310頁
(15)山本起世子2002「近代日本における優生政策と家族制度に関する歴史社会学的考察」『園田学園女子大学論文集』第37号、99―110頁
(16)馬島僩1931『産児制限の理論と実際』武侠社、澤田順次郎1922『実際に於ける避妊及び産児制限の新研究』正文社書房、野田君子1923(注5参照)

(17) 澤田順次郎1922（注16参照）
(18) 織田淑子1923（注6参照）
(19) 安部磯雄1931（注8参照）
(20) 羽太鋭治1922（注6参照）
(21) 石本静枝1922『産児制限論を諸方面より観察して』日本産児制限研究会
(22) 黒田俊夫1960「日本人口の出生力に関する研究(1)」『人口問題研究』第80号、1―24頁
(23) 河野稠果2007『人口学への招待』中央公論新社
(24) 黒田俊夫1960「日本人口の出生力に関する研究(2)」『人口問題研究』第81号、1―22頁
(25) 岡崎文規1950『日本人口の実証的研究』北隆館
(26) 青木尚雄1964「昭和37年第4次出産力調査結果の概要（その1）」『人口問題研究』第90号、1―53頁
(27) 加藤シズエ1997（注3参照）
(28) GHQ/SCAP, *History of the Non-Military Activities of the Occupation of Japan,1945-1951: Population*,Vol.4.（黒田俊夫・大林道子訳1996『GHQ日本占領史4　人口』日本図書センター）
(29) 加藤シズエ1997（注3参照）
(30) GHQ／SCAP(注28参照)
(31) 豊田真穂2009「アメリカ占領下の日本における人口問題とバースコントロール―マーガレット・サンガーの来日をめぐって」『関西大学人権問題研究室紀要』第57号、1―34頁
(32) 松原洋子2000「日本―戦後の優生保護法という名の断種法」米本昌平・松原洋子・橳島次郎・市野川容孝『優生学と人間社会』講談社、でも、このことが指摘されている。
(33) 山本起世子2005「戦後日本における人口政策と家族変動に関する歴史社会学的考察―優生保護法の成立・改正過程を中心に―」『園田学園女子大学論文集』第39号、85―99頁
(34) 市野川容孝他1996「『優生保護法』をめぐる最近の動向」江原由美子編『生殖技術とジェンダー』勁草書房、375―390頁
(35) 稲田朗子1997「断種に関する一考察―優生手術の実態調査から」『九大法学』第75号、183―225頁
(36) 『厚生白書1959年版』265頁

(37)『家族計画』第150号、１９６６年9月20日
(38) Osborn, Frederick, 1956, Galton and Mid-century Eugenics, *The Eugenics Review* 48, pp.21-22.
(39) 古屋芳雄他１９５２「優生保護法の改正を繞って」(座談会)『日本医事新報』第１４６６号、３―22頁
(40)『家族計画』第155号、１９６７年2月20日
(41) 本多龍雄１９５９「戦前戦後の夫婦出産力における出生抑制効果の分析―とくに中絶と避妊の抑制効果について」『人口問題研究』第78号、２―19頁
(42) 本多龍雄１９５９「毎日新聞社人口問題調査会の産児調節に関する第5回世論調査―調査結果の概要」『人口問題研究』第77号、60―88頁
(43) 毎日新聞社人口問題調査会編２００５『超少子化時代の家族意識』毎日新聞社
(44)『読売新聞』(夕刊) ２０１１年7月22日
(45) これに関連して、生物学的概念とされてきた「人種」について探求した文化人類学研究として、竹沢泰子編２００５『人種概念の普遍性を問う』人文書院、などがある。

3．複数化する親子と家族

――ポスト生殖革命時代の親子・家族関係の再構築

上杉　富之

1　ポスト生殖革命

今から三〇年以上も前の一九七八年七月二五日、イギリス・マンチェスター郊外の病院で世界初の体外受精児ルイーズ・ブラウンが誕生した。このとき、私たち人類は史上初めて人体外で受精・発生させた胚を使って赤ちゃんを誕生させることに成功した。以来、体外受精をはじめとする先端的な生殖技術は急速に進歩するとともに世界中に拡大・普及し、私たちの社会（親子関係や家族制度など）や文化（生命観や身体観など）のあり方を根底から変革しつつある。体外受精児誕生以降の生殖技術の進展と、それにともなう社会や文化の変革が生殖革命といわれるゆえんである。[1]

体外受精等の先端的な生殖技術を用いた不妊治療は、今日、まとめて生殖補助医療（ART：Assisted Reproductive Technology）と呼ばれている。生殖補助医療とは、性交渉をもつことなしに子を妊娠・出産する医療技術ということもできる。狭義には体外受精技術以降の高度の生殖技術を用いた不妊治療をさすが、広義には、人工授精等のそれ以前の技術を用いた不妊治療も含める（この小論では、以下、後者の広義の意味で用いるものとする）。

生殖補助医療は今や欧米や日本等の先進国のみならず、南米や中東、アジアの発展途上国にも拡大・普及し、世界中ですでに四〇〇万人以上が生殖補助医療を用いて生まれているという。日本でも、新生児のほぼ五五人に一人が、この種の医療を通して生まれている。(2) 国や人種、民族等にかかわらず、一〇組に一組に達するといわれる不妊カップルにとって、生殖補助医療が多大な福音をもたらしたことは間違いない。

しかしその一方で、高度の生殖補助医療を用いるようになった私たちは、さまざまな問題を抱え込むこととなった。私たちは、夫婦以外の第三者の配偶子（精子／卵子）や胚（発生初期の「赤ちゃん」）を用いたり、妻以外の第三者女性に妊娠・出産してもらったりすることができるようになった（代理出産）。また、自分たちの望むような身体的特徴をもつ子を「オーダーメイド」で誕生させることもできるし（デザイナーベビー）、受精卵の段階で遺伝子や染色体の異常を診断して産まないという選択も可能となった（着床前診断）。しかし、これらの一つひとつがすべて深刻な倫理的問題をもたらしている。

そうしたなか、二〇一〇年の秋、体外受精技術の開発者ロバート・G・エドワーズ博士がノーベル医学生理学賞を受賞した。このことは、さまざまな問題をはらんでいるものの、体外受精技術の医学への貢献、そしてまた人類への貢献が世界的に認められたことを意味する。かくして、私たちはもはや生殖革命を日常の一部として受容する、ポスト生殖革命の時代に突入したといってよい。

とすれば、ポスト生殖革命時代の今日、親子や家族のあり方はどのように変わりつつあるのだろうか。以下、この小論では、生殖補助医療を最も積極的に用いている同性カップル（ゲイ／レズビアン・カップル）の子づくりや家族形成を紹介しつつ、ポスト生殖革命時代の親子や家族のあり方の一端を明らかにしてみたい。

2　分散する親

（1）生みの親は誰か

不妊治療としての生殖補助医療はふつう、法的に結婚している夫婦の間で、夫の精子と妻の卵子を用いて行われ、妻が子を妊娠・出産する。したがって、首尾よく子どもが生まれたならば、通常の出生手続きが取られ、親子関係に法的な問題が生じることはない。しかしながら、体外受精技術が実用化されることで、もっぱら夫婦の間で行われていた生殖に、夫婦以外の第三者の男性ないし女性が関与する道が拓かれ、その結果、いったい誰が生まれた子どもの生みの親になるのかという問題がもたらされた。

（2）今、何が起こっているか

生殖補助医療の場において夫婦以外の第三者が関与するのは、配偶子（精子／卵子）や胚の提供者、ないし妊娠・出産を担う女性としてである。表1は、夫の精子や妻の卵子を用いるか否かと、妻が子を妊娠・出産するか否かに応じて生殖補助医療のパターンを分類したものである（表1参照）。そして、表1で分類したパターンを図示したものが図1および図2である（図1－(1)～1－(4)、図2－(1)～2－(5)参照）。以下、表と図を使いながら、生殖補助医療に今どのようなことが起こっているかを確認しておこう。

表１　生殖補助医療の諸形態

	夫の精子の利用の有無	妻の卵子の利用の有無	妻の妊娠・出産の有無	特記事項
1	○	○	○	通常の妊娠・出産、配偶者間人工授精（AIH）・体外受精
2	○	○	×	体外受精型代理母（ホストマザー）
3	○	×	○	提供卵子の利用
4	○	×	×	人工授精型代理母（サロゲートマザー）、ゲイ・カップル
5	×	○	○	非配偶者間人工授精（AID）、提供精子の利用、レズビアン・カップル
6	×	○	×	体外受精・非配偶者間、提供精子の利用、体外受精型代理母（ホストマザー）
7	×	×	○	提供胚の利用
8	×	×	×	養子縁組

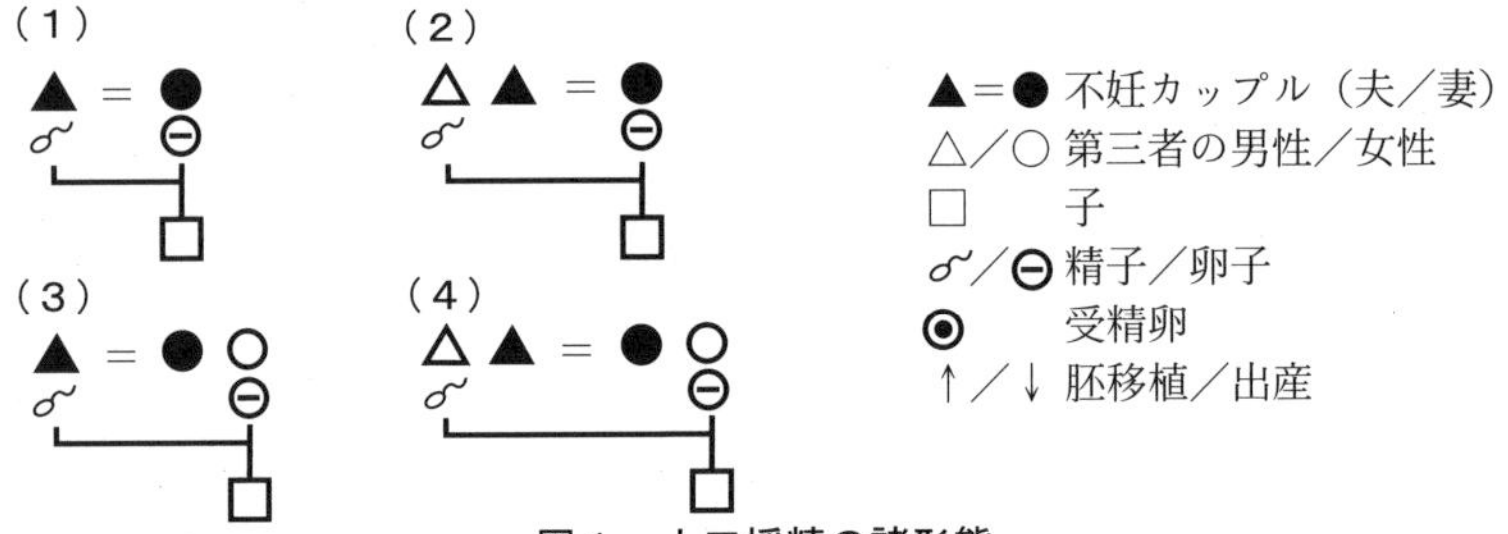

図１　人工授精の諸形態

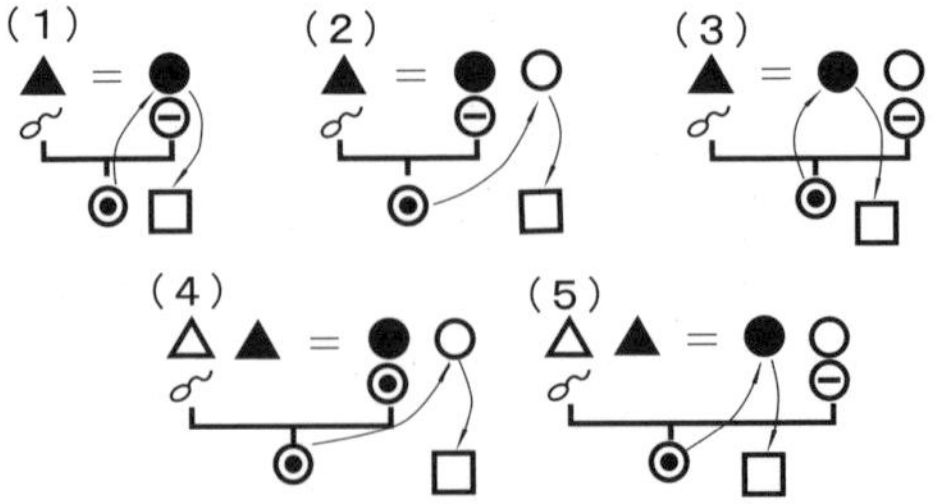

図２　体外受精の諸形態

①第三者が関与しない場合

生殖補助医療を用いた不妊治療としては、夫の精子を妻の子宮内に注入する人工授精で妻が子を妊娠・出産する場合（配偶者間人工授精ＡＩＨ）（図１－⑴参照）と、夫の精子と妻の卵子を体外で受精させて胚をつくり、その胚を妻の子宮に移植して子を妊娠・出産する場合（図２－⑴参照）がもっとも普通である。こうした不妊治療は、夫婦の間で子を妊娠・出産する場合と基本的には変わりがなく、生殖に夫婦以外の第三者は関与していない。

②第三者女性の関与

a．体外受精型代理母

妻が何らかの理由で妊娠・出産できない場合に、夫の精子と妻の卵子を体外受精させてできた胚を第三者女性の子宮に移植し（胚移植）、この女性に子を妊娠・出産してもらうことがある（図２－⑵参照）。この場合、妻に代わって子を妊娠・出産する第三者女性を「代理母」（体外受精型代理母）ないし「ホストマザー」といい、他の女性に代わって子を妊娠・出産することを代理出産（代理懐胎）という。この種の代理出産では、本来一人であるべき生物学的母が「卵子の母」（遺伝子上の母）と「子宮の母」（妊娠・出産上の母）の二人に分離する。

b．卵子提供

夫の精子と妻以外の第三者女性の卵子（提供卵子）を用いて不妊治療を行う場合がある。たとえば、第三者女性から提供された卵子を夫の精子で体外受精させ、できた胚を妻の子宮に移植して子を妊娠・出産する（図２－⑶参照）。提供卵子を用いて妻が子を妊娠・出産する場合には、母が、「卵子の母」（卵子提供者）と「子宮の母」（妊娠・出産する女性）の二人に分離する。

c．人工授精型代理母

夫の精子を第三者女性の子宮に注入して人工授精し、その第三者女性が子を妊娠・出産する場合がある（図1－(3)参照）。この場合の第三者女性も、「代理母」（人工授精型代理母）ないし「サロゲートマザー」と呼ばれる。人工授精型代理母では、母が「意思の母」（子の妊娠・出産を希望する母）と「卵子の母」かつ「子宮の母」（子を妊娠・出産する母）の二人に分散する。後に述べるが、男性同性カップル（ゲイ・カップル）が子を持つ場合には、人工授精型代理母が子を妊娠・出産することが多い。

③第三者男性の関与（精子提供）

夫以外の第三者男性の精子（提供精子）を用いて妻の卵子を人工授精したり体外受精させて子を得ることがある。提供精子を用いた人工授精の場合（非配偶者間人工授精ＡＩＤ）は、父が「精子の父」（精子提供者）と「意思の父」（子を持つことを希望した父）の二人に分離することになる（図1－(2)参照）。

一方、提供精子を用いた体外受精の場合には、できた胚を妻または代理母（体外受精型代理母）の子宮に移植する。妻が胚の移植を受けて子を妊娠・出産する場合には、上述の非配偶者間人工授精の場合と同様に、父が「精子の父」（精子提供者）と「意思の父」（子を持つことを希望した父）の二人に分散する。

④第三者男性と第三者女性の関与

a．精子提供＋代理母

提供精子を用いて妻の卵子を体外受精し、できた胚を代理母（体外受精型代理母）の子宮に移植することも理論上可能である。この場合は、父が「精子の父」と「意思の父」、母が「意思の母」かつ「卵子の母」と「子宮の母」に分散することになる（図2－(4)参照）。しかしながら、実際には、この種の生殖補助医療が行われることはほとんどない。

b．精子提供＋卵子提供

夫以外の第三者男性の提供精子と妻以外の第三者女性の卵子を用いて体外受精をし、できた胚を妻の子宮に移植して子を妊娠・出産するという不妊治療もある（図2－(5)参照）。この場合は、通常、他の不妊治療患者夫婦が用いなかった胚（余剰胚）を提供してもらい、その胚（提供胚）を妻の子宮に移植して子を妊娠・出産するという形を取る。提供胚を利用して子を得た場合には、父が「意思の父」と「精子の父」、母が「意思の母」かつ「子宮の母」と「卵子の母」に分散することになる。

理論的には、その他にも、第三者が関与しない生殖補助医療として、夫の精子も妻の卵子も用いず、妻が妊娠・出産しない場合も考えられる（表1の8）。しかしながら、その場合は、生殖補助医療を用いることはせず、養子縁組を通して子を得るのが一般的である。

3　競合する親子関係

生殖補助医療の進展・普及に伴い、一九八〇年代以降、生まれた子に複数の生物学的母が同時に存在するという新たな事態が生じた。しかしながら、多くの国ではこの種の事態を想定した法を整備していなかった。そのため、一九八〇年代半ば以降、アメリカをはじめとする生殖補助医療先進諸国では、生まれた子の親権や監護権をめぐるいくつかの裁判が繰り広げられた。代理母についてだけでも、いわゆる「ベビーM事件」（アメリカ、一九八六〜八八年）のほか、「ベビー・コットン事件」（イギリス、一九八五年）や「マルチナ事件」（旧西ドイツ、一九八五年）などが起こっている。[3] それらの裁判で提示された法的な親子関係を確定するうえでの考え方をまとめると、おおむね以下の六つに分けられる。[4]

a．生物学的関係

精子や卵子の中に含まれる遺伝子やDNAなど遺伝物質の伝達・共有関係および子の妊娠・出産という生物学的事実を重視する考え方。母については、代理出産の場合、遺伝子上の母（「卵子の母」）と妊娠・出産上の母（「子宮の母」）がともに母となる可能性がある。しかしながら、以下で述べるとおり、日本では、現行の民法（家族法）に基づき、妊娠・出産した女性が母と定められている。

b．法的整合性

法的な婚姻関係や家族関係との整合性を重視する考え方。日本では、現行の民法に基づいて子を妊娠・出産した女性が母と定められており、父は母の法的な配偶者と「推定」され、出生後一定期間内に異議申し立てがない限りそれが「確定」する。

c．親となる意思

子を産み育てることを望んだ親の意思を重視する考え方。たとえば、代理出産を認めているアメリカの一部の州では、代理出産契約は親となる意思を表明するものであるとして法的効力が認められており、代理母ではなく依頼女性が生まれた子の法的な母（実母）として出生証明書に記載される。

d．親としての機能

社会的・経済的な親の機能（役割）を実際に誰が果たしているのかという観点を重視して親を確定するという

考え方。

e. 子の福祉

子の観点に立って、子の身の安全や安定した生育環境を将来的に誰が提供しうるかということを重視する考え方。

f. 子の心理

子の主観的な心理を重視し、子が実際に誰を親と思っているかを重視する考え方。

生殖補助医療を用いて親が分散した場合、以上の六つのどの考え方を最も重視するかによって生まれた子の親権や監護権の行方が異なる可能性がある。通常は、関連法がある限りは法的整合性を優先しつつ、上記の六つの考え方を適宜組み合わせて法的な父ないし母を確定している。しかしながら、日本をはじめとする多くの国では、生殖補助医療による親の分散を想定した関連法がいまだに整備されておらず、今後もしばらくは混乱が続くものと思われる。

4 逸脱／崩壊説と多様化／生成説

生殖補助医療によって親が分散した結果、親権や監護権をめぐって訴訟が起こるなど、当初はかなりの混乱が見られたのは事実である。こうした混乱を、公序良俗を乱すものとして法的に厳しく規制すべきだとする考えがある。他方、こうした混乱をむしろ新たな親子・家族関係を構築する好機ととらえる考えもある。ここでは、前者の考え方を、生殖補助医療による親子・家族の「逸脱／崩壊説」と呼び、後者の考え方を「多様化／生成説」と呼んでおこう。

①逸脱／崩壊説

逸脱／崩壊説では、生殖補助医療、とくに代理出産や卵子提供の利用が、本来一人であるべき母を複数の母に分散させ、本来あるべき伝統的で自然の親子関係や家族関係から逸脱させるものにほかならないと考える。また、こうした逸脱を放置しておくと、将来的には現行の親子や家族関係の根幹を揺るがし、ひいては親子や家族制度そのものを崩壊させると考える。そこで、この説の信奉者は、本来の望ましい親子・家族関係や制度を守るために、あるいは人間本来の自然の生殖過程を回復・維持するために、生殖補助医療を厳しく規制すべきだと考える傾向がある。

②多様化／生成説

多様化／生成説では、生殖補助医療、とくに代理出産や卵子提供の利用が親子・家族関係や制度を将来に向けて多様化させ、より柔軟にする可能性を秘めていると考える。また、こうした多様化を意図的に進め、将来的には現行の親子・家族制度の根幹を揺るがし、ひいては現行制度に代わる新たな制度を生成させようと考える。そこで、この説の信奉者は、新たな親子・家族関係や制度を構築するために、あるいは親子・家族関係に本来的に備わっていた多様性や複数性を回復するために、生殖補助医療を積極的に利用すべきだと考える傾向がある。

日本を含め、世界の生殖補助医療先進各国の論調は、かつて逸脱／崩壊説が主流であった。しかしながら、生殖革命がありふれた医学的実践となりつつある現在、生殖補助医療技術の多くをかたくなに否定しようとする逸脱／崩壊説は説得力を失い、多様化／生成説が徐々に支持を集めつつある。

5　一元的親子観と多元的親子観

先に、生殖補助医療によって分散する親と生まれた子の間に法的な親子関係を確定するにあたっては六つの考え方があると述べた。しかし、いずれの考え方を重視して親子関係を確定したとしても、実は、そこには、今までほとんど問題とされてこなかった暗黙の前提が貫徹している。それは、一元的親子観である。

生殖補助医療の普及・浸透、特に提供配偶子（精子／卵子）の利用や代理母による妊娠・出産を通して父ないし母が分散し、複数の父ないし母が同時に存在する可能性が出てきたことはすでに述べた。また、生まれた子の法的な父ないし母を確定する一連の裁判のなかで、理念的に競合する六つの親子関係が提示されたことも述べた。しかしながら、いずれの裁判においても、最終的には、ある特定の子に対して一人の法的な父および（ないし）一人の母が確定されることには変わりはない。

こうした、ある特定の子に対してただ一人の父および（ないし）ただ一人の母しか同時に存在してはならないという大原則に基づく親子観を、ここでは、一元的親子観と呼ぼう。これに対して、ある特定の子に対して、複数の父ないし（および）複数の母が同時に存在してもよいという原則に基づく親子観を多元的親子観と呼ぶ。

生殖補助医療の実用化に伴う親子・家族の変化が多様化／生成説に移行しつつあることはすでに述べたが、この移行は、親子論の観点から見ると、一元的親子観から多元的親子観への移行にほかならない。こうした一連の変化をもっとも自覚的かつ意図的に進めているのが、生殖補助医療を通して子を持ち、家族を形成し始めた同性カップルたちである。

6 複数化する親子・家族関係

(1) 同性カップルと生殖医療

日本ではほとんど紹介されていないが、アメリカでもっとも積極的に生殖補助医療を利用して子を持ち、家族を形成しようとしているのは、ゲイやレズビアンらの同性カップルである。以下、アメリカの事例をもとに、同性カップルたちが試みている新たな親子・家族関係のあり方を紹介してみたい[5]。

同性カップルがパートナーとの間で自分たちの子を持とうとすれば、当然のことではあるが、生殖補助医療を利用しなければならない。レズビアン・カップルの場合には、通常、提供精子を用いてパートナーの一方ないし双方に人工授精を施して子をもうける。これに対し、ゲイ・カップルの場合には、パートナーの一方ないし双方の精子を用いて代理母(サロゲート・マザー)に人工授精を施すか、提供卵子を体外受精させて胚を作成した後に代理母(ホスト・マザー)の子宮に移植して子を妊娠・出産してもらう(異性婚〈通常の結婚〉等によって子を持ち、離婚後、子連れで同性カップルを形成した結果、同性カップルが子を持つということもある)。

同性カップルが人工授精や体外受精を利用して子を持つようになったのは案外古く、レズビアン・カップルの間では一九七〇〜八〇年代(第一次レズビアン・ベビー・ブーム)と一九九〇年代以降(第二次レズビアン・ベビー・ブーム)にブームがあった。一方、ゲイ・カップルの間では一九九〇年前後にブームが起こり、ベビー(ベイビー）・ブームを文字って「ゲイビー・ブーム」ともいわれる。

その結果、二〇〇〇年代初頭には、アメリカのレズビアン・カップルの約三分の一（二〇〇万人）、ゲイ・カップルの約五分の一（一一〇万～一三〇万人）が子を持って家族を形成し、全米で八〇〇万～一〇〇〇万人の子どもが同性カップルの家庭で育っていたという。(6)

（2）「第三の道」

同性カップルが子を持って家族を形成する場合には、当然のことながら、提供配偶子を用いたり代理母に妊娠・出産を依頼したりすることが不可欠である。生物学的な理由から、同性カップルの子作りや家族形成には、カップル以外の第三者の関与が不可避なのである。では、同性カップルたちは子作りに不可欠な配偶子提供者や代理母を、どう位置づけているのであろうか。

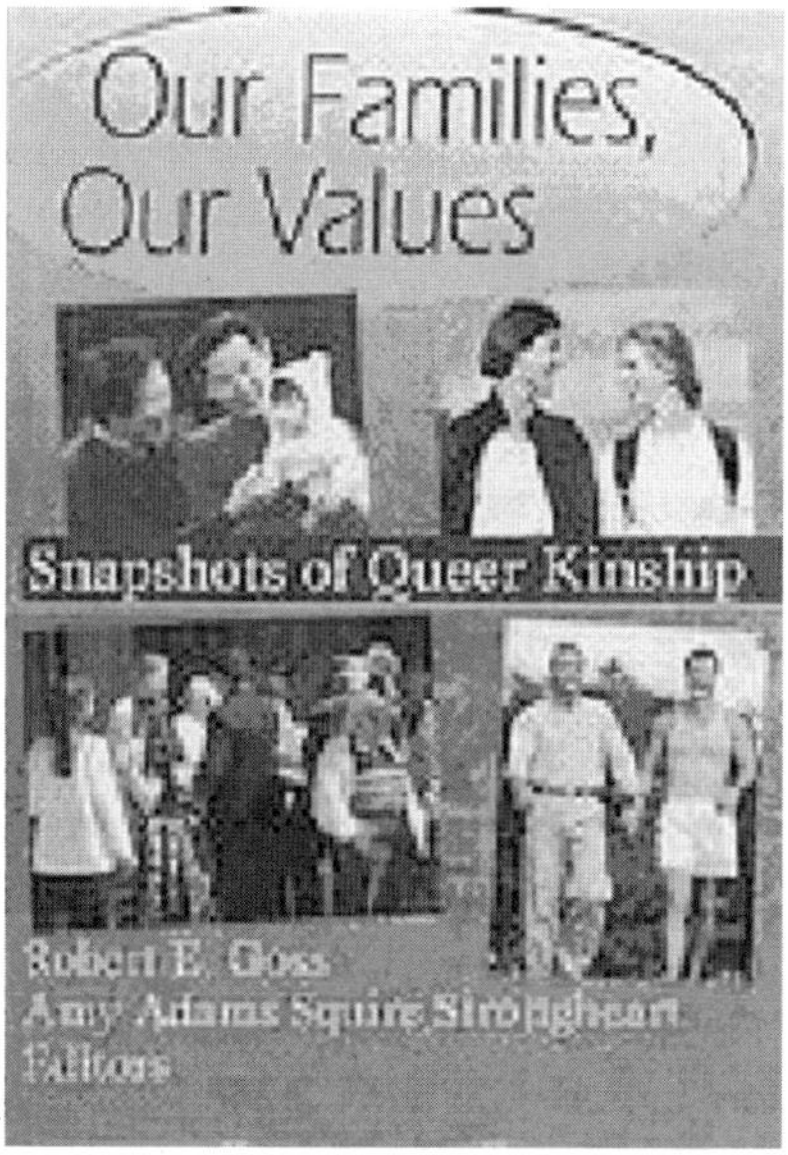

1990年代半ばに刊行されたクィア家族論
R.E. Goss and A.A.S. Strongheart, eds., *Our Families, Our Values: Snapshots of Queer Kinship. New York : Haworth Press, 1997. (Photo courtesy of the authors)*(7)

不妊治療患者は、通常、匿名ドナーの配偶子を利用するなどして、配偶子提供者や代理母を親子・家族関係から排除する。生まれた子と配偶子提供者や代理母との間に、法的な親子関係をいっさい認めたくないからである。一方、同性カップルはしばしば友人男性や兄弟などの非匿名提供者の精子を利用することなどもあって、そうした第三者を排除せず、むしろ何らかの形で親子・家族のなかに包摂しようとする傾向にある。性的な排除や差別からの解放を長年にわたって闘ってきた性的マイノリティである同性愛者が、生殖におけるマイノリティとでもいうべき配偶子提供者や代理母を排除・差別するのは自分たちの主義・主張に反するということが、同性カップルたちが第三者を排除しない大きな理由だと思われる。

とはいえ、生まれた子の親権や監護権をめぐる争いを避けるため、配偶子提供者や代理母を完全に親子・家族関係のなかに包摂する（完全な法的親子・家族関係を認める）わけにもいかなかった。そこで、同性カップルたちは第三者を親子・家族関係から排除せず、かといって完全には包摂もしない「第三の道」を模索している。

同性カップルがとった「第三の道」の実際を、提供精子を用いて子を産んだレズビアン・カップルを例として説明してみよう。

「第三の道」を選択するようなレズビアン・カップルは、しばしば彼女らの友人・知人男性やパートナーの兄弟、ゲイ男性などを精子提供者として選ぶ。精子の提供にあたっては、精子提供者が子に対して法的な権利・義務関係を持たないように、その旨を明記した契約書を事前に交わす。子の妊娠・出産にあたっては、精子提供者が費用の一部を負担することもある。誕生日など、子どものお祝いには、精子提供者もしばしば招かれる。生まれた子が男の子で、キャッチボールの相手やキャンプの同伴者などとして男親が必要なときには、精子提供者（しばしば友人・知人男性など）が呼ばれる。要するに、精子提供者は子に対して法的な権利・義務関係はないが、部分的にせよ、父親の役割を果たしているといえよう。かくして、この種の精子提供者は、たんなる提供者ではなく、「限定的父」（limited father）として位置づけるべきだという議論もある。(8)

母についてみると、法的には、カップルのうち、子を妊娠・出産したパートナーが母となる。一方、母のレズビアン・パートナーは子とは法的に何の関係もない。このことは、母が死んだ場合、あるいは母がパートナーとの関係を解消した場合には、子がいくら母のパートナーになついていようとも（「母」と認識し、そう呼んでいても）、パートナーは子に対するいっさいの法的権利を主張できないことを意味する。こうした事態を回避するため、レズビアン・カップルたちは、母のレズビアン・パートナーが子を法的に養子とすることを要求してきた。その結果、一九九〇年代半ばまでには、全米の半数近くの州で、母のパートナーと子の間の養子縁組が法的に認められるようになった。つまり、レズビアン・カップル家庭では、従来の一元的親子関係の原則に反し、子が合法的に二人の母を同時に持つことが可能となっているのである（こうしたことの延長として、近年、子を持つようになったレズビアン・カップルたちは同性婚を法的に認めることを要求している）[9]。

（3）クィア家族論

以上の例から、レズビアン・カップルが提供精子を用いた人工授精によって子を持ち、精子提供者を、親子や家族関係から完全に排除するのでも完全に包摂するのでもない、「第三の道」の途を取ろうとしていることがわかるであろう。また、生まれた子に対して二人の法的な母が同時に存在するという、多元的親子関係・家族関係をつくり出していることもわかる。

ゲイ・カップル男性の精子を用いてレズビアン・カップルが子を成し、これら二組のゲイ・カップルとレズビアン・カップルが「共同親」（co-parent）として協力して子を育てる事例も報告されている[10]。共同親たちは、協力して子を育てる家族の範囲を拡大家族（extended family）と呼ぶこともあるという。こうした拡大家族は、子を介して複数の家族が相互に浸透しているという意味で、「相互浸透的家族」ということもできるであろう。

共同親や拡大家族という言葉は、本来、それぞれ「離婚後も共同して子を育てる親」と「核家族が拡大した拡張家族」のことを意味する。このことを考えると、同性カップルたちは多元的親子・家族関係をつくりだして実践しているだけでなく、そうした関係や実践を言語化・概念化し、従来とは異なった新たな親子・家族関係のあり方を提起しているといえよう。

多元的親子・家族関係を認め、そうした関係に基づいて相互に浸透する家族を形成し実践するようになった同性カップルたちは、今や、これまで自明視されてきた、核家族を典型とするような親子・家族関係や制度の再構築をめざすようになってきている。こういった考えや価値観、戦略は「クィア家族論」(queer family values)などと呼ばれる。[11]

クィア (queer) という言葉は本来「奇妙な」ということを意味するが、それから転じて「ホモ」や「変態」など、男性同性愛者に対する侮蔑語ないし差別語として使われていた。しかし、一九九〇年代以降、異性愛原理に基づく既存のさまざまな社会制度や文化を問い直し、再構築するという観点からGLBT(ゲイ、レズビアン、バイセクシュアル、トランスジェンダー)などの性的マイノリティたちが連帯し、彼/彼女らが自分たち非異性愛者を総称する言葉としてクィアという言葉を使用するようになっている。[12] クィアと名乗ることで自らの異質性を認め、その異質性を武器にして既存の社会や文化に変更を迫るためであった。クィア家族論はそうした文脈のなかで、クィアと自認する非異性愛者たちが提唱した考え方である。

クィア家族論は、同性カップル等の性的マイノリティが、生殖補助医療を利用して多元的な親子関係をもつ新たな家族をつくりつつあるという現実を踏まえたうえで、一組の夫婦(異性カップル)とその未婚の子から成る核家族が、私たちの唯一の家族のあり方ではないことを明らかにしてきた。そして、核家族を含めたさまざまな家族の併存、そしてまた一元的親子関係のみならず、さまざまな多元的親子関係の併存の可能性を実践的に示そうとしている。その意味で、クィア家族論は、多様かつ多元的な親子や家族のあり方を容認する複数性の親子・家族論を構想しているといってよい。

7　よみがえる複数性

先端的な生殖補助医療の実用化を容認し、その利用がすでに日常と化した「ポスト生殖革命」時代を生きる私たちにとって、親子関係がますます多元的となり、家族が相互浸透的になるのは、もはや避けられないことであろう。ならば、そうした現実を本来のものからの逸脱や崩壊と見なして否定するよりも、本来のものが多様化して新たなものが生成しているものと見なし、より望ましいものにつくり変えていくほうが生産的であろう。そうした試みの一つとして、この小論では、日本ではほとんど紹介されていないアメリカの同性カップルたちが提唱するクィア家族論を紹介した。

同性カップルたちの試みは、見方によっては、生殖補助医療という先端技術を利用して伝統的な「血の（自然的）つながり」(kinship) に基づく親子の関係性を再現し、核家族を形成しようと試みているともいえなくはない。つまり、生殖補助医療は、アメリカの同性カップルに対して、アメリカの「伝統」ないし「理想」としての核家族と家庭（ホーム）を希求する手段を与えたともいえるのである。

しかしながら、同性カップルたちが実践している多元的親子関係や相互浸透的家族は、たんなる伝統への「回帰」と見なすべきではない。クィア家族論は、伝統的な関係性の包摂をも視野に入れた、より多元的かつ複数的な新たな社会・文化のあり方を構想するものだからである。

文化人類学における民族誌的知見に照らし合わせてみるならば、生物学的な関係に基づく親子・家族とともに儀礼的、社会的、経済的、政治的などの文脈に応じて、複数の親子関係や家族形態が同時に存在することは、けっして珍しいことではない。むしろ、そういう状態のほうが普通である。その意味では、生殖補助医療の普及・浸透とともに顕在化してきた親子・家族の複数性は、近代化にともない消滅したり周縁部に追いやられたりしていた、社会・文化の複数性の再現にほかならないともいえよう。

——〈参照・引用文献〉

(１) 上杉富之（編） ２００３『現代生殖医療—社会科学からのアプローチ』世界思想社
(２) 日本産科婦人科学会 ２００８「平成19年度倫理委員会、登録・調査委員会報告」『日本産科婦人科学会誌』60—６：１２３０—１２５３、厚生労働省「平成18年人口動態統計月報年計（概数）の概況」http://www.mhlw.go.jp/toukei/saikin/hw/jinkou/geppo/nengai06/index.html（２０１１年12月30日閲覧）
(３) 石井美智子 ２００４『人工生殖の法律学—生殖医療の発達と家族法』有斐閣、22—32頁
(４) Shanley, Mary L., 2001, *Making Babies, Making Families.* Boston: Beacon Press. pp.125-147.
(５) 上杉富之 ２００５「米国における同性カップル家族のすがたと生殖医療」『産科と婦人科』72—10：１２９９—１３０５
(６) Graff, E. J., 2004, *What is Marriage for?,* Boston: Beacon Press, p. xiii; Sullivan Maureen, 2004, *The Family of Woman : Lesbian Mothers, Their Children, and the Undoing of Gender.* Berkley : University of California Press, p.232.
(７) Goss, Robert E. and Amy A. S. Strongheart eds., 1997, *Our Families, Our Values : Snapshots of Queer Kinship.* New York : Haworth Press.
(８) Shanley, Mary L., 2001, *Making Babies, Making Families.* Boston : Beacon Press.
(９) チョーンシー、ジョージ ２００６『同性婚—ゲイの権利をめぐるアメリカ現代史』（上杉富之・村上隆則訳）明石書店

(10) Strah, D. and S. Margolis, 2003, *Gay Dads: A Celebration of Fatherhood.* New York : Jeremy P. Tarcher/Penguin, pp.191-196.

(11) Lehr, Valerie, 1999, *Queer Family Values: Debunking the Myth of the Nuclear Family.* Philadelphia : Temple University Press.; Laura Mamo, 2007, *Queering Reproduction.* Durham : Duke University Press.

(12) Bernstein, M. and R. Reimann, 2001, *Queer Families, Queer Politics : Challenging Culture and the State.* New York : Columbia University Press.

Column 5

現代に生きる
マヌスの女性親族の霊力

馬場 淳

私が長らく人類学調査の対象としてきたのは、パプアニューギニアのマヌス島（Manus Island）である。マヌス島は、アドミラルティ諸島最大の島であり、マヌス州の政治経済の中心地でもある。この辺境の島は、実に日本人とも、人類学とも縁の深い場所といえる。というのも、マヌス島と隣接するロスネグロス島は多くの日本人兵士が命を落とした太平洋戦争の戦場だったからである。そのため、今でも慰霊や遺骨収集のために訪れる遺族が絶えない。またマヌス島は、『サモアの思春期』『男性と女性』などを発表して各界に大きな影響を与えた、アメリカの文化人類学者のマーガレット・ミード（一九〇一～一九七八年）が一九二〇年代以降、継続的に調査を行なったことでも知られている。その代表的な成果として、『ニューギニアでの成長』などがある。

ミードは、『アドミラルティ諸島民の親族関係』のなかで、マヌス島民——厳密には、マヌス島南東岸とその周辺の島々を占めるチタン言語集団——の「タンドリタニタニ信仰」を報告している。これは、父の姉妹が兄弟の子孫に対して霊的な力（祝福と呪詛）を行使するという信仰である。しかもそ

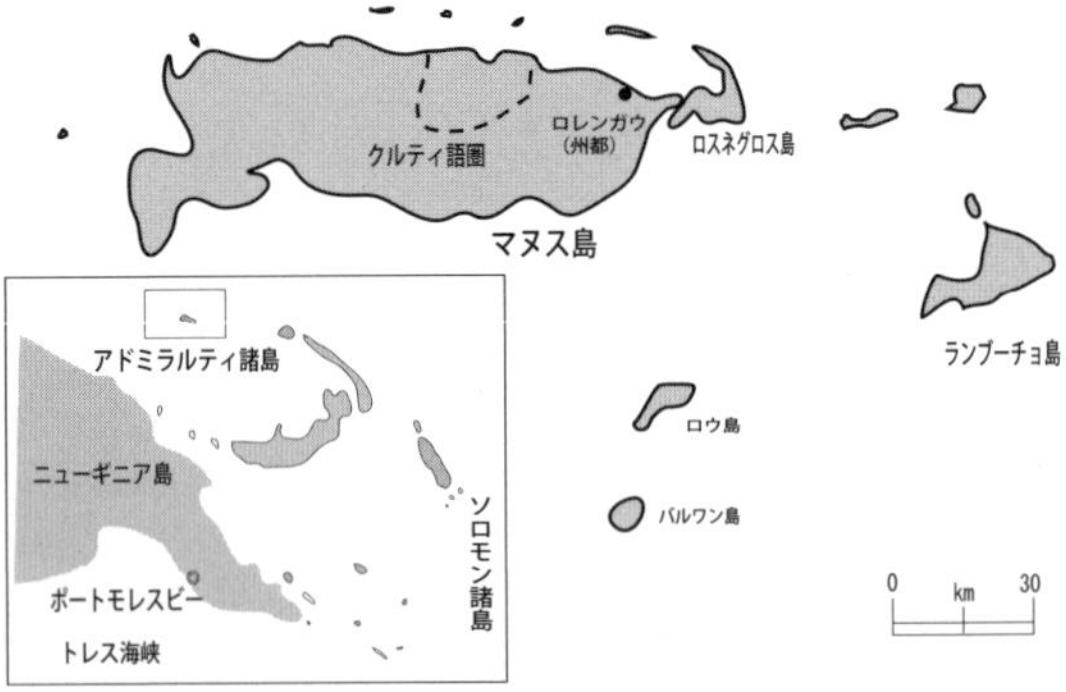

の霊的な力は、キョウダイの末裔にまで継承されていくという特徴をもっている。なお、こうした父方の女性親族（兄弟からみると姉妹）の霊的影響力は、マヌスに限らず、太平洋地域の多くの社会でみられるものである。

それから現代までの間に、アドミラルティ諸島全域は大きく変化した。出稼ぎ移民による送金で貨幣経済化が浸透し、医療や教育も辺境の村落にまで行き届くようになり、総じて近代化が進んだのである。家族は子どもたちを、島にある三つの高校（セカンダリースクール、中学三年から高校三年までに相当）になんとか進学させ、州内外での就職の道を探っている。こうしたなかにあっても、父方女性親族の霊的力をめぐる信仰が残っていることは私の身近なところで知ることになった。

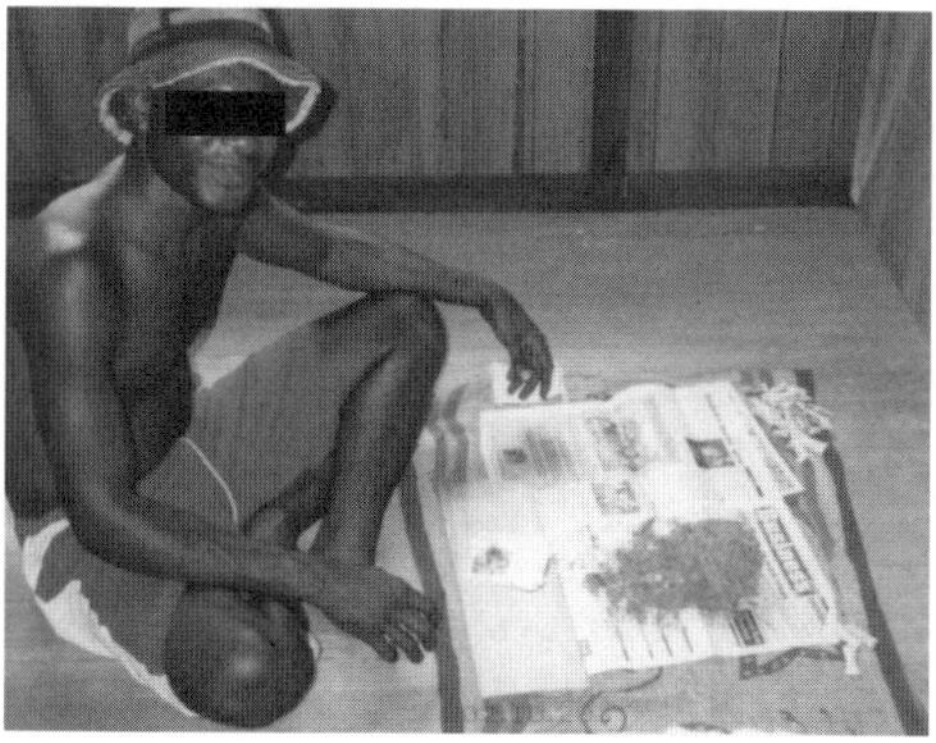

彼は今日もまた、親指ぐらいの大きさに分けたマリファナを新聞紙でくるみ、地元の若者たちに売りさばく

私はミードとは異なるクルティ言語集団（マヌス島の内陸中央部から海岸）を対象に調査してきたが、お世話になったホストファミリーのなかに、私と同年代の「不良青年」が居候していた。彼の家族は手に負えなくなったその息子を、私のホストマザー（彼の母親の妹）に預け、更生させようとしていたのである。ホストファザーは、地元では有名な牧師だったからである。私と彼は、現地の親族名称体系上、「兄弟」と呼びあえる関係であり、実際、兄弟のような仲の良い相棒として暮らしていた。そしてある時、彼は自分の意思とはかかわりなく、「不良」になってしまったことを告白したのだった。高校二年のとき何者かが彼を呪い、彼は不良行為を繰り返すようになったというのである。不良行為ゆえに退学させられ、以後はマリファナや酒に溺れ、商店を襲撃し、喧嘩と窃盗を繰り返し、いつしか地元で知らない者はいないほどのワルになっていた。刑務所に送られたことも数知れない。現在、年に一回はニューギニア本島にマリファナを仕入れに行き、そのついでに都市生活を満喫し（そこでも悪さをし）、地元に帰って売りさばくのが、彼のライフスタイルになっている。私は調査の一環として、その「ビジネス」の収益を確認させてもらったことがあるが、毎日、地元では考えられな

いスピードで金が貯まっていくことに複雑な思いを抱いたものだ。彼が現金収入を得て、自分の人生を自律的に生きることが、同時にマリファナ常習者を再生産していくことでもあったからである。

彼は、呪いをかけた人が自分のトゥムルー（*tumuru*）、つまり「父の姉妹」であると考えていた。トゥムルーは類別的な「父の姉妹」であるため、かなり広い範囲の親族が含まれることになるのだが、彼を呪った人物は六世代前のキョウダイで分岐した女性親族であった。この社会では、「父の姉妹」は、兄弟の子どもに対して、祝福（*surok*）と呪詛（*tineh*）の超自然的な力を及ぼすことができるとされ、尊敬の対象となっている。もし尊敬のこもらない言動をしようものなら、彼女の怒りを買い、呪詛されることになる。呪詛を受けた人には、具体的には「犯罪者になる」「学業の成績が悪くなる」「一生伴侶を得られない」「子どもが産まれない」などの災いが引き起こされると考えられている。この呪いを解除するには、支払いを伴う儀礼的和解でもって、トゥムルーの怒りを鎮めなければならない。

太平洋上のちっぽけな辺境の島であれ、グローバル化の波が否応なく押し寄せる今日、逆説的にも「父方の女性親族の力」はますますリアリティをもって語られるようになるかもしれない。なぜなら、現実を構成する因果関係が複雑化し、不可知なものになればなるほど、「人生の謎」を解き明かす説明は科学や理性だけでは不十分になり、呪術的思考にも強く依存するようになると考えられるからである。ミードの調査当時からすれば、社会文化のありようは大きく変化したものの、今もなおトゥムルーの力が生き続けている理由はそこにあるのであろう。

【資料編】

家族・親族論日本語文献目録（一九五〇年代以降）

用語解説

家族・親族論日本語文献目録（一九五〇年代以降）

発行年	タイトル
1953	モルガン、L.H.『古代社会』（荒畑寒村訳）古明地書店（後に角川文庫）
1954	エンゲルス、F.『家族、私有財産および国家の起源』（村井康男・村田陽一訳）国民文庫12　大月書店
1956	ウェスターマーク、E.『人間の結婚の歴史』（中村正雄訳）創文社
1960	蒲生正男『日本人の生活構造序説』ぺりかん社（増訂版1978年） マリノウスキー、B.『未開家族の論理と心理』（青山道夫・有地亨訳）世界の思想17　法律文化社
1962	シュミット、W.『母権』（山田隆治訳）南山大学選書2　平凡社
1965	江守五夫『婚姻の起源と歴史』現代教養文庫、社会思想社
1968	マリノウスキー、B.『未開人の性生活』（泉靖一・蒲生正男・島澄訳）新泉社 祖父江孝男（編）『文化人類学リーディングス―文化・社会・行動』誠信書房
1970	中根千枝『家族の構造―社会人類学的分析』東京大学出版会 ウェスターマーク、E.『人類婚姻史』（江守五夫訳）社会思想社 スティーブンス、M.N.『家族と結婚―その比較文化的解明』（山根常男・野々山久也訳）誠信書房
1971	中根千枝『家族を中心とした人間関係』講談社（学術文庫）
1972	マリノフスキー、B.『未開社会における性と抑圧』（阿部年晴・真崎義博訳）社会思想社 マリノウスキー、B.／R.ブリフォールト『結婚―過去と現在』（江守五夫訳）社会思想社 デュルケーム、E.『デュルケーム家族論集』（小関藤一郎訳）川島書店 江守五夫『母権と父権―婚姻にみる女性の地位』弘文堂
1973	村武精一『家族の社会人類学』弘文堂
1974	蒲生正男（編）『人間と親族』現代のエスプリ80　至文堂 馬淵東一『馬淵東一著作集』全3巻　社会思想社 リーチ、E.R.『人類学再考』（青木保・井上兼行訳）思索社
1975	大林太良（編）『母権制の謎』世界女性史第二巻　評論社 ラドクリフ＝ブラウン、A.R.『未開社会における構造と機能』（青柳真智子訳）新泉社

1976	江守五夫（編）『日本の婚姻―伝統と習俗』現代のエスプリ104　至文堂 喜多野清一『家と同族の基礎理論』未来社
1977	江守五夫『現代婚姻思想の展開』国書刊行会 坪内良博・前田成文『核家族再考』弘文堂 中根千枝『家族を中心とした人間関係』講談社（学術文庫） グッドイナフ、W.『文化人類学の記述と比較』（寺田裏・古橋政次訳）人類学ゼミナール5　弘文堂 ニーダム、R.『構造と感情』（三上暁子訳）人類学ゼミナール4　弘文堂 フォックス、A.『親族と婚姻―社会人類学入門』（川中健二訳）思索社 メイヤスー、C.『家族性共同体の理論―経済人類学の課題』（川田順造・原田武彦訳）筑摩書房 レヴィ＝ストロース、C.『親族の基本構造（上）』（馬淵東一・田島節夫監訳）番町書房 デュモン、L.『社会人類学の二つの理論』人類学ゼミナール1　弘文堂
1978	マードック、G.P.『社会構造―核家族の社会人類学』（内藤莞爾監訳）新泉社 リヴァース、W.H.R.『親族と社会組織』（小川正恭訳）人類学ゼミナール7　弘文堂 レヴィ＝ストロース、C.『親族の基本構造（下）』（馬淵東一・田島節夫監訳）番町書房 エヴァンズ＝プリチャード、E.E.『ヌアー族』（向井元子訳）岩波書店 シュレーゲル、A.『男性の優位と女性の自立』（青柳真智子訳）人類学ゼミナール9　弘文堂
1979	綾部恒雄（編）『人間の一生―文化人類学的探究』アカデミア出版会（新編1985年） 米山俊直『暮しの探検―文化人類学から新しい家庭のあり方を考える』PHP研究所 メア、L.『婚姻―夫とは何か／人類学的考察』（土橋文子訳）法政大学出版会 原忠彦・末成道男・清水昭俊『仲間』弘文堂
1980	フォーテス、M.『祖先崇拝の論理』（田中真砂子編訳）ぺりかん社 ギアツ、H.『ジャワの家族』（戸谷修・大鐘武訳）みすず書房
1981	村武精一（編）『家族と親族』（小川正恭・大塚和夫・笠原政治・河合利光・杉本良男訳）未來社

	山路勝彦『家族の社会学』世界思想社 スミス、R.J.『現代日本の祖先崇拝（上）—文化人類学からのアプローチ』（前山隆訳）御茶の水書房
1982	綾部恒雄（編）『女の文化人類学』弘文堂 伊藤幹治『家族国家観の人類学』ミネルヴァ書房 江守五夫・崔龍基（編）『韓国両班同族制の研究』第一書房 菊池靖（編）『東南アジアの社会と親族』現代のエスプリ183　至文堂 渡辺欣雄（編）『親族の社会人類学』現代のエスプリ別冊　至文堂 松園万亀雄（編）『社会人類学リーディングス』アカデミア出版 キージング、R.M.『親族集団と社会構造』（小川正恭・笠原政治・河合利光訳）未来社
1983	青柳清孝『アメリカの黒人家族』青木書店 喜多野清一（編）『家族・親族・村落』早稲田大学出版会 家族史研究会委員会（編）『家族史研究7（特集・文化人類学と家族）』大月書店 末成道男『台湾アミ族の社会組織と変化—ムコ入り婚からヨメ入り婚へ』東京大学出版会 原ひろ子（編）『家族とは、家庭とは③　諸文化と家族』至文堂 セガレーヌ、M.『妻と夫の社会史』（片岡幸彦監訳）新評論 スミス・R.J.『現代日本の祖先崇拝（下）—文化人類学からのアプローチ』（前山隆訳）御茶の水書房 フィッシャー、H.E.『結婚の起源—女と男の関係の人類学』（伊沢紘生・熊田清子訳）どうぶつ社 フォックス、L.K.『僕らの幼年期—東アフリカの家庭と学校』（松園万亀雄訳）社会思想社
1984	牛島巌・松澤員子編『現代の人類学5　女性の人類学』至文堂
1985	江守五夫『家族の起源—エンゲルス「家族・私有財産および国家の起源」と現代民族学』九州大学出版会 坪井洋文・他『日本民俗文化大系10　家と女性』小学館 費孝通『生育制度—中国の家族と社会』（横山廣子訳）東京大学出版会 エヴァンズ＝プリチャード、E.E.『ヌアー族の親族と結婚』（長島信弘・向井元子訳）岩波書店 イヴェンヌ、V.『女のフィジオロジー—洗濯女・裁縫女・料理女』（大野朗子訳）新評論

	セガレーヌ、M.『儀礼としての愛と結婚』（片岡幸彦訳）新評論
1986	江守五夫『日本の婚姻―その歴史と民俗』日本基層文化の民俗学的研究Ⅱ　弘文堂 原ひろ子（編）『家族の文化誌』弘文堂 馬淵東一先生古希記念編集委員会編『社会人類学の諸問題』第一書房
1987	伊藤亜人・関本照夫・船曳健夫（編）『現代の社会人類学一―親族と社会の構造』東大出版会 清水昭俊『家・身体・社会―家族の社会人類学』弘文堂 中根千枝『社会人類学―アジア諸社会の考察』東京大学出版会 比嘉政夫『女性優位と男系原理―沖縄の民俗社会構造』凱風社 宮田登・松園万亀雄（編）『性と文化表象』文化人類学4　アカデミア出版会 アードナー、E.／S.B.オートナー『男は文化で女は自然か？―性差の文化人類学』（山崎カヲル監訳）晶文社 オームス、H.『祖先崇拝のシンボリズム』弘文堂 デ・ヨセリン・デ・ヨング、P.E.『オランダ構造人類学』（宮崎恒二・遠藤央・郷太郎訳）せりか書房 馬淵東一『馬淵東一著作集・補遺』社会思想社
1988	和田正平『性と結婚の民族学』同朋社 セガレーヌ、M.『家族の歴史人類学』（片岡幸彦・他訳）新評論 フリードマン、M.『中国の宗族と社会』（田村克己・瀬川昌久訳）弘文堂
1989	清水昭俊（編）『家族の自然と文化』弘文堂 須藤健一『母系社会の構造―サンゴ礁の島々の民族誌』紀伊國屋書店 原ひろ子（編）『母親の就業と家庭生活の変動―新しい父母像創造のための総合的調査研究』弘文堂 原ひろ子『ヘアー・インディアンとその世界』平凡社 ギアツ、H.／C.ギアツ『バリの親族体系』（吉田禎吾・鏡味治也訳）みすず書房 バッハオーフェン、J.J.『母権論序説』（吉原達也訳）創樹社
1990	江守五夫『家族の歴史民族学―東アジアと日本』日本基層文化の民族学的研究Ⅲ　弘文堂

	マクファーレン、A.『イギリス個人主義の起源—家族・財産・社会変化』リブロポート スパイロ、M・E.『母系社会のエディプス—フロイト理論は普遍的か』（井上兼行訳）紀伊國屋書店
1991	瀬川昌久『中国人の村落と宗族』弘文堂 ストーン、L.『家族・性・結婚の社会史—1500年—1800年のイギリス』（北本正章訳）勁草書房 バッハオーフェン、J.J.『母権論—古代世界の女性支配に関する研究、その宗教的および法的本質（1）』（岡道雄・河上倫逸訳）みすず書房 バッハオーフェン、J.J.『バッハオーフェン論集成』（臼井隆一郎編）世界書院 フリードマン、M.『東南中国の宗族組織』（末成道男・西澤治彦・小熊誠訳）人類学ゼミナール　弘文堂
1992	村武精一『家と女性の民俗誌』新曜社 吉田集而『性と呪術の民族誌—ニューギニア・イワム族の「男と女」』平凡社 トッド、E.『新ヨーロッパ大全（Ⅰ・Ⅱ）』藤原書店 バッハオーフェン、J.J.『母権論序論—古代世界の女性支配に関する研究、その宗教的および法的本質（2）』（岡道雄・河上倫逸訳）みすず書房 バッハオーフェン、J.J.『母権論』（佐藤信行・三浦淳訳）三元社
1993	江守五夫・鳥丙安・大林太良・金啓孮『日本の家族と北方文化』第一書房 須藤健一・杉島敬志（編）『性の民族誌』人文書院 村武精一・大胡欽一（編）『社会人類学からみた日本—蒲生正男教授追悼論文集』河出書房新社 ジャネリ、R.・任敦姫・樋口淳・金美栄『祖先祭祀と韓国社会』第一書房 マリノフスキー、B.『性・家族・社会』（梶原景昭訳）人文書院 ミッテラウアー、M./R.ジーダー『ヨーロッパ家族社会史—家父長制からパートナー関係へ』（若尾祐司・若尾典子訳）名古屋大学出版会
1994	高畑由起夫（編）『性の人類学—サルとヒトの接点を求めて』世界思想社 田中真砂子・大口勇次郎・奥山恭子（編）『シリーズ比較家族（三）縁組と女性』早稲田大学出版部 山極寿一『家族の起源—父性の登場』東京大学出版会

	ミッテラウアー、M.『歴史人類学の家族研究—ヨーロッパ比較家族史の課題と方法』(若尾祐司・他訳) 新曜社
1995	フリードマン、モーリス『中国の家族と社会』(田村克己・瀬川昌久訳) 弘文堂
1996	愛新覚羅顕琦『満族の家族と社会』(江守五夫編) 第一書房 瀬川昌久『族譜—華南漢族の系譜・風水・移住』風響社 比較家族史学会(編)『事典　家族』弘文堂 和田正平(編)『アフリカ女性の民族誌』明石書店 バビオ、S.L.『女性への暴力—アメリカの文化人類学者がみた日本の家庭内暴力と人身売買』(大島静子・カーター愛子訳) 明石書店 松園万亀雄(編)『性と出会う』講談社 小田亮『性(一語の辞典)』三省堂 スミス、R.J.『現代日本の祖先崇拝—文化人類学からのアプローチ』(前山隆訳) 御茶の水書房
1997	青木保・他(編)『個からする社会展望』岩波講座・文化人類学4 岩波書店 グブリアム、J.F./J.A.ホルスタイン『家族とは何か』(鮎川潤・他訳) 新曜社 ブルデュー、P./J.パスロン『遺産相続人たち—学生と文化』(戸田清訳) 藤原書店
1998	江守五夫『婚姻の民俗—東アジアの視点から』吉川弘文館 末成道男『ベトナムの祖先祭祀—潮曲の社会生活』風響社 田中雅一(編)『女神—聖と性の人類学』平凡社 ウルフ、M.『リン家の人々—台湾農村の家族生活』(中生勝美訳) 風響社
1999	加藤正春『奄美与論島の社会組織』第一書房 島崎美代子・長沢孝司(編)『モンゴルの家族とコミュニティ開発』日本経済評論社 出口顕『誕生のジェネオロジー—人口生殖と自然らしさ』世界思想社 森明子『土地を読みかえる家族—オーストリア・ケルンテンの歴史民族誌』新曜社 吉岡政徳『メラネシアの位階階梯制社会—北部ラガにおける親族・交換・リーダーシップ』風響社

	マクファーレン、A.『再生産の歴史人類学―1300〜1840年　英国の恋愛・結婚・家族戦略』（北本正章訳）勁草書房
2000	植野弘子『台湾漢民族の姻戚』風響社 関口裕子『家族と結婚の歴史』森話社 宮良高弘・森謙二（編）『歴史と民族における結婚と家族―江守五夫先生古希記念論文集』第一書房 吉原和男・鈴木正崇・末成道男（編）『〈血縁〉の再構築―東アジアにおける父系出自と同姓結合』風響社 フォックス、R.『生殖と世代継承』（平野秀秋訳）法政大学出版局
2001	石塚正英『バッハオーフェン―母権から母方オジ権へ』論創社 川田順造『近親性交とそのタブー―文化人類学と自然人類学のあらたな地平』藤原書店 岡田浩樹『両班―変容する韓国社会の文化人類学的研究』風響社
2002	遠藤織枝『中国雲南摩梭族の母系社会』勉誠出版 バッハオーフェン、J.J.『母権制序説』（吉原達也訳）筑摩書房（ちくま学芸文庫）
2003	松園万亀雄（編）『性の文脈―くらしの文化人類学（四）』雄山閣 ウーン、ユエンフォン『生寡婦（グラスウィドウ）―広東からカナダへ、家族の絆を求めて』（吉原和男監修・池田年穂訳）風響社
2004	瀬川昌久『中国社会の人類学―親族・家族からの展望』世界思想社 山中美由紀（編）『変貌するアジアの家族―比較・文化・ジェンダー』昭和堂 吉田世津子『中央アジア農村の親族ネットワーク―クルグスタン・経済移行の人類学的研究』風響社
2005	加藤博（編）『イスラームの性と文化（イスラーム地域研究叢書）』東京大学出版会 小池誠『東インドネシアの家社会―スンバの親族と儀礼』晃洋書房 小池誠（編）『アジアの家社会』（アジア遊学74号）勉誠出版 秦兆雄『中国湖北農村の家族・宗族・婚姻』風響社 田中真砂子・白石玲子・三成美保（編）『国民国家と家族・個人』早稲田大学出版部 ブレーガー、R./R.ヒル『異文化結婚―境界を超える試み』（吉田正紀監訳）新泉社

	田中雅一・中谷文美（編）『ジェンダーで学ぶ文化人類学』世界思想社
2006	前田俊子『母系社会のジェンダー―インドネシア、ロハナ・クドゥスとその時代』ドメス出版 杉本星子『「女神の村」の民族誌―現代インドの文化資本としての家族・カースト・宗教』風響社
2007	宇田川妙子・中谷文美（編）『ジェンダー人類学を読む』世界思想社 椎野若菜（編）『やもめぐらし―寡婦の文化人類学』明石書店 銭丹霞『中国江南農村の神・鬼・祖先―浙江省尼寺の人類学的研究』風響社 ブルデュー、P.『結婚戦略―家族と階級の再生産』（丸山茂訳）藤原書店
2008	家永登・上杉富之（編）『生殖革命と親・子―生殖技術と家族』シリーズ比較家族　早稲田大学出版部 小長谷有紀（編）『家族のデザイン』東信堂 椎野若菜『結婚と死をめぐる女の民族誌―ケニア・ルオ社会の寡婦が男を選ぶとき』世界思想社 工藤正子『越境の人類学―在日パキスタン人ムスリム移民の妻たち』東京大学出版会 トッド、E.『世界の多様性―家族構造と近代性』（荻野文隆訳）藤原書店
2009	奥野克巳・椎野若菜・竹ノ下裕二『セックスの人類学』風春社 河合利光『生命観の社会人類学―フィジー人の身体・性差・ライフシステム』風響社 樫永真佐夫『ベトナム黒タイの祖先祭祀―家霊簿と系譜伝承をめぐる民族誌』風響社 西澤治彦『中国食事文化の研究―食事をめぐる家族と社会の歴史人類学』風響社
2010	吉田正紀『異文化結婚を生きる―日本とインドネシア／文化の接触・変容・再創造』新泉社 比嘉政夫『沖縄の親族・信仰・祭祀―社会人類学の視座から』榕樹書林 椎野若菜（編）『シングルに生きる―人類学者のフィールドから』御茶の水書房

＊主に、第二次世界大戦後から二〇一〇年までに出版された単行本のうち、「家族・親族・性・婚姻」を直接に表題とする文化人類学の専門書を中心に選択した。教育人類学、医療人類学、ジェンダー（性差）人類学、社会組織論、婚姻論、東アジアの民族誌的研究、家族社会学、歴史学などのなかに、実質的に文化人類学の家族・親族論に関わる文献も多いし、他分野の研究者との協力で編集された関連書も多い。見落としている重要文献もありうるが、機会があれば改訂したい。

用語解説

【あ】

家社会（house society）：名前・財産・称号などを次世代に伝えることを通して永続することが求められる団体としての「家」と、より広い親族集団と社会との関係性に注目した術語。構造主義のレヴィ＝ストロースが縁組論を補足する見方として最初に提唱した概念。（→構造主義、縁組論）

一般交換（general exchange）：男性が系譜上の（あるいは類別的な）イトコ（一般に母方交叉イトコ）と結婚することで、三つ以上の親族集団が間接的に女性を交換する縁組体系。（→限定交換、構造主義）

一妻多夫婚（polyandry）：一人の女性と複数の男性との結婚。幾人かの兄弟が集団として一人の女性と結婚をする場合、共同一妻多夫婚（corporate polyandry）もしくは兄弟多夫婚（fraternal polyandry）などという。

一夫多妻婚（polygyny）：一人の男性と複数の女性との結婚。

姻戚関係（affinity）：夫婦関係にもとづく関係。具体的には、夫とその親族にとっての妻方親族、および妻とその親族にとっての夫方親族を指す。具体的な人を指すとき、姻族（affine）と呼ぶ。

インセスト・タブー（incest taboo）：近い親族（父と娘、母と息子、兄弟と姉妹）、あるいはそれに匹敵する関係にあると文化的に定められたその他の親族との性関係を禁止する規則。結婚は禁止するが性関係は必ずしも禁止されない外婚制とは異なる。

エスニシティ（ethnicity）：民族に関わる現象全般を指す。国家との関係、アイデンティティの問題で使われることが多い。

縁組論（alliance theory）：規定的婚姻によって確立される集団間の通世代的な連帯関係を重視する立場。レヴィ＝ストロースは、社会の構成・統合はこうした縁組によって成り立つと主張した。その理論は、親族関係を中心に考えるそれ以前の親族論（出自理論と呼ばれる）と対置されて、縁組論と呼ばれる。

オジ方居住（avunculocal residence）：結婚後、夫婦が夫の母方オジのもとに居住する居住形態。夫の母方オジのもとに居住することを特徴としている。母系社会に多くみられる居住形態である。

夫方居住（virilocal residence）：結婚した夫婦が夫の親族と一緒に居住する居住形態（かつては、父方居住patrilocalといわれた）。

【か】

外婚（exogamy）：自己の属する社会集団「以外」の者を配偶者とする婚姻形態、またはその制度。

核家族（nuclear family）：一人の父親と一人の母親、及びそれに依存する子どもたちからなる家族形態。G．P．マードックが提出した概念。マードックは、（イギリス社会人類学で使われてきた）基本家族とは異なり、性・生殖・社会化（教育）・経済（消費）という四つの機能を果たしている集団と、厳密に定義した。

拡大家族（extended family）：一般には「大家族」の意味で使われる。学術的には、親子や兄弟姉妹を通して結合する複数の家族で構成される集団を指す。同一拡大家族に複婚家族（一夫多妻・一妻多夫）を含むこともある。また日本でよく見られる直系家族（stem family）は、拡大家族のうち、一世代に一夫婦のみという原則に基づく家族形態である。

家内的集団（domestic group）：家族をはじめとして、親密な関係を取り結ぶ人びとが同居して暮らす集団。一般的に、家内的（領域）は公的（領域）と対比して使われる。

関係性（relatedness）：親族を親密な紐帯や集団という広い文脈のなかに定位しながら、その構築主義的な側面を強調するためにカーステンらが提唱している概念。

擬制的親族関係（fictive kinship）：盃を酌み交わす義兄弟やキリスト教の名付け親のように、本来的に親族ではない当事者に親族関係があるとみなされるような関係を指す用語。

規定的婚姻（prescriptive marriage）：特定の親族カテゴリーとの結婚が規則で決められている婚姻。（→限定交換、一般交換）

機能主義（functionalism）：社会・文化を構成する諸要素が相互的かつ緊密に連関し、全体のなかで一定の役割（機能）を果たし、一つの有機的統合をなしているとする一九二〇年代に提唱された人類学の古典的理論。機能主義理論は、その目的を人間の欲求の充足に求めるマリノフスキーの「個人的欲求充足説」と社会の維持に求めるラドクリフ＝ブラウンの「社会的均衡維持説」に、大きく分かれる。

キョウダイ関係（siblingship）：性別にかかわりなく、兄弟および姉妹の双方を包括する概念。共通の親・祖先を共有すると相互に認識しあう同世代的関係であり、遺伝的・血縁的つながりであるとは限らない。

居住規則（residence rule）：それぞれの社会ごとに定められた結婚後の夫婦の居住様式。

キンドレッド／シンルイ（kindred）：個人を中心に双方的に広がる親族関係（姻族を含めることもある）。キンドレッドの範囲は、個人ごとに異なっており、成員権の明確な自律的集団を形成することは難しい。

クィア（queer）：本来は「奇妙な（人）」「普通でない（人）」などを意味するが、転じて、特に「男性同性愛者」や「ホモ」を指す侮蔑語、差別語。一九九〇年代初頭以降、GLBT（ゲイ・レズビアン・バイセクシュアル・トランスジェンダー）等の性的マイノリティたちが本来は侮蔑語であるクィアという言葉を自己肯定的に使い、異性愛規範（heteronormativity）に基づく差別や社会的分断に異議を申し立てるとともに、多元性や複数性に基づいて人びとが「つながる」新たな社会や文化の在り方を模索している。

クラン（氏族）（clan）：共通の始祖を共有することでつくられる単系出自集団。始祖と子孫を結びつける系譜関係が必ずしも明確でない点で、リネージと異なる。

血縁（consanguinity）：「血」でつながる関係性の意味。一般には、それは遺伝的・生物学的関係とみなされ、そのつながりが親族関係（kinship）と呼ばれる。シュナイダーはその「血」のつながりそのものを問い、普遍化しうる科学的概念というよりは、西洋のローカルな民俗概念であると論じた。

限定交換（restricted exchange）：二つの親族集団が互いに姉妹を妻として与え合う婚姻交換体系。（↓規定的婚姻）

交叉イトコ婚（cross-cousin marriage）：イトコのなかで、親同士が異性の場合を交叉イトコという。たとえば、男性から見て父の姉妹の子ども、または母の兄弟の子どもと結婚することを交叉イトコ婚と呼ぶ。その場合、男性が父の姉妹の娘（FZD）と結婚するときは「父方交叉イトコ婚」、母の兄弟の娘（MBD）と結婚するときは「母方交叉イトコ婚」という。

構造主義（structuralism）：構造言語学の手法を人類学に導入し、「意識的現象から無意識的な下部構造へ」「独立した実体としての項から、項と項の関係へ」「体系の概念の導入」「一般的法則の発見」の四つの原理に基づき、社会文化の構造分析を試みたレヴィ＝ストロース（やその支持者たち）の理論を構造主義と呼ぶ。レヴィ＝ストロースがこの手法を最初に導入したのが親族研究の分野であり、機能主義的な分析が主流であった当時の親族研究者たちに大きな衝撃を与えた。後に、構造主義的親族研究は、伝統的な機能主義親族研究（出自論）に対して、「縁組論」と呼ばれるようになった。（→機能主義、縁組論）

合同家族（joint family）：拡大家族のうち、財産が共有されている場合を合同家族という。（→拡大家族）

婚姻（marriage）：夫婦関係をつくる行為およびその状態。性関係を軸に、社会的承認、子どもの嫡出性、女性に対する性的接近の権利への持続的要求権など、これまで多くの観点から定義が試みられてきたが、いずれを重視するかは研究者ごとに見解が異なる。

婚資（bridewealth）：結婚時に夫方親族から妻方親族に与えられる贈与。婚資は、女性の性・労働奉仕・生殖力などの権利を夫方に委譲することに対する代償という見方が一般的であるが、妻の生む子どもを夫方が引き取る代償（child price）とする意見など、さまざまな見解がある。

【さ】

ジェンダー（gender）：性の生物学的な側面（セックスと呼ばれる）に対して、文化社会的に作られた性の側面を指す用語。

持参財（dowry）：結婚に際し、花嫁が夫方に持参する財のこと。女性の生前相続の一形態とする見解が有力である。花嫁の持参する財（金銭の場合は持参金）は、結婚後もその女性の財産として夫方のそれと区別されることが多い。ただし、夫婦共有の財となったり、花婿の親族に贈与されたりすることもある。

始祖（apical ancestor）：出自の辿られる起点となる祖先。

実践理論（theory of practice）：さまざまな立場があるが、社会科学では、一九七〇年代から一九八〇年代にかけて、ブルデュー、ギデンズ、フーコー等により基礎が築かれた。構造と個人の主体性（実践・戦略を含む）の統合をめざす

立場をとる。社会文化と個人をつなぐ媒体として身体を重視するという共通点がある。(→ハビトゥス)

出自(descent):親子の連鎖を通じた個人と祖先とのつながり。たとえば、父からその息子、息子からその息子へと中枢的なつながりを辿るのは父系出自、母からその娘、娘からその娘へと辿るのは母系出自と呼ばれる。出自によって、個人の集団帰属、財産の相続、地位・姓・称号の継承などの社会生活の基本的な部分が規定される社会は多い。

新居居住(neolocal residence):夫婦が結婚後、夫方(父方)・妻方(母方)いずれでもなく、新しい場所に居を構える居住形態。

親族関係(kinship):親子・兄弟など、出生を媒介としたつながりがあるという認識とアイデンティティでもって相互につながる関係。ただし、親族関係には、兄弟姉妹、祖父、孫など、親子関係の連鎖を通した関係だけでなく、結婚・養子・同居などでつながる、非血縁者を含むより広い範囲の関係が含まれるのがふつうである。

親族名称(kinship terminology):親族間の関係・範囲・地位を表す言語的カテゴリーの体系。呼びかけの言葉である親族呼称から区別される。

身体構成要素/サブスタンス(substance):親族研究において、生殖を通じて(文化的に)伝達されるとみなされる、身体を構成する物質的要素(血液、肉、骨、精液など)。サブスタンスに、愛・感覚などの心理的概念を含める研究者もいる。

生殖補助医療(ART;assisted reproductive technology):子を妊娠・出産(=生殖)するために開発された一連の生殖技術とそれを用いた医療。頭文字をとって「アート」とも言われる。通常、体外受精(IVF:in-vitro fertilization)及びそれと併用される胚移植(ET:embryo transfer)技術の確立以降に開発・実用化された先端的生殖技術とそれを用いた医療を指す。避妊技術等も含めた高度の生殖技術一般を意味する場合には、新生殖技術(NRT:new reproductive technology)という言葉も用いられる。

セクシュアリティ(sexuality): 性的に誰か・何かに魅惑され引き付けられる欲動や行動のこと。その類型には、異性愛や同性愛などがある。日本語では性的指向と訳されることが多い。

双系出自(cognatic descent):男女の性別にこだわらず、父方の祖父母、母方の祖父母、さらにはその上位世代の双方

の祖先に関係を辿る出自様式。（→非単系出自）

双方的（親族関係）（bilateral [kinship]）：個人ないし特定集団を中心に、父方・母方の双方に関係が辿られる親族関係。その範囲は比較的あいまいである。

ソロレート婚（sororate）：妻と死別した夫が、亡妻の姉妹（またはそれに準ずる近親者）と再婚する婚姻の一形態。これにより、婚姻による集団間のつながりは保持される。

【た】

代理母（surrogate mother）：「母」に代わって子を妊娠・出産する女性。サロゲートマザー。古くは、代理母は「父」と実際に性交渉を持って子を妊娠・出産していた。生殖補助医療技術が進んだ今日では、代理母は通常、性交渉を持たず、人工授精（人工授精型代理母）ないし体外受精（体外受精型代理母とかホストマザーhost motherと呼ばれる）によって子を妊娠・出産する。

単系出自（unilineal descent）：男性（父子関係）、または女性（母子関係）のいずれか一方のみを介して辿る出自。（→出自）

男系（出自）（agnatic [descent]）→父系出自。

男系親族（男系血族）（agnate）：父系出自で関係する人びと。

父方（patrilateral）：父方との親族的つながり。（→母方）

父方居住（patrilocal）→夫方居住。

妻方居住（uxorilocal）：結婚した夫婦が妻の親族と一緒に居住すること（かつては母方居住 matrilocal といわれた）。

トーテミズム（totemism）：社会集団（たとえばリネージやクラン）ないし個人がある種の動植物・自然現象と親族関係があるとする思考体系ないし信仰。「古典的」には、社会集団のメンバーが特定の自然種に対して特別な禁忌（たとえば食のタブー）を遵守する宗教として知られた。

【な】

内婚（endogamy）：自己の属する社会集団の「内」の者を配偶者とする婚姻形態またはその制度。（→外婚）

二重出自（double descent）：二組の出自的つながり（一般的には母系出自と父系出自）が（異なる目的のために）同一社会内に共存する体系（従って、人は父の父系集団と母の母系集団に同時に所属する）。祖先と子孫の系譜的つながりが、より限定されている点で双系出自とは異なる。

【は】

母方（matrilateral）：母方との親族的つながり。（→父方）

母方居住（matrilocal）→妻方居住

ハビトゥス（habitus）：日常生活における立ち居振る舞い、会話、趣味、儀礼行為など、人が慣習的に行っているあらゆる知覚・評価・行為が、性向（disposition）によって方向づけられているとする考え方。フランスの社会学者・民族学者のP・ブルデューが提出した概念。（→実践理論）

半族（moiety）：一つの社会を区分する二つの社会的カテゴリーまたは集団。双分制の問題で使われ、親族（とくに単系出自）集団を指すことが多い。

非単系出自（nonunilineal descent）：出自体系のうち、単系出自を除いた出自体系の総称で、一般的には双系出自体系を指すものとして用いられることが多い。多くの始祖をもち複数の双系出自集団に属することが可能だが、一人の個人は選択的に居住地を定めるため、現実的には父系や母系に傾くことが多い。（→双系出自）

父系出自（patrilineal descent）：代々の祖先との関係を父子関係の連鎖で辿る出自様式（男系出自と同義）。

平行イトコ（parallel cousin）：イトコのなかで、親同士が同性の場合を平行イトコという。具体的には、自己の父の兄弟の子どもや母の姉妹の子ども、さらに親族名称上これらの第一イトコと一緒に分類される遠いイトコが含まれる。

傍系（collateral）：親族名称上の、直系親族（親、祖父母）の兄弟姉妹とその子孫。

母系（matrilineal）：娘、娘の娘などを通じて（女性の系統で）女祖から出自を辿る原則。

補足的親子関係（complementary filiation）：父子関係が優先される社会（たとえば父系出自体系）における母子関係にもとづく母方オジとの関係、または母子関係が優先される社会（たとえば母系出自体系）における父との関係を指す。優先される親子関係を補足する意味。

【ま】

民族／エスニック・グループ（ethnic group）：一般的に、文化的に区別される集団を指すときに使われる用語。生物学的な差異に基づく人種概念と対比される。

メログラフィー（merography）：mero-（部分）とgraphy（書写）を組み合わせたM.ストラザーンの造語。自然と文化の二元論的思考に反省を促し、部分と全体を統合的に理解する見方。その理論は、ジェンダー医療人類学や親族論にも大きな影響を与えた。

【や】

優生学（eugenics）：生物の遺伝的改良を目ざすことで、人類の進歩を実現しようという科学的社会運動。

【ら】

リネージ（lineage）：単系出自集団ないし氏族とほぼ重なるが、その集団のメンバー同士の系譜関係が比較的明確な集団をさす。（→クラン）

レヴィレート婚（levirate）：夫と死別した妻が、亡夫の兄弟（またはそれに準ずる近親者）と再婚する婚姻形態。死別しても、婚姻が解消されない場合、寡婦相続という。

あとがき

本書の第1章で紹介したとおり、ポストモダニズムとかポスト構造主義と呼ばれる思想的な流れは、フィールドワークの実証主義や普遍科学主義を、むしろ批判的に論じた。しかし、近年、そうした動向を牽制しようとする動きも出始めている。アメリカでは、二〇〇〇年代に入り、ポストモダニズムに対抗して人類学サイエンス協会が結成されたという。また、従来の民族誌的研究を批判的に論じたライティング・カルチャー批評の旗手の一人のマーカスも、ラビノウ等との対談の中で(本書第1章1の文献注9参照)、ホリスティックな古典的文化概念には懐疑的であるものの、文化理論は他分野から区別される文化人類学固有の特徴であり、どのような問題を扱うにせよフィールドワーク法を洗練させ、文化を問わなければならないと語っている。それは、本書で強調してきた見解とも一致する。

本書の目的の一つは、過度に軽視されてきた家族・親族論の軌跡とその復活の動向を踏まえ、家族・親族的つながりを、「自然か文化か」という二律背反的なカテゴリーや関係として分析する親族研究からその両者の融合性と相互浸透性を前提とする親族研究へ、社会中心的な親族論から(個人と心身を含む)ライフの維持・継承の動態的親族論へと、視点を転換させる可能性を探ることであった。

繰り返せば、人間の生殖、出生、成長、結婚、死のライフサイクルの過程は、自己と社会の生命・生活・人生の維持・継承の過程、および家族・親族のネットワークと交差する社会文化的なプロセスの問題である。人間が生命を維持・再生産しながら存続する種である限り、いかに変化しようと、そのプロセスは生活と生命を維持して生きる過程でつながる人間関係、社会制度と文化システム、あるいは政治経済と動態的に交差する。その軸となる家族と親族的つながりを、本書では「家族と生命（ライフ）継承」という言葉で代表させた。本書では言及されることは少なかったが、その問題は、さらには、ライフ・クライシス、ライフのケアとセキュリティ、さらには教育、福祉、保健医療、食文化など、生命の維持・再生産、相互扶助などに関わる多くの具体的テーマの基礎研究にもなりうるだろう（実際、すでに部分的には始まっている）。

本書をまとめることになった直接の動機は、親族論が論じられることが少なくなり、この分野に対する日本人研究者の無理解が気になりはじめたことにある。そこで、この分野にまだ思いを残している人たちとともに、勤務先の園田学園女子大学（一谷宣宏理事長）の共同研究推進委員会の資金を得て、共同研究「生命観よりみた家族・親族の社会人類学的研究」（二〇〇九―二〇一一年度）を企画することにした。研究会には、直接・関接にこの分野に関連のある研究で活躍している学外の研究者に参加していただいたが、学内資金による研究会ということもあって、同種の内容の研究に関心があり文化人類学にも詳しい、同僚の山本起世子氏（社会学）にも参加していただいた。また、研究会は三年にわたり合計六回（各回2日間）行われたが、本書は、その成果の一部を、概説的な性格をもたせてまとめたものである。なお、各メンバーは、本書とは別に、そこでの成果を個別に学会誌、研究会その他で公表しつつあることも付記しておきたい。

ところで、話は前後するが、筆者は、東京都立大学大学院博士課程の社会人類学研究室に在籍中、研究会をもったことがあった。それは、正式の会というよりは、同じ研究室の笠原政治氏（現横浜国立大学名誉教授）、大塚和夫氏（元東京都立大学教授・東京外国語大学アジア・アフリカ言語文化研究所所長）、杉本良男氏（現国立民族学博物館教授）との親交を兼ねた私的な主要英文論文の輪読会にすぎなかったが、それを一冊にまとめることになり、当時、研究室の助手であった小川正恭氏（本年四月より武蔵大学名誉教授）にも参加いただき、恩師の村武精一教授（現名誉教授）のご紹介で、未来社から『家族と親族―社会人類学論集』（村武編一九八一年、新装版一九九二年）を出版することができた。さらにそのつながりで、当時出版されたばかりのR・M・キージングの入門書『親族集団と社会集団』（一九八二年、小川・笠原と共訳）を同社から出版する機会を得た。その訳書が刊行されてから、今年でちょうど三〇年になる。その間、大塚氏は二〇〇九年四月に故人となられた。本書について、あの名調子の批評をもはや聞かせてもらえないのが残念でならない。その他のメンバーの、その後の関心領域もそれぞれ変化したが、少なくとも筆者にとって、今回の研究会は当時の研究会の延長線上にあり、本書には、家族・親族論のその後をまとめる意味も込められている。もちろん、今回の研究会と本書の出版は、一九七〇年代後半当時の研究会の参加メンバーとは人も目的も異なる。本書の出版に至るまで、三年に及ぶ研究会に熱心に参加していただいた執筆者の皆さんに感謝申し上げたい。新たなメンバーで編んだ本書が、今後の家族・親族研究の展開のための刺激となることがあれば幸いである。

また、本書作成にご協力いただいたコラムの各執筆者、及び用語解説と目録作成の土台造りをそれぞれお願いした馬場淳（東京外国語大学アジア・アフリカ言語文化研究所ジュニアフェロー）・吉本康子（国立民族学博物館外来研究員、園田学園女子大学非常勤講師）両氏にも御礼申し上げたい（そのいずれも、後に研究会のメンバーが議論してまとめたが、最終的な責任は編者にある）。さらに、長年の友人であるアメリカ合衆国のビル・エザード氏（Bill Ezzard ミドル・スクール教員、メイン州在住）には、本書の企画に合わせて多数の写真を送っていただいた。その一部しか掲載できなかったが、ご厚意と熱意に感謝したい。また、佐藤恵美さん（園田学園女子大学総合生涯学習センター・シニア専修国際文化学科受講生）とご息女の佐藤理恵さんには、貴重な写真を提供していただいた。その他にも、直接・関接に大勢の方々のご助力を得ている。記して御礼申し上げたい。

最後になるが、先に出版された『世界の食に学ぶ―国際化の比較食文化論』（時潮社二〇一一年一一月刊）を準備中、オフィス2の阿部進氏と久保田久代氏、及び時潮社の相良景行氏と相良智毅氏に、本書の企画について相談したところ、快受していただいた。オフィス2の両氏には、今回もまた、編集にあたり迅速な対応と適切なアドヴァイスをいただいた。研究会が終了した直後に出版できるという幸運に恵まれたのも、時潮社とオフィス2の方々の、ご好意とご協力のお陰である。ここに深く感謝申し上げたい。

二〇一二年三月吉日

河合　利光

【執筆者紹介】

河合　利光（かわい・としみつ）編者紹介参照

小川　正恭（おがわ・まさやす）武蔵大学名誉教授。主な著書論文：『オセアニアの現在』河合利光編、共著、人文書院、2002；『馬淵東一と台湾原住民研究』笠原政治編、共著、風響社、2010、他。主なテーマ：家族・親族論、台湾原住民の民族学、オセアニアの社会人類学

遠 藤　央（えんどう・ひさし）京都文教大学総合社会学部教授。主な著書論文：『政治空間としてのパラオ』単著、世界思想社、2002；『オセアニア学』共編著、京都大学学術出版会、2009、他。主なテーマ：家族・ジェンダー論、帝国・ナショナリズム・植民地主義論、東南アジア・オセアニアの社会人類学

小 池　誠（こいけ・まこと）桃山学院大学国際教養学部教授。主な著書論文：『インドネシア―島々に織りこまれた歴史と文化』単著、三修社、1998；『東インドネシアの家社会―スンバの親族と儀礼』単著、晃洋書房、2005、他。主なテーマ：家族・親族研究、インドネシア地域研究

栗田　博之（くりた・ひろゆき）東京外国語大学大学院総合国際学研究院教授。主な著書論文：『オセアニア・オリエンタリズム』春日直樹編、共著、世界思想社、1999；『性の民族誌』須藤健一・杉島敬志編、共著、人文書院、1993、他。主なテーマ：親族論、セクシュアリティ研究、オセアニアの文化人類学

宇田川妙子（うだがわ・たえこ）国立民族学博物館民族社会研究部准教授。主な著書論文：『ジェンダー人類学を読む』共編著、世界思想社、2007；『ヨーロッパ人類学』森明子編、共著、新曜社、2004、他。主なテーマ：ジェンダー／セクシュアリティ研究、南ヨーロッパの文化人類学

山本起世子（やまもと・きよこ）園田学園女子大学人間健康学部教授。主な著書論文：『18・19世紀の人口変動と地域・村・家族』高木正朗編、共著、古今書院、2008；「障害児福祉政策と優生思想―1960年代以降を中心として」『園田学園女子大学論文集』44号、2010、他。主なテーマ：家族変動論

上杉　富之（うえすぎ・とみゆき）成城大学文芸学部教授。主な著書論文：『贈与交換の民族誌』単著、国立民族学博物館；『現代生殖医療』編著、世界思想社、2005；『生殖革命と親・子』共著、早稲田大学出版部、2008、他。主なテーマ：東南アジア民族学、新生殖技術時代の人類学、グローカル研究

【コラム執筆者】

金　香花（キン・コウヵ）：『在日コリアンの民族教育に関する考察』修士論文（神戸大学）

信田　敏宏（のぶた・としひろ）国立民族学博物館准教授。『周縁を生きる人びと』京都大学学術出版会、2004；*Living on the Periphery*. Malaysia：Center for Orang Asli Concerns. 2009、他

飯塚真由美（いいづか・まゆみ）京都大学大学院博士課程在籍／日本学術振興会特別研究員。「ディークシタルの居住空間からみるコンタクトゾーン」『コンタクト・ゾーン』4号、2011、他

椎野　若菜（しいの・わかな）東京外国語大学アジア・アフリカ言語文化研究所准教授。『結婚と死をめぐる女の民族誌―ケニア・ルオの寡婦が男を選ぶとき』世界思想社、2008；『やもめぐらし―寡婦の文化人類学』編著、明石書店、2007、他

馬場　淳（ばば・じゅん）東京外国語大学アジア・アフリカ言語文化研究所ジュニアフェロー。『結婚と扶養の民族誌』彩流社、2012；『知の大洋へ、大洋の知へ』塩田光喜編、共著、彩流社、2010、他

編　者：河合利光

東京都立大学大学院社会科学研究科博士課程修了。博士（社会人類学）。園田学園女子大学人間教育学部教授。主な著書論文：『身体と形象』（単著、風響社、2001）、『生命観の社会人類学』（単著、風響社、2009）、『生活文化論』（編著、建帛社、1995）、『オセアニアの現在』（編著、人文書院、2002）、『食からの異文化理解』（編著、時潮社、2006）、『世界の食に学ぶ』（編著、時潮社、2011）、他。主なテーマ：家族・親族論、産育・健康論、比較食文化論、オセアニア・アジア地域研究。

家族と生命継承

文化人類学的研究の現在

2012年５月31日 第１版第１刷　定　価＝2,500円＋税

編著者　河　合　利　光 ©

編　集　オ フ ィ ス ２

発行人　相　良　景　行

発行所　㈲　時　潮　社

174-0063 東京都板橋区前野町 4-62-15

電 話 (03) 5915-9046

FAX (03) 5970-4030

郵便振替　00190-7-741179　時潮社

URL http://www.jichosha.jp

E-mail kikaku@jichosha.jp

印刷・相良整版印刷　製本・壷屋製本

乱丁本・落丁本はお取り替えします。

ISBN978-4-7888-0672-6